증/언/집 1

강제로 끌려간 조선인 군위안부들

한국정신대문제대책협의회 / 한국정신대연구소 편

정신대 연구회원 명단

강정숙: 영남대학교 여성학 강사
고혜정: 정신대연구회 편집장, 한국여성민우회 편집위원
김성희: 미국 스탠포드대학교 영문학 박사과정
서은경: 이화여자대학교 사학과 졸업
안병직: 서울대학교 경제학과 교수
안연선: 이화여자대학교 여성학 강사
야마시다 영애: 이화여자대학교 대학원 여성학과 박사과정
여순주: 이화여자대학교 대학원 여성학과 수료
오쿠야마 요코: 동덕여자대학교 일어일문학과 교수
윤미향: 한국정신대문제대책협의회 간사
윤정란: 숭실대학교 사학과 박사과정
윤정옥: 한국정신대문제대책협의회 공동대표,
　　　전 이화여자대학교 영문학과 교수
이상화: 이화여자대학교 대학원 여성학과 수료
정진성: 정신대연구회 회장, 덕성여자대학교 사회학과 교수
조혜란: 세종대학교 여성학 강사

▲ 1992년 8월 UN인권위원회에 정신대대책협의회 실행위원들과 함께 참석하여 증언하고 있는 황금주 씨

▼ 1992년 10월, 탑골공원에서 추모제가 치러지고 있는 가운데 오열하고 있는 김학순, 황금주 씨

발간에 즈음하여

서울에 사는 어떤 할머니는 요즘도 악을 쓰는 자기 목소리에 놀라 잠을 깬다고 한다. 짐승같이 덤비는 일본군인을 두손과 두발로 밀치며 죽을 힘을 다해서 반항하다가 자기 소리에 놀라 깬다는 것이다.

일본에서 어린이를 학교에 보내고 있는 젊은 여성의 이야기이다. 하루는 학교에서 어린이의 어머니를 만나자고 했다. 교사를 만나보니 왜 다른 한국인들과 같이 일본식의 통명(通名)을 안 쓰느냐는 것이었다. 이 어머니는 "한국 사람이니까 한국 이름을 쓰고 있다."고 대답하였다. 이 말에 일본교사는 "그러면 한국에 나가서 살라."고 등을 돌렸다고 한다.

냉전이 끝나고 공산국들과 수교를 맺은 우리는 러시아에 가고 중국에도 간다. 그러나 우리나라 북쪽에는 못 가고 있다. 그런데 일본군은 PKO법안에 따라 캄보디아로 가고 있다. 그들의 짐 속에는 콘돔이 들어 있다고 한다. 또한 세상의 시끄러운 여론을 무릅쓰고 프랑스에서 플루토늄을 수입하고 있다.

해방 후 49년, 1965년의 한일협정 후 28년, 일본은 근자에 와서 군위안부에 대해 보상을 대신하는 조치로서 '생활기금' 같은 것을 마련하려는 모양이다. 그러나 우리가 요구하는 진상구명은 하지 않고 약삭빠른 방법으로 이 문제를 마무리 지으려고 한다면, 문제해결에 시간이 더 걸리고 그럴수록 일본은 더욱 더한 국제적 창피를 당할 것이다.

오늘까지 역사적으로 이 문제를 처리하지 못한 데에는 우리에게도 책임이 있다. 우리의 의식부족이 그 원인이라고 생각한다. 종군위안부가 된 분들은 단순히 조선여성이기 때문에 당한 것이다. 군위안부정책은 일본의 조선침략정책의 집약이라고 볼 수 있기 때문에 이들은 조선인 전체의 멍에를 대신 진 것이라고 파악해야 할 것이다. 그런데 오늘까지 우리는 이들의 고통과 굴욕을 우리의 것으로 받아들이지 못하고 있다. 우리에게 뿌리깊이 내려 있는 여성의 순결이데올로기 때문일 것이다.

우리 역사에서 가장 고통스러웠던 이 시대를 우리가 공유하지 못하는 한 우리는 '군위안부'라는 멍에에서 벗어나지 못할 것이다. 왜냐하면 자주는 자유와 연결되는 문제로 당사자들이 주동적으로 풀지 않으면 진정한 자주와 자유는 얻을 수 없기 때문이다.

이 문제의 해결에 UN도 나섰으나, 제일 중요한 열쇠는 우리가 쥐고 있다. 우리 국민과 정부가 이 고통을 내것으로 깨닫고 진상을 알아야 한다. 군위안부 정책은 조선침략정책이 집약된 것이라고 이미 말한 바 있으나, 이 문제가 풀리기 시작하면 여자근로정신대, 징용, 징병, 지원병 등 피침략시대의 모든 문제가 풀려 나갈 것이라고 생각한다.

그런 의미에서 진상구명이 무엇보다 급선무라고 생각한다. 진상을 구명하는 데에는 과거의 신문이나 공문서에서 발견되는 자료가 물론 중요하다. 그러나 그에 못지 않게 중요한 것은 군위안부 당사자들의 증언일 것이다. 이분들은 살아 있는 자료이다. 이들이 그 시대의 희생자로서 지금 살아계신 것이다.

심신의 질병을 안고서…….

그럼에도 불구하고 이 문제가 공적으로 이야기되지 않고 덮여져 왔기 때문에 해방 후 49년이 된 오늘도 일본 남성은 우리나라에 섹스관광을 하러 오고 우리 여성은 일본으로 매매춘하러 간다.

군위안부들에게 위안소에서의 경험을 묻는 것이 잔인하다는 것을 안다. 그러나 이 문제는 개인적인 문제이기 전에 여성의 문제, 이

나라의 문제, 그리고 사람의 문제이다. 우리가 떳떳한 사람으로서 살기 위해서는 반드시 벗어 던져야 하는 역사의 멍에인 것이다. 따라서 아무리 고통스럽다하더라도 이분들이 입을 열어서 우리가, 일본이, 온세상 사람들이 알게 되어 이 아픔을 공유하고, 다시는 이런 일이 되풀이 되지 않도록 역사에 기록을 남겨야 할 줄 안다.

이에 역사를 기록하는 작업으로서 군위안부의 증언집을 내놓는다. 그들이 세상에 자신의 과거를 밝힌 용기와 정신대연구회 회원들의 되풀이 되는 질문에 참을성있게 대답해 주신 인내심에 감사한다. 그리고 연구회 회원들의 정의와 인권을 추구하는 마음과 군위안부들에 대한 깊은 애정에 감사한다.

증언집은 앞으로 계속 나올 것이다. 이번에 출간되는 제1권은 부족한 점이 있을지도 모르겠으나 첫번째 증언집인 만큼 소중하게 느껴진다. 이 한 권의 책이 우리와 일본과 세계의 사람들이 사람의 이면을 알게 되는 계기가 되길 바란다. 오늘뿐 아니라 내일도 채찍이 되어 인류 역사상 다시는 이런 일이 되풀이 되지 않게 해주기 바란다. 그리고 무엇보다 이 겨레가 변동하는 세계사 속에서 어느 시점에 서 있는지 직시하고 바로 설 수 있도록 충격을 주는 책이 되길 바란다.

1993년 1월 2일 아침

윤정옥

조사에 참가하면서

내가 이 조사에 참가하게 된 동기는 매우 단순한 것이었다. 비록 대상이 다르기는 하나 나도 이 시대를 연구하고 있기 때문에 군위안부의 실체가 어떠한 것인지를 알고 싶었고, 또 세간에는 군위안부와 여자정신대의 실상을 제대로 파악하지도 못한 채 이 문제에 대처하고 있는 것은 아닌가 하는 우려도 있었기 때문이다. 나 개인으로서는 이미 지난해 봄부터, 군위안부에 관한 기존의 연구와 자료를 수집·검토하기도 하고, ≪매일신문≫과 ≪경성일보≫에 실려 있는 여자정신대에 관한 기사를 수집하기도 하였으나, 기존의 연구와 자료만을 가지고는 양자의 관계를 밝히기에 불충분하다는 것을 알게 되었다.

왜냐하면, 여자정신대에 관한 자료는 비교적 풍부하고 또 그것이 비밀로 다루어진 것이 아니기 때문에 그 실체를 쉽게 파악할 수 있었으나, 군위안부는 기존의 연구와 자료만을 가지고는 그 실태가 명확치 못한 구석이 너무나 많았기 때문이다. 이에 나는 군위안부의 실체를 조금 더 명확히 알기 위해서는 현재 생존해 있는 전군위안부들을 조사해 보아야 한다는 것을 절실히 느끼게 되었다.

작년의 수첩을 열어 보니, '6월 10일 9시, 전철 아현역 플랫폼'이라 적혀 있다. 거기서 정진성 교수를 만나 아현동에 있었던 정신대문제대책협의회에 가보니 윤정옥 선생을 비롯하여 정신대연구회의 회원들이 속속 도착하고 있었다. 10시쯤에 조사회의가 시작되었는데, 그간의 경과를 들어보니 조사는 아직 초기단계에 있었고 또 회원들도 새로이 보충되고 있었다. 나도 그때 새로이 보충된 회원인 셈이다. 그러나 나는 새내기로서 연구회에서 하던 일을 그대로 따라가기만 하면 좋은 처지는 못되었다. 나이로 보나, 연구 경력으로 보나, 또 전공시대로 보나 새내기에게는 걸맞지 않은 역할을 하지 않을 수 없었다.

우선 조사요목과 군위안부·여자정신대의 연표를 작성하여 공동으로 검토하는 한편으로 연구·자료목록의 작성과 자료수집 작업도 동시에 진행하는 일을 앞장서서 하지 않을 수 없었다. 지금에 와서 돌이켜보면 이러한 작업이 미진하게 이루어진 점도 없진 않으나, 대체로 예정대로 이루어졌으며, 그러한 작업의 덕분으로 각 조사자들은 군위안부와 그 시대사정을 어느 정도 파악한 위에 조사작업에 임할 수 있었다. 조사과정에서 알게 된 일이지만, 이러한 사전준비가 있었기 때문에 조사가 순조롭게 진행될 수 있었던 것이다. 군위안부와 같이 복잡한 문제를 조사하는 데 있어서는 이 문제에 관한 사전지식이 필수적이었기 때문이다.

수첩을 계속 들추어 보니 6월 10일 이후 9월 중순에 이르기까지 거의 매주 '0시, 정신대연구회'라 기록되어 있다. 시작 시각은 오전 10시와 오후 2시가 많고, 장소는 정대협사무실과 낙성대연구실이 대부분이었다. 지금 돌이켜 보아도 조사자들은 꽤나 열심히 조사에 임했던 것으로 기억한다. 오전 10시에 시작하여 저녁 6시에 이르기까지 조사를 검토한 일도 한두 번이 아니었다. 조사를 검토함에 있어서 매우 어려웠던 점은 증언자의 진술이 논리적으로 앞뒤가 맞지 않은 경우가 흔히 있었다는 것이다. 이러한 점은, 이미 근 50년 전의 일이므로 기억의 착오에서 올 수도 있었으며, 증언하고 싶지않은 점을 생략한다거나 적당하게 얼버무리는 데서 올 수도 있었으며, 또 그 시대의 사정이 우리의 상상을 초월하는 일이 있을 수 있다는 점에서 올 수도 있었다.

이중에서도 조사자들을 매우 어렵게 한 것은 증언자가 의도적으로 사실을 왜곡한다고 느껴지는 경우였다. 우리는 이러한 경우에 대비하여 조사자 한 사람 한 사람이 증언자에 인간적으로 밀착함으로써 그러한 곤란을 극복하려고 노력하여 대부분의 경우에 의도했던 성과를 거두기는 하였으나 어떤 경우에는 조사를 중단하지 않을 수 없는 경우도 있었다. 이러한 경우는 다음 기회에 재조사할 것을 기약할 수밖에 없었다.

우리가 조사를 끝낸 19명의 증언은 우리 나름의 자신을 가지고 세상에 내어 놓는다. 우리들 사이에서도 조사 초기에는 서로 다른 조사태도를 가지는 경우도 있었지만, 종내에는 진실을 진실대로 밝히는 것을 최대의 원칙으로 삼는 데에 모두 동의하였다. 특히 군위안부문제는 식민지시대의 수모 중 최대의 수모와 관련된 문제인 만큼, 이 문제에 대하여 어떻게 대처하는가 하는 것은 진실로 중요한 문제라고 생각했기 때문이다. 즉, 진상의 구명이야말로 이 문제에 대처하는 가장 중요한 원칙일 수밖에 없었다. 그러므로 우리는 진실을 진실대로 파악하기 위하여 한 증언자에 대하여 대개 5, 6차 이상의 면접조사를 행하였다.

이 과정에서 우리는 증언의 논리적 부정합성을 제거하려고 노력하는 한편, 증언 중에서 기록자료를 가지고 확인할 수 있는 부분은 거의 확인하였다. 그럼에도 불구하고 나는 이 조사에 미진한 점이 전혀 없다고 단언하고 싶지는 않다. 왜냐하면 군위안부의 생활과 같은 인간 이하의 경험을 있는 그대로 빠짐없이 증언한다는 것은 누구에게나 어려운 일이며, 또 이와 같이 어려운 조사를 단시일에 행하는 것도 무리하다고 생각되기 때문이다. 부족한 점은 앞으로 더 깊은 개별조사에 의하여 보충되기를 기대한다.

이 조사에 참가하여 나 개인적으로도 얻은 바는 매우 많았다. 물론 현재 생존해 있는 전군위안부를 조사했다고 해서 군위안부의 진상을 전부 알 수 있었던 것은 아니었지만 기록자료에서는 도저히 찾아볼 수 없는 진실들이 아주 많았다. 이 점에 대해서는 '해설'에서 자세히 설명할 것이므로 여기서는 생략하는 바이지만, 마지막으로 한 가지 지적하고 싶은 것은 이 조사를 통하여 군위안부와 여자정신대의 관계가 좀더 분명해졌다는 점이다. 이 점은 1937년 중일전쟁 이후의 식민지체제를 어떻게 이해해야하는가 하는 문제와도 밀접하게 관련되는 문제이므로 앞으로의 조사에 있어서도 계속 유의해야 할 것이다.

1993년 1월

안병직

차례

강제로 끌려간 조선인 군위안부들

발간에 즈음하여 • 5
조사에 참가하면서 • 8
해설: 군위안부의 실상 • 15

되풀이하기조차 싫은 기억들/ 김학순 ········ 31
한국정부에도 할말이 많다/ 김덕진 ········ 45
정말 한이 맺히지만 이제 원망하지 않는다/ 이영숙 ········ 59
죽어도 이짓은 못하겠어/ 하순녀 ········ 73
방직공자에 간다더니/ 오오목 ········ 85
천대받지 않으며 살고 싶다/ 황금주 ········ 93
하도 공부가 하고 싶어서/ 문필기 ········ 107
원통해서 못살겠다, 내 청춘을 돌려다오/ 이용수 ········ 121
열두 살에 끌려가/ 이옥분 ········ 133
내가 또다시 이리 되는구나/ 문옥주 ········ 147

자식을 못 낳는 것이 한이다/ 이순옥 167
고향에 돌아왔으나 가족은 간 곳 없고/ 이상옥 181
만주, 한구, 그리고 고도라지아를 전전하며/ 이득남 197
이제 여기서 죽는가보다/ 이용녀 213
버마의 밀림에서 사선을 헤매며/ 김태선 227
과거의 볼모가 되어/ 박순애 239
벙어리 냉가슴/ 최명순 255
근로정신대에서 위안부로/ 강덕경 271
우리집을 지척에 두고 위안소에 갇혀서/ 윤두리 285

지도 • 299
연표 • 300
엮고나서 • 312

해설: 군위안부의 실상

정진성

조사경위

우리의 아픈 역사인 식민지 시기에 관한 연구가 아직도 발전의 초기단계에 있는 상황에서, 이 시기에 우리 민족이 당한 수난에 대한 자각이 새롭게 사회저변으로부터 이루어지고 있다. 이러한 상황에서 군위안부의 문제는 지난 몇 해 동안 사회운동의 차원에서 매우 심각하게 제기되어 왔다. 피해자들에 대한 배상에 초점이 맞추어지고 있는 원폭피해자, 군인, 군속 등의 다른 식민지 시기 피해문제와는 달리, 현단계에 있어서 군위안부 문제의 주안점은 우선 진상을 밝혀내는 일이다. 그만큼 이 문제는 지금까지 철저히 역사의 그늘 속에 묻혀 있었던 것이다.

지난 몇 년간 피해자들의 증언과, 일본과 미국 등지에서 발굴된 '극비' 군문서를 통하여 군위안부의 문제는 차츰 그 모습을 드러내고 있으나, 지금까지의 증언과 문서자료는 실상을 밝혀내기에 아직 미흡하기만 하다. 대부분의 문서자료가 일본군과 정부에 의해 이루어진 것이므로, 우리나라의 입장에서 이 문제에 접근할 수 있는 가능하고 우선적인 과제는 피해자들의 경험을 되살리는 것이다. 이들의 생생한 체험담은 기존의 문서자료에서 밝혀진 사실을 재확인하는 데 그치는 것이 아니라, 아직까지 밝혀지지 않은 역사적 사실을 밝힘으로써 새로운 문서자료의 발굴을 선도할 수 있을 것이다.

이러한 취지에서 정신대연구회(1990년 7월 결성)는 지난 1992년 7월부터 한국정신대문제대책협의회(1990년 11월 창립. 이하 정대협으로 약칭함)에 신고된 전위안부들에 대한 조사에 착수했다. 정대협에 신고한 전위안부는 1992년 12월말 현재로 생존자 55명, 사망자 55명이었다. 정신대연구회의 회원 10여 명은 지난 4월부터 연락이 가능한 전위안부 40여 명을 접촉하기 시작했다. 조사과정에서 자신의 경험을 말하기 꺼리는 사람, 증언이 심하게 엇갈리거나 말의 앞뒤가 맞지 않아 조사가 어려워 보이는 사람들을 제외해 가면서 최종적으로 조사를 완성시킨 것이 이 책에 실린 19명의 증언이다. 생존해 있는 전위안부들은 나이가 많고 그간의 역경으로 인하여 스스로 겪은 고난의 많은 부분이 희미한 기억만으로 남아 있다. 이들로부터 보다 명확한 기억을 끌어내기 위하여, 정신대연구회원들은 일본의 군대사, 전쟁사, 우리의 식민지사에 관한 자료를 참고하고, 그간에 발굴, 보고된 위안부관계 군문서자료 및 증언들을 세밀하게 검토하면서 전위안부에 대한 면접을 진행시켰다. 이와 같이 증언내용에 정확을 기하려는 노력으로 연구회원들은 자신이 분담한 각각의 전위안부를 10회 이상 면접하는 과정을 거쳤다.

지금까지 우리나라뿐 아니라 일본에서도 위안부의 경험에 관한 많은 단편적인 보고가 출판되었는데, 그중에는 조사의 수준이 높은 것이 있는가 하면, 그 신빙성이 문제되는 것도 있었다. 정신대연구회는 이러한 상황을 감안하여 신빙성에 자신이 설 때까지 수차례 계속해서 재면접을 실시했던 것이다. 조사의 정도에 대해서는 독자제현의 질정을 바라는 바이지만, 우리는 이 고통스런 경험을 조사함에 있어서 감정을 자제하고 객관적인 자세를 견지하려고 노력했다는 점을 밝혀두고자 한다.

위안부의 출신

8만에서 20만이라고 추정되는 위안부 중 절대다수를 차지한다고 여겨지고 있는 조선인 위안부의 연행은 어떠한 층에 대하여 이루어졌는가?

가정의 경제적 배경: 대부분 극히 소규모의 자작농가나 소작농에서 자랐거나, 또는 농촌의 상점, 잡역 등의 일을 하는 부모에서 태어났다. 다소의 경작지를 소유한 비교적 형편이 좋았던 경우가 2명 있는 것을 제외하고, 대부분은 가정이 매우 가난했다. 위안부로 연행 당하기 전, 식모살이를 한 사람이 5명이나 되고, 그밖에도 공장에 다니거나, 친척집에 얹혀 산 경우, 나쁜 환경을 견디지 못해 가출한 경우 등, 부모에 의해 팔린 경우 등 이들의 상황은 비참했다.

학력: 본조사의 위안부의 학력은 당시 조선 전체의 학력과 큰 차이가 있는 것은 아니나, 전반적으로 매우 낮은 수준이다. 전혀 교육을 받지 못한 사람이 4명, 교회 등에서 운영하는 야학에서 공부한 경험이 있는 사람이 4명이고, 얼마간이라도 보통학교에 다닌 적이 있는 사람이 10명이다. 그러나 보통학교를 졸업한 사람은 한 사람도 없다. 예외적인 것으로 국민학교 고등과 1학년 재학 중에 근로정신대로 동원되었다가 후에 일본에서 위안부로 끌려간 경우가 있을 뿐이다.

다음에 보는 바와 같이 일본정부는 주로 사기를 포함한 강제동원의 방법을 사용하여 위안부를 징집하였으므로, 이로 일어날 사회적 물의를 최소화하기 위하여 주로 하층계급에서 위안부를 연행해 갔던 것으로 볼 수 있다.

결혼상태: 1명만이 연행 전에 결혼한 경험이 있으나, 이 사람도 연행 당시에는 혼자 서울에 있었다. 나머지 전부 미혼이었고(서류상 결혼한 1명 포함), 여러 정황으로 보아 처녀였다고 판단된다. 유곽 출신은 한 명도 없었다.

출신지 및 연행지역: 본조사의 19명은 일본과 만주 출신 각기 한 명을 제외하고 나머지 17명이 남한지역 출신이며, 특히 경상도 지역이 절대 다수를 차지한다. 대부분이 농촌지역 출신이나 앞서 본 여러 사정으로 인해서, 출생지와 위안부로 직접 연행된 지역에는 다소 차이가 있다. 서울이 중요한 연행지가 되었으며, 광주, 대구, 부산 등의 도시에서 연행된 경우도 많다. 이것은 위안부의 연행이 농촌뿐 아니라 도시지역에서도 광범위하게 이루어졌음을 나타내고 있다.

	서울	경기	충남	충북	전남	전북	경남	경북	함남	일본	만주	북경
출생지	1	1	1		1	2	6	5	1	1		
연행지	3				2	1	5	3	1	2	1	1

나이: 공창의 창부로 될 수 있는 연령은 일본에서는 18세 이상이고, 조선에서는 17세 이상으로 규정되어 있었으나,[1] 군위안부의 경우에는 일률적으로 규정된 나이 제한은 없었던 것으로 보인다. 1940년의 중국주둔군대에서 창기는 16세 이상이어야 한다고 한 규정이 있을 뿐,[2] 대부분의 군문서 자료에 나타나는 위안소 규정에 위안부의 나이에 대한 언급은 없다. 본연구회에서 조사한 전위안부 중 한 사람은 11세에 납치되어 대만으로 갔으나, 만 15세가 넘어야 허가가 나온다고 하여 위안소의 심부름을 하게 되었다고 증언했다. 그러나 그외 어느 경우에도 나이가 고려된 것 같지는 않다. 연행시 위안부의 나이는 매우 어려서 앞서의 11세에 연행된 경우를 제외하고도 16세 미만이 3명이나 되고, 나머지도 16, 17세에 집중해 있다.

---

1) 山下英愛, 「한국근대 공창제도 실시에 관한 연구」, 이화여자대학교 여성학과 대학원 석사논문, 1992.
2) 呂集團特務部, 「呂集團特務月報」, 1940.

(나이: 세, 수: 명)

나이	11	14	15	16	17	18	19	20	21	22
수	1	1	2	5	4	2	2		1	1

조사결과는 나이제한의 규정이 일부 지역에서만 시행되었거나, 규정은 있었으나 형식일 뿐, 실제로는 지켜지지 않았다는 것을 말하고 있다. 또한 전반적으로 조선에서 나이 어린 여성을 대대적으로 연행해 갔다는 것을 알 수 있다.

동원방법

군위안부가 어떠한 방식으로 동원되었는가의 문제는 현재 군위안부 문제에 있어서 한일간에 매우 중요한 쟁점이 되고 있다. 지금까지 발견된 군문서 중에 위안부 동원방식을 구체적으로 설명해 주는 것은 한 건도 없다. 다만 1942년부터 패전까지 육군대본부로부터 트럭과 군인 등을 제공받아 제주도에 와서 조선인 여성을 강제연행해간 吉田清治의 증언[3]이 있다. 그러나 이것도 최근 일본내에서 그 신빙성에 문제제기를 하고 있는 사람들이 있다.

당시의 국제관례에 따라 「사기, 폭행, 협박, 권력남용, 기타 일절의 강제수단」에 의한 동원을 강제연행이라고 파악한다면,[4] 본조사의 19명의 경우는 거의 대부분이 강제연행의 범주에 들어간다. 본조사는 폭행, 협박, 권력남용을 한데 묶어 폭력적 수단에 의한 동원으로 분류하고, 그외에 취업사기, 유괴납치, 팔림의 경우로 나누어 보았다. 폭력에 의한 연행은 군인이나 헌병에 의해 이루어진 경

3) 요시다세이지, 현대사연구실 옮김, 『나는 조선사람을 이렇게 잡아 갔다』, 청계연구소, 1989.
4) 吉見義明, 「従軍慰安婦と日本國家」, 吉見義明 編, 『従軍慰安婦資料集』, 大月書店, 1992, pp.34-35.

우가 대부분이고, 군속으로 보이는(국방색 국민복을 입은) 사람에 의한 경우도 있었다. 취업사기는 대부분 일본에 가면 좋은 일자리를 구할 수 있다고 하는 말로 유인한 경우로, 가장 많은 부분을 차지한다. 이것은 대부분 민간인에 의해 이루어졌지만, 관(官, 반장)이나 정내회(町內會) 사람의 권유에 의한 경우, 군인과 군속에 의하여 이루어진 경우도 있다. 유괴납치나 팔림의 경우도 민간인에 의한 경우가 많았으나, 군인이 한 경우도 있다. 민간인에 의한 연행의 경우에도 군이 배나 트럭 등 교통편의를 제공하거나, 중도에 군인이 위안부들을 체계적으로 강간하는 등, 군대의 간섭과 통제가 가해졌다. 그리고 군이 위안부 "모집과정에서의 소요를 막기 위해 모집을 맡을 者의 人選에 신중을 기할 것."5)이라고 명기한 군문서로 보아, 모집을 한 민간인도 군에서 지정, 또는 허가한 사람인 것으로 보인다. 이러한 사실들은 위안부 모집에 전반적으로 군대가 체계적으로 개입했다는 사실을 밝혀주고 있다.

	폭력	취업사기	유괴납치	팔림	기타
민간인		6	1	1	
官권유		2			
군인,헌병	3	1	1		1
군속	1	4			

주: 1. 두 명의 경우에 각기 두번의 다른 연행과정을 겪었으므로 전체 합계가 21이 되었다.
2. 기타는 처음에 근로정신대로 동원되었다가 공장에서 도망가다가 군인에게 잡혀 군위안소로 끌려간 경우이다.

취업사기의 경우, 처음에는 사기로 유인되어 갔지만, 위안소에 와서는 협박과 폭력에 의해서 위안부의 일을 강요당했다. 유괴납치, 팔림의 경우도 자신의 의사에 반해서 폭력에 의해 위안부의 일이

---

5) 「支受大日記密」, 1938. 3,4.

강요된 점은 마찬가지다. 그러므로 전체적으로 군위안부의 동원은 폭력에 의한 강제연행이었다고 말할 수 있다.

연행시기

1932년에 상해에, 1934년에 만주에 군위안소가 설립되고 위안부에 건강진단을 실시하는 등 군이 조직적인 관리를 했다는 기록[6]이 최근에 발굴되어, 군위안소의 단초적 형성시기는 일본군대가 아시아대륙에 진출하기 시작한 1930년대초임을 말해 주고 있다. 최근까지 군위안소의 형성시기로 널리 인식되어 왔던 1937년의 남경대학살 전후[7]는 군위안소가 보다 적극적이고 체계적으로 확대된 시기로 볼 수 있다.

이미 1933년 만주에서 위안부의 절대다수가 조선인이었음을 밝히는 자료가 발굴되어,[8] 위안소 형성초기부터 조선인이 많았다고 보아야 할 것이다. 그러나 정신대연구회에서 조사한 전위안부들의 경우에 조선에서의 연행시기는 1937년 이후에 집중된 것으로 나타났다. 조사결과에서 우리는 조선으로부터의 위안부 동원은 군위안소 제도가 정착된 1937년 이후부터 본격화되었다는 사실을 알 수 있다.

1936년	1937년	1938년	1939년	1940년	1941년	1942년	1943년	1944년	1945년
1	4	1	2	1	3	1	2	3	1

---

6) 在上海總領事館, 「外務省警察史, 支那ノ部」, 1938. 混成第14旅團司令部, 「衛生業務旬報」(1932. 9-1933. 12) 34編. 「藝娼妓酌婦健康診斷實施要領」, 朝日新聞 1992. 12. 6에서 재인용.
7) 千田夏光, 鈴木裕子, 김일면 등.
8) 混成第14旅團司令部, 앞의 자료.

지역적 분포

일본군대의 위안소가 세워진 지역은 '일본군이 주둔했던 모든 곳'[9]이라고 말해진다. 본연구회에서 조사한 전위안부들이 있었던 지역도 일본본토와 대만, 조선 등의 식민지를 포함하여 중국, 만주, 남양군도 등 일본군의 점령지 구석구석에까지 퍼져 있다. 이들 중 많은 수가 한 지역에만 있었던 것이 아니라, 군대의 이동에 따라, 또는 개인적 사정에 따라 여러 지역을 이동했다.

만주	중국	남양군도	남아시아	대만	일본	조선
4	7	2	5	2	2	1

주: 여러 곳을 이동한 사람 중 네 사람이 위 분류상 두 군데에 걸쳐 있었으므로 합계 숫자가 23이 되었다.

위안소의 관리방법

사용자: 간혹 민간인도 사용할 수 있는 위안소도 있었으나, 대체로 순수한 형태의 군위안소는 군인, 군속만이 사용하도록 되어 있었고, 지방관민의 사용이 일절 불가능했다. 한편 군인, 군속은 군위안소 이외의 다른 위안소의 이용과 매음부, 토민(土民)과의 접촉이 엄격히 금지되었다.[10] 본조사에서는 한 명만이 민간인도 위안소에 왔다고 말했을 뿐, 그밖의 전원이 위안소에는 군속의 출입도 금지

---

9) "The 'comfort girls' have been found wherever it was necessary for the Japanese Army to fight." Psychological Warfare Team, *United States Offices of War Information*, 1944.

10) 軍政監部サビヤ支部イロイロ出版所, 「慰安所規定送付」, 1942.11. 在上海總領事館, 「外務省警察史, 支那ノ部: 昭和13年中二於ケル在邦人ノ特種婦女ノ狀況及其ノ取締竝二租界當局ノ私娼取締狀況」, 山第3475部隊, 「軍人俱樂部二關スル規定」, 1944.12. 教育總監部 編修, 「戰時服務要綱」, 1938.

되고, 군인만이 출입하도록 되어 있었다고 증언했다. 이중 규정을 어기고 군속이나 민간인이 들어왔던 경우의 보고는 단지 2건이 있었을 뿐이다.

설립과 경영: 군문서자료에 나타난 군위안소 설립의 경우를 보면, 군대가 한 경우, 민간이 설립하여 군의 허가를 받은 경우, 그리고 기존의 민간 위안소를 군이 지정하여 군위안소로 편입, 정리한 경우 등으로 나뉘어 진다.[11] 경영은 군대가 위안소를 설립한 경우에 군이 직접 한 경우와 민간에게 위임한 경우로 나뉘며, 민간인이 설립한 경우는 대부분 민간인이 경영한 것으로 보인다. 따라서 군위안소의 형태는 군이 설립하고 경영한 경우, 군이 설립하고 민간이 경영한 경우, 민간이 설립하고 경영한 경우의 세 형태로 대체적인 분류를 할 수 있다. 민간인 설립자와 경영자가 전부 군속의 신분을 갖고 있었는지는 확실치 않다.

본조사에는 5명이 첫번째의 경우로, 8명이 두번째의 경우로, 그리고 나머지 6명이 세번째의 경우로 분류될 수 있다. 첫번째 형태의 위안소는 위안소가 군부대 안에 있는 경우가 대부분이었다. 두번째 형태의 위안소에서는 군인이 위안소 건물을 건축하고, 쌀, 부식, 담요, 의복 등을 군에서 공급했으나, 군표를 받거나, 식사준비, 청소, 빨래 등의 일을 민간이 했다. 본조사의 위안부 증언에서는 관리인이 자주 바뀐 경우, 중간에 관리인이 없어져서 군이 직접하다가 다시 민간에게 맡긴 경우, 관리인이 위안부들과 함께 위안소를 탈출한 경우, 관리인이 군에서 월급을 받은 경우 등, 다양한 형태를 보여주고 있다. 세번째 민간이 설립하고 경영한 경우의 위안소는 군과 얼마나 밀접한 관련을 맺고 있었는가의 점에서 다양한 정도 차이를 보인다. 그러나 어느 경우에도 청결검사, 위안부 정기검진 등, 군의 통제를 받았으며, 군이 정한 위안소규정을 지키도록 되어 있

11) 第62師團會報綴, 「石兵團會報」, 56號, 1944.9.17. 要塞建築勤務第6中隊, 「陣中日誌」, 1944.6.-16.30. 第62師團副官部, 「陣中日誌」, 1945.1-2. 등.

었다. 대부분의 경우 군인이나 헌병이 위안소 주변을 경비했다.

위안소 생활

앞서 언급한 대로 군위안소들은 각기 군이 정한 위안소 규정에 따라 운영하도록 되어 있었으나, 본조사의 결과는 이 규정들이 실제로는 그대로 지켜지지 못했음을 밝히고 있다.

위안시간과 상대수: 위안소 규정에는 부대별, 계급별의 위안소 사용시간표가 정해지고, 1인당 사용시간 제한도 규정되어 있었다.[12] 본조사의 대부분의 전위안부는, 대체적으로 하루의 시간표와 군인의 계급별 출입시간과 사용시간 제한이 있기는 했으나, 그것이 제대로 지켜지지 않았다고 증언했다. 전투가 있을 때와 그렇지 않은 경우, 평일과 주말의 차이가 심했기 때문이다. 군인이 많은 경우에는 새벽부터 문밖에 줄을 서서 기다리다가 옷도 벗지 않은 채 일을 보고 나가는 사람이 많았고, 이런 때에는 늦어지면 다음 사람이 문을 두드리며 재촉하기도 했다. 하루 상대수도 일정치 않아 적은 날은 10명 이내, 많은 날은 50명 이상, 셀 수도 없었다고 한다. 대개 밤에 잠을 자고 갈 수 있는 군인은 장교였지만, 사병이 몰래 들어와 자고 간 경우도 있었다는 증언도 있다. 이러한 중에도 민간 관리인은 될수록 군인을 많이 받도록 하기 위하여 위안부 각자가 받은 군인 수를 막대그래프로 그리기도 하고 성적이 좋은 사람을 칭찬하기도 했다.

정기검신 및 위생상황: 위안부에 대한 정기성병검사는 일본의 군위안소제도에 있어서 매우 중요한 사항이었다. 본조사의 19명 중 4명만이 정기검진을 받지 않았다고 말했거나, 정기검진에 대한 언급을 하지 않았다. 나머지 15명은 모두 정기적으로 병원에 가서 혹은

---

12) 獨立混成第15聯隊本部, 「陣中日誌」, 1945.1.1-1.31. 獨立功城重砲兵第2大隊, 「慰安所規定」, 1938.3. 獨立山砲兵第3聯隊, 「陣中日誌」, 1941.4.1-4.30.

위안소로 온 군의에게 성병검사를 받았다고 증언했다. 기간은 사람에 따라 달라서, 주 1회, 매달 두세 번, 월 1회 등으로 나타났다.

일본군은 군인들 사이에 성병이 퍼지는 것을 막기 위하여 반드시 삿쿠를 사용할 것을 지시했다.[13] 본조사에 응답한 위안부들 중 전쟁말기에 대만과 일본에 있던 두 사람을 제외한 전원이 군인들은 삿쿠를 사용하도록 되어 있었다고 말했고, 그중 한 사람은 삿쿠를 사용하지 않으려는 군인이 있으면 이를 위안소를 지키는 헌병에게 보고하도록 되어 있었다고 증언했다. 그러나 이러한 규정에도 불구하고 완강하게 삿쿠를 사용하지 않은 군인들이 많았다고 대부분의 전위안부들은 증언했다. 삿쿠는 군인들이 각자 가져오기도 하고 위안소에서 위안부들의 방에 갖다 놓기도 했다. 한번 사용한 삿쿠를 빨아서 다시 사용하여 한 개를 몇 번이고 사용한 후 버렸다고 증언한 사람도 몇 있다. 이들은 이것을 빨 때, 매우 비참함을 느꼈다고 고백했다.

이밖에 여섯 사람이 매번 군인을 받은 후, 소독수로 밑을 씻었다고 증언했다.

이러한 위생규정에도 불구하고 위안부들 사이에 성병이 적지 않았다. 본조사의 19명 중, 7명이 성병에 걸린 적이 있다고 증언했다. 성병이 걸렸을 때는 '606호'라는 주사를 맞았다. 대부분 군의가 치료를 했으나 위안소 주인이 주사를 놓은 경우도 있었다. 2명만이 성병이 걸린 상태에서 군인을 받았다고 말했고, 나머지는 나을 때까지 받지 않았다고 말했다. 성병 외에도 위안부들은 말라리아, 황달, 정신병, 밑이 붓는 병 등 갖가지 병에 시달렸으며, 이 병들은 지금까지 이들을 괴롭히고 있다. 임신을 한 경우도 2명이나 있다. 이중 한 명의 경우는 아이가 배 속에서 죽고, 다른 한 명은 아이를 낳아 고아원에 맡겼다.

---

13) 第62師團會報綴, 「石兵團會報 第64號」, 1944.10.2. 陸軍省, 「昭和17年 陸支密大日誌 第39號」.

잔혹행위: 위안부들은 군인과 위안소 관리인으로부터 갖은 잔혹행위를 당했다. 월경때도 군인을 받은 것은 대부분의 경우이고, 반항을 하거나 거부할 경우, 군인들의, 혹은 관리인의 포악한 행위를 견디어야 했다. 대부분의 전위안부들은 이때 당한 신체의 상처를 갖고 있다.

이름: 본조사의 위안부 전원이 위안소에서 지어 받은, 혹은 자신이 지은 일본식의 이름으로 불리웠다.

일: 대부분의 위안부들이 군인을 받는 일 외에 자신의 빨래를 했으며, 이밖에 청소, 음식을 나르는 일, 풀베는 일 등을 했으며, '국방부인회'의 띠를 두르고 훈련을 받거나, 황국신민서사를 외우는 일을 했다고 증언한 사람도 있다. 주목할 만한 사실은 본조사의 19명 중 한 명은 위안소에 와서 처음에 간호보조일을 하다가 위안부의 일을 했고, 4명이 위안부 일을 하다가 나중에 간호보조 일로 바꾸어 했다는 점이다. 이것은 실제로 군대경영이든, 민간경영이든, 모든 형태의 군위안소의 위안부가 군간호원, 군대잡부와 함께 군대의 총괄적인 관할하에 있었다는 사실을 말해 주는 것이다.

위안부의 국적: 다소의 예외적 자료를 제외하고, 대부분의 자료들이 군위안부의 절대 다수가 조선인이었음을 밝히고 있다.[14] 본조사의 19명 중 5명만이 대다수의 조선인 속에 극소수의 중국인, 또는 일본인이 같이 있었다고 증언했고, 나머지는 전부 조선인과만 같이 있었다고 말했다. 이들 중 몇 명은 자신이 있던 지역에 조선유곽과 일본유곽이 따로 있었다거나, 정기검진을 위하여 병원에 갔을 때, 다른 나라 여자들을 많이 보았다고 증언하기도 했다.

한편 일본인 위안부는 장교용이고 조선인은 사병용이라는 전일본군인들의 증언이 있다.[15] 일본인과 같이 있었다고 말한 위 5명 중 단 한 사람만이 아키아부의 위안소에서 일본인 위안부는 장교만

14) 麻生徹南, 「花柳病ノ積極的豫防法」, 1939.6.26. 「在?在留邦人統計」, 1939.
15) 從軍慰安婦110番編輯委員會編, 『從軍慰安婦110番』, 1992.

상대했고 조선인들에게는 병사와 하사관이 왔다고 말했을 뿐, 나머지는 모두 같은 시간배분에 따라 장교와 병사를 같이 상대했다고 증언했다. 한 사람은 일본인 위안부가 조선인에 비해 나이가 많고 군위안소에 오기 전에 유곽에서 직업적인 매춘부로 있었던 사람들이었으므로 장교들이 오히려 조선인을 선호했다고 말했다.

요금 수령 여부

위안소의 규정에는 군인들의 계급별로 사용시간에 따라 요금이 명기되어 있고, 혼잡을 방지하기 위하여 요금은 대부분 표[切符]로 지불하도록 되어 있었다.[16] 그러나 본조사의 결과는 위안부에 대한 요금 지불이 대부분 제대로 이루어지지 않았다는 것을 보여준다. 3명만이 군인을 상대한 대가로 돈이나 군표를 받았다고 증언했다. 7명이 돈이나 군표를 군인에게 받아서 관리인에게 주었으나 한번도 정산해 받은 적이 없다고 말했고, 4명은 돈 또는 군표 관리는 관리인이 직접했다고 증언했다. 나머지 5명은 요금에 대해 일체 아는 바가 없다고 말했다. 군인들로부터 가끔씩 용돈을 받은 적이 있다고 말한 사람이 몇 명 있으나, 정식 급료는 아니다. 이중 한 사람은 이 용돈으로 상당한 액수의 저금과 고향으로의 송금이 가능했다고 증언했다. 어떤 위안부는 관리인이 전쟁 후 한번에 정산해 주겠다고 하여 매일 일본이 이기라고 기도했다고 증언했다.

귀환사정

본조사의 전위안부 중, 종전 전에 위안소를 떠나올 수 있던 경우가 8명이 된다. 이중 2명은 탈출한 경우이고, 1명은 성병이 심해

---

16) 獨立守備步兵第35大隊, 「陣中日誌」, 1942.4.1-6.30. 2A司令部, 「第2軍狀況槪要」, 1938.12.10.

송환되었고, 나머지 4명은 각별히 가까웠던 장교의 도움으로 귀국 증명서를 받아서, 그리고 한 명은 위안소 주인과 함께 귀국할 수 있었던 경우이다. 이들 중 한 명은 다시 위안소로 가게 되어 전부 12명이 종전 후에 귀환했다. 패전시 일본군대가 위안부를 데리고 귀향한 경우는 드물다. 위 12명 중 1명만이 일본군인들과 함께 트럭을 타고 위안소를 떠났고, 나머지 사람들은 어느날부터 갑자기 군인들이 위안소에 오지 않았다고 증언했다. 군인들이 도망가고 유기된 위안부들은 많은 어려움을 겪으면서 스스로 귀국했거나, 미군 수용소에 있다가 귀국했다.

귀환 후의 생활

귀향 후 전위안부들은 위안부였다는 자격지심, 위안부 생활에서 얻은 병, 주위의 사시 등으로 인하여 정상적인 결혼생활을 하지 못했다. 본조사의 19명 중 6명이 결혼했으나, 그중 5명은 재취였으며, 6명 모두가 결혼에 실패했다. 8명이 동거 또는 둘째부인으로 가정을 가져본 경험이 있으나 대부분 실패했다. 5명은 전혀 결혼하지 않았다. 현재 2명만이 자신이 낳은 자식과 함께 살고 있으며, 1명이 수양아들과, 다른 한 명이 데려다 기르는 손주와 함께 살고 있다. 나머지 15명은 모두 혼자 살고 있다. 경제적으로도 또 건강면에서 매우 곤란한 생활을 하고 있다.

맺음말

정신대연구회에서 행한 19명의 전위안부에 대한 정밀조사는 군위안부의 실상에 접근하는 많은 기초자료를 제공하였다. 특히 현재 군문서자료에서는 밝혀내지 못하고 있는 위안부 동원방식이나 위안소의 실상 등에 대해 중요한 시사를 주고 있다. 우리는 이 조사를 통하여 일본의 군위안소제도가 일본군대에 의해 체계적으로 시행되었다는 점과, 특히 이것이 식민지의 하층계급 여성에 대한 대대적이고 강제적인 동원으로 이루어졌음을 재확인했다. 이러한 군위안소제도는 지금까지 세계사에서 유례를 찾을 수 없는 유일한 것이다.

이 제도는 여성에 대한 멸시사상, 식민지에 대한 폭압적 민족말살정책, 그리고 계급문제가 복합되어, 일본의 군국주의 국가의 강제력에 의해 이루어진 전쟁 범죄의 극단적 표출이다. 따라서 이 제도의 문제점을 파악하기 위해서는 성/민족/계급/국가의 다차원적 시각이 필요하며, 이 제도를 실행한 주체인 일본군대의 억압적이고 차별적인 특성을 파헤칠 필요가 있다.

되풀이하기조차 싫은 기억들

김학순

1924년 중국 길림에서 출생. 백일도 되기
전에 부친이 사망하여 모친과 평양으로 돌아옴. 그후
양부 밑에서 성장하다가 15세에 평양 기생권번에 다녀 17세에
졸업하였다. 그러나 나이가 어려 영업이 불가하였으므로
중국으로 건너갔으나 북경 도착 즉시 군부대로 끌려가
위안부 생활을 하게 되었다.

길림에서 태어나

내가 태어난 곳은 만주 길림성이다. 어머니로부터 들은 이야기로는 어머니는 열다섯 살에 아버지와 결혼하여 평양에서 살다가 일본 사람 등살에 중국으로 피신했다고 한다. 어머니가 나를 중국에서 1924년에 낳고, 그후 백일도 안되어 아버지는 돌아가셨다고 한다. 왜 돌아가셨는지에 대한 이야기는 확실히 알지 못한다. 아는 사람도 없는 타향에서 여자 혼자서 생활하기가 어려워 어머니는 두 살 먹은 나를 데리고 다시 평양으로 돌아오셨다고 했다.

평양에 돌아와서도 어린 나를 데리고 친정집에 가서 거의 구걸하다시피 하면서 근근히 먹고 살았던 모양이다. 어머니는 의지할 데가 없어서인지 열심히 교회를 다니셨다. 어렸을 적에 어머니를 좇아 열심히 교회에 다니던 생각이 난다. 교회에 가면 찬송가 부르는 것이 신나고 교회 목사님이 예뻐해 주는 것도 좋아 열심히 다녔다.

나는 어렸을 적부터 고집이 세고 말을 잘 안 듣는다고 어머니께 야단을 많이 맞았다. 내가 말을 잘 안 들으면 어머니는 나한테 '애비 잡아 먹은 년'이니 '니 애비가 사람 귀찮게 굴고 그리 속 썩이더니 니가 그 피 받았냐?' 하면서 신세 한탄을 하곤 했다.

평양에 있는 교회에서 운영하는 학교에 4년 정도 다녔는데 학비는 무료였다. 열한 살까지 학교를 다닌 것 같다. 학교에 가면 공부도 하고 달리기도 하고 동무들과도 놀고 해서 좋았다. 나는 달리기를 잘해서 '이어달리기' 선수도 했다. 내가 인생을 살아오면서 그래도 그때 기억이 제일 좋게 남아 있다. 배우고 싶으면 배우고 놀고 싶으면 놀고 했으니.

어머니는 남의집 고용살이도 하고, 아침에 도시락 싸들고 나가서 남의집 밭도 매주고 빨래도 해주고 했다. 그러다가 내가 학교를 다닐 쯤에는 양말 짜는 기계를 빌려다가 집에서 양말 짜는 일을 했다. 나는 학교에 갔다오면 어머니가 하는 일을 돕곤 했다.

내가 열네 살 되던 해 어머니는 재혼을 하셨다. 새아버지는 나보다 나이가 많은 아들 하나와 딸 하나를 데리고 왔다. 오빠는 스무 살쯤 되었고 언니는 열여섯 살이었는데 그 언니는 함께 산 지 얼마 안 되어 시집을 갔다. 새아버지하고는 같이 있고 싶지 않았지만 그 오빠하고는 잘 놀았다.

기생집 수양딸로 보내져

어머니와 나 둘이서만 살다가 아버지라는 사람하고 함께 사니 여간 불편한 것이 아니었다. 아버지란 소리도 안 나오고 그 앞에 잘 나가지도 않았다. 어머니에게도 정이 떨어져 반항을 하곤 하니깐 어머니하고도 사이가 갈라졌다.

어머니는 나를 기생을 기르는 집에 수양딸로 보냈다. 그때 내 나이가 열다섯 살이었다. 어머니와 함께 그 집에 가서 노래를 불러보고 합격했다. 그리고는 어머니가 수양아버지에게서 40원을 받고 몇 년 계약으로 나를 그 집에서 살게 했던 것으로 기억한다. 하도 집에 있는 것이 거북살스럽고 싫어서 그편이 오히려 속시원하다고 생각했었다.

내가 수양딸로 간 집은 평양부 경제리 133번지였다. 그 집에는 나보다 먼저 온 양딸이 한 명 더 있었다. 나는 그 집에서 금화라고 불렸다. 그 언니하고 나는 평양 기생권번에 같이 다녔다. 그 권번은 2층집이었는데 내문에 큰 간판도 있고 생도도 300명이나 있었다. 나는 2년 정도 권번에 다니면서 춤, 판소리, 시조 등을 열심히 배웠다.

권번에서 졸업증을 받게 되면 정식 기생이 되어 영업을 할 수 있었다. 그런데 나이가 열아홉 살이 되어야 관에서 기생 허가를 내주었다. 졸업하던 해 내 나이가 열일곱 살이라 졸업을 하고도 영업을 할 수 없었다. 그래서 양아버지는 나를 데리고 여기저기 쫓아다니면서 허가를 받아보려고 애를 많이 썼다. 내가 나이보다 몸이 성숙하여 양아버지는 나이를 늘려 이야기했지만 관에서는 실제 나이가 열일곱 살이라 안된다고 했다.

국내에서 우리를 데리고 영업을 할 수 없었던 양아버지는 중국에 가면 돈을 벌 수 있을 것이라고 했다. 그래서 그 집에서 함께 기생수업을 받았던 언니와 나는 양아버지를 따라 중국으로 가게 되었다. 그때가 1941년, 내가 열일곱 살 나던 해였다. 양아버지는 중국으로 떠나기 전에 어머니에게 연락을 하여 중국으로 가는 것을 허락받았다. 떠나는 날 어머니는 노란 스웨터를 사가지고 평양역까지 나와서 배웅해 주었다.

일본군에 빼앗긴 처녀

평양에서 기차를 타고 신의주에서 안동다리를 건너 산해관으로 갈 때 양아버지가 일본 헌병에게 검문을 당했다. 양아버지는 헌병초소에 들어가 몇 시간만 에 나왔다. 그리고는 다시 기차를 타고 며칠을 갔다. 가면서 기차에서 자기도 하고 여관에서 자기도 했다. 북경에 가면 장사가 잘된다고 하여 양아버지는 우리를 데리고 북경까지 갔다.

북경에 도착하여 어느 식당에서 점심을 먹고 나오는데 일본 군인이 양아버지를 불렀다. 여러 명 있는 중에서 계급장에 별 두 개를 단 장교가 양아버지에게 "당신들 조선 사람들이지?" 하고 물었다. 양아버지가 우리는 중국에 돈 벌러 온 조선사람들이라고 이야기했다. 그랬더니 그 장교는 돈 벌려면 너희 나라에서 벌지 왜 중국에 왔냐고 하면서 "스파이지? 이쪽으로 와라" 하면서 양아버지를 데리고 갔다.

언니와 나는 따로 군인들에게 끌려 갔다. 골목 하나를 지나가니 뚜껑 없는 트럭이 한 대 서 있었다. 거기에는 군인들이 대략 40~50명 정도 타고 있었다. 우리에게 그 트럭에 타라고 해서 안 타겠다고 하니깐 양쪽에서 번쩍 들어올려 태웠다. 조금 있다가 양아버지를 데리고 간 장교가 돌아온 후 트럭이 곧 떠났다. 그 장교는 운전석 옆에 탔다. 우리는 하도 놀라기도 하고 무섭기도 해서 트럭 안에서 웅크리고 앉아 울었다. 가다보니 뒤에 모양이 같은 트럭이 한 대 더 따라오고 있었다.

오후에 잡혀 트럭을 타고 하룻밤을 지나 갔다. 가다가 총소리가 나면 다 내려서 트럭 아래 들어가 엎드려 있었다. 차 안에서 주먹밥을 한번 주었다. 군인들이 건빵을 건네주기도 했지만 웅크리고 앉아 우느라고 쳐다보지도 않았다. 다음날 컴컴할 때쯤 트럭에 탄 사람들이 모두 내렸다. 군인 몇 명이 우리를 어떤 집으로 데리고 들어갔다. 나중에 알고 보니 중국사람들이 도망치고 비어 있는 집이었다.

컴컴하고 정신도 없어 그날은 대체 거기가 어딘지 짐작도 되지 않았다. 언니하고 나는 방에 들어가 대체 뭐가 어떻게 되는 건지 알 수가 없어 서로 얼굴만 쳐다보고 있었다. 조금 있더니 낮에 양아버지를 끌고 갔던 장교가 방에 들어와 나를 포장친 옆방으로 데리고 갔다. 언니하고 떨어지는 것만도 무서워서 안 가려고 발버둥을 쳤다. 힘에 끌려 옆방에 가니 그 장교는 나를 끌어안으며 옷을 벗기려 했다. 안 벗으려고 하다가 옷이 다 찢겨져버렸다. 결국 그 장교에게 내 처녀를 빼겼다. 그날 밤 나는 그 장교에게 두 번이나 당했다.

다음날 날이 밝기 전에 그 장교는 방에서 나갔다. 나는 찢겨진 옷으로 얼기설기 몸을 가리고 앉아 울었다. 그 장교는 나가면서 이제 그런 옷은 여기서 입지도 못한다고 했다. 장교가 나간 후 나는 옆방에 언니가 있을까 해서 포장을 들추어 보았다. 누런 군복을 입은 군인이 누워 있고 그 언니도 찢긴 옷으로 몸을 가리고 앉아 울고 있었다. 나는 놀래서 다시 포장을 내렸다. 날이 밝고 군인이 간 뒤 언니가 포장을 밀치며 내게 왔다. 둘은 한심하고 기막혀서 부둥켜안고 통곡을 했다. 언니도 많이 반항을 하다가 여기저기 맞았다고 했다. 나는 나대로 장교와 싸우느라 옆방에서 무슨 일이 있었는지도 몰랐다.

지긋지긋한 위안부 생활

조금 있으니 바깥에서 여자들 목소리가 들렸다. 조선말 소리였다. 여자 하나가 문을 열고 들어오더니 "여기엔 어떻게 왔니?" 하고 물었다. 언니가 이러저러해서 오게 됐다고 말을 하니 "왔으니 이젠 할 수 없지. 여기서 도망치기는 글렀어. 팔자니 하고 그냥 사는 수밖에 없다"고 했다. 그날 포장쳐진 두 방에 군인들이 나무로 침대를 만들어 가지고 왔다. 우리는 방 하나씩을 배정받고 그곳에서 지내게 되었다.

우리가 있었던 집은 문이 두 개나 있는 빨간 벽돌로 지어진 집이었다. 그 집 옆에는 부대가 있었다. 나중에 군인들이 이야기해 준 것으로는 그곳이 철벽진이라고 했다. 우리가 있는 곳은 중국인 마을인데 일본 군대 때문인지 중국 사람은 한 사람도 보지 못했다.

그 집에는 여자들만 다섯 명이 있었다. 스물두 살 먹은 시즈에가 나이가 제일 많았고 미야코와 사다코는 열아홉 살이라고 했다. 시즈에는 나와 언니에게 일본 이름을 지어줬다. 나는 아이코, 언니는 에미코라고 했다. 쌀과 부식은 옆에 있는 부대에서 군인들이 가져다주었다. 밥은 여자들끼리 당번을 정해 서로 돌아가면서 했다. 그러나 내가 제일 나이가 어려 빨래와 밥을 가장 많이 했다. 가끔 군인들에게 밥을 갖다 달라고 하면 자기들 먹으려고 한 밥과 국을 갖다 주기도 했다. 군인들이 건빵 같은 것은 몰래 갖다 주기도 했다. 의복은 군인들이 입다가 버린 광목 내의 같은 것을 입었다. 그리고 간혹 중국 사람들이 집에 두고 간 옷을 군인들이 갖다 주어 입기도 했다.

시즈에는 일본말을 아주 잘했다. 시즈에는 주로 장교들만 상대했다. 미야코와 사다코는 자기들이 먼저 와 있었다고 자기들이 상대하기 싫은 거친 군인들은 우리에게 보내곤 하였다. 다같은 처지에 있으면서 텃세하는 게 보기싫어 나는 그들과 잘 어울리지 않았다. 시즈에는 서울에서 왔다고 했는데 미야코와 사다코와는 잘 어울리지 않아서 어디서 왔는지, 왜 오게 됐는지 모른다.

그 집에는 방이 모두 다섯 개 있었다. 방에는 모포가 씌워진 침대가 있고 방문 옆에는 세수대야를 놓아 두었다. 시즈에는 우리한테 소독물이 든 병을 주었다. 그것을 세수대야에 풀면 분홍빛깔이 나는데 군인들을 받고 나면 씻으라고 했다.

우리를 직접 관리하는 사람은 없었지만 부대가 바로 옆에 있었기 때문에 우리가 어디 나가려 하면 보초가 물어봤다. 그러나 아는 데가 없기 때문에 어디 갈 수도 없었다. 군인들이 오면 자기가 들어가고 싶은 방에 들어갔다. 한 달 정도 있다 보니 노상 오는 군인들이 오고 새로운 사람들은 없었다. 우리는 이 사람들만 전속으로 받나 보다 하는 생각이 들었다.

군인들은 토벌을 많이 나갔다. 일주일에 삼사일은 밤에 토벌을 나가 새벽녘에 돌아오곤 했다. 토벌을 하고 돌아올 때는 군인들이 노래하면서 행진을 하고 왔다. 그러면 우리도 일어나 있어야 했다. 보통은 군인들이 오후에 왔지만 토벌하고 온 날은 아침부터 군인들이 몰려오기 때문이다. 그런 날은 하루에 일곱여덟 명의 군인들을 받아야 했다.

오후에 군인들이 오면 한 명이 삼십 분 정도 머물다가 갔다. 저녁때 군인들이 올 때는 술을 먹고 와서 "노래를 해라, 춤을 춰라" 하면서 사람을 아주 성가시게 할 때가 많았다. 그러면 나는 뒤뜰에 숨곤 했다. 그러다 군인이 나를 찾아내면 더 거칠게 굴었다.

군인들은 자기가 들어가고 싶은 방에 들어갔기 때문에 오는 사람들은 거의 고정적이었다. 들어와서 삼십 분 정도 사람을 곤죽으로 만들어 버리는 군인이 있는가 하면 얌전하게 있다가 가는 군인도 있었다. 어떤 군인은 들어와 내 머리를 자기 사타구니에 처박고 성기를 빨라고 했다. 또 일이 끝나면 세숫대야 물에 자기 성기를 닦아 달라고 하는 사람도 있었다. 어떤 때는 비위가 틀려 반항이라도 하면 늘어지게 맞았다.

군인들은 자기들이 삿쿠(콘돔)를 가지고 왔다. 우리한테 배당되어진 삿쿠는 없었다. 일주일에 한번 후방에서 군의가 졸병을 데리고 와서 검사를 했다. 바쁘면 건너뛰는 주도 있었다. 군의가 온다고 하면 열심히 소독약으로 닦았다. 군의가 와서 진료해 보고 조금이라고 이상하면 누런 빛이 나는 606호 주사를 놓았다. 그것을 맞고 트림을 하면 코로 냄새가 올라와 아주 역겨웠다.

월경을 할 때쯤이 되면 군의에게 솜을 달라고 해서 모아 두었다가 썼다. 생리 때도 군인을 받았다. 받고 싶지 않아도 군인들이 들어오면 어쩔 수가 없었기 때문이다. 그래서 솜을 말아서 피가 밖으로 새나오지 않게 깊이 넣고 군인을 받았다. 그렇게 하다보면 나중에 솜이 나오지 않아 고생할 때도 있었다. 모아 둔 솜이 없으면 헝겊을 잘라 조그맣게 말아서 넣기도 했다.

군인들이 오지 않은 오전시간에는 우리들은 빨래도 하고, 가운데 방에 모여 이야기를 하기도 했다. 그러나 나는 워낙 성격이 고분고분하지도 못하고, 그저 어떻게 하면 도망칠까 하는 궁리만 하고 있어서 에미코 언니말고는 다른 사람들과 사이가 좋지 않았다.

우리에게 오는 군인들은 부대에서 허락을 받고 오는 것 같았다. 처음에는 군인들이 돈을 내는지 어쩐지 전혀 몰랐는데, 얼마 지나 시즈에로부터 사병들은 1원 50전, 장교들이 긴밤자는 데는 8원을 내야 한다는 소리를 들은 적이 있었다. 누구한테 군인들이 돈을 내냐고 하니깐 우리가 그 돈을 받아야 한다고 했다. 그러나 나는 위안부 생활을 그만둘 때까지 군인들로부터 돈을 받은 적이 없었다. 시즈에가 뭘 알고 그런 말을 했는지 모르겠다.

어느날 아침밥을 먹고 있는데 부대의 군인이 우리들에게 와서 무조건 빨리 보따리를 싸라고 했다. 옷을 싸고 있는데 빨리 나와서 차를 타라고 재촉해서 정신없이 그곳을 떠났다. 그곳에 머문 지 두 달이 지났을 때였다. 트럭 두 대에는 이미 군인들이 다 타고 있었다. 장교는 긴 칼을 차고 말을 타고 있었다. 우리는 하루 해가 지기 전에 새로운 곳에 도착했다. 처음 있었던 곳에서 많이 떨어지지는 않았는데 더 시골 같은 곳이었다. 총소리가 먼저 있었던 곳보다 더 많이 났다.

이번의 위안소는 먼저 집보다는 작았다. 방은 포장으로 칸막이를 한 것이 아니라 벽으로 나뉘어져 있었다.

별로 생활이 달라진 것이 없었다. 그러나 우리에게 오는 군인의 수가 좀 줄어든 것 같았다. 군의도 이곳으로 옮기고는 거의 오지 않았다. 군인들이 토벌나가는 횟수가 더 많아졌는데 아침에 우리에게 올 때는 술병을 들고 오는 군인도 많았다. 먼저 있었던 곳에서보다 사는 것이 더 비참한 생각이 들었다.

이곳에 와서도 어떻게 하면 빠져나갈 수 있을지만 궁리했다. 에미코 언니랑 도망갈 방도를 여러 가지 생각하기도 했지만 그곳 길을 전혀 몰라 나가도 어디로 가야 할지 막막했다. 나갈 때는 꼭 같이 나가자고 언니하고 약속을 했다. 시즈에는 나이도 나보다 많고 여러 가지 보살펴 주는 것이 있었지만 그래도 제일 마음이 통하는 사람이 에미코 언니였기 때문이다.

은전장수와의 탈출

새로운 곳으로 옮긴 지 한달 조금 지났을 때 마흔 살쯤 되어 보이는 조선인 남자가 내 방에 들어왔다. 원래 군인 이외는 들어올 수 없었다. 그런데 그 사람은 이곳에 조선인 여자들이 있다는 소리를 듣고 부대 군인들이 모두 토벌나가고 없는 틈을 타서 보초 눈을 피해 들어왔다고 했다. 그 사람은 자기는 조선에서 온 은전장사라고 했다. 나는 반가운 마음 반 불안한 마음 반 해서 "조선인이걸랑 나갈 때 나를 좀 데리고 나가달라"고 했다. 조선인이건 일본인이건 남자는 다 똑같은 모양이다. 그 사람도 나에게서 자기의 욕구를 채웠다. 그리고서는 그냥 가려 하길래 그냥 붙들고 늘어졌다. 나는 그에게 어떻게 그냥 갈 수 있냐고, 만약 그냥 나가면 소리를 지르겠다고 했다. 그러면서도 옆방에는 안 들리게 작은 소리로 말했다. 만약 옆방에서 에미코 언니가 듣고 자기도 가겠다고 하면 군인들에게 발각될 것 같은 생각이 들었기 때문이다. 그 사람은 나에게 어떻게 끌려왔느냐, 나이는 몇 살이냐고 물어봤다. 자기는 한군데 있지 않고 온 중국을 돌아다니는 사람이니 따라다니려면 아주 힘들고 위험할 것이라고 했다. 그래서 가다가 죽어도 좋고 못 따라가면 내버려도 좋으니 여기서만 같이 나가 달라고 애원을 했다.

정확한 시간은 알 수 없지만 내가 그 사람과 위안소를 빠져나온 것은 새벽 두세 시쯤인 듯하다. 챙길 것도 없었지만 아무것도 안 가지고 그저 빈 몸으로 따라나섰다. 하도 정신이 없어 어떻게 부대 있는 골목을 빠져나왔는지 기억도 나지 않는다. 군인들이 모두 토벌하러 나갔다 해도 보초는 있었을텐데 눈에 안 띈 게 천운인 듯 싶다.

북경에서 끌려간 지 넉 달 만에 그곳을 도망나온 것이다. 이미 여름이 지나고 계절은 가을로 들어설 때였다. 그 사람은 걸어가다가 중국 사람이 버리고 간 빈 집에 들어가서 옷가지를 챙겨 나에게 입으라고 했다. 그 사람은 지리도 잘 알고 비어 있는 집도 잘 찾아냈다. 그 사람은 중국말을 아주 잘해서 중국 사람 행세도 곧잘 했다. 나는 중국말도 못하고 행여 잡힐까 봐 무섭기도 해서 그 사람 뒤만 따라다녔다. 그는 다른 사람들에게는 나를 마누라라고 소개하였다. 그 사람은 평양에서 광성고보를 나왔고 고향이 평안남도 대동군 남형제산면이었다. 고향에 아들이 있다고 했다. 그는 일본 말도 잘하고 글씨도 잘 썼다. 평양으로 돌아가자고 하니깐 자기는 평양에 돌아갈 수 없다고 했다. 그 이유는 말해 주지 않았다.

그 사람은 중국 천지를 다 아는 것 같았다. 소주, 북경, 남경 등 온 데를 다 돌아다녔다. 그 사람이 정확히 무엇을 하는 사람인지는 잘 몰랐다. 어림잡아 중국 사람의 부탁을 받아 아편을 중간에서 전달해 주는 일을 하는 것 같았다.

1942년 내 나이 열여덟 살 겨울에 아이가 들어섰다. 그 사람은 아이를 낳으려면 한군데 정착해야 한다고 하면서 우리가 살 장소를 상해에 정했다. 상해에 내려 황포강 다리를 건너 불란서 조계로 가서 살았다. 거기에는 53개국 영사관이 있었다. 일본조계나 영국 조계는 상대방한테 습격을 당해 불안하다고 해서 불란서 조계로 간 것이다.

내가 열아홉 살 먹은 해 음력 9월 20일에 첫아이를 낳았다. 딸이었다. 그리고 45년 내가 스물한 살 먹은 해 정월달에 아들을 낳았다. 상해에서 두 아이를 모두 낳은 것이다. 우리는 거기서 송정양행이라는 전당포를 경영하였다. 돈은 중국 사람이 대고 장사는 우리 두 사람이 했다. 돈을 빌려 주기도 했다. 이득금은 돈을 댄 중국 사람과 나누어 가졌다. 장사는 그럭저럭 잘되었다.

반겨주는 이 없는 고국으로

해방이 되자 유일평이라는 거류민 단장이 조선에 돌아가야 하는 사람은 배를 타라고 알려주었다. 우리는 그곳에서 1946년 6월에 배를 타고 한국으로 나왔다. 2층으로 된 큰 배에 광복군도 같이 타고 나왔다. 그때 뱃삯으로 어른은 1,000원씩을 받고 아이는 500원씩을 받았다. 그래서 3,000원을 주고 우리 네 식구는 그 배를 탔다.
배가 인천에 도착하였다. 그런데 호열자가 생겼다고 해서 바로 내리지 못하고 배 안에서 26일간을 기다리다가 내렸다. 그리고는 서울 장충단 수용소에서 3개월간 지냈다. 그곳에서 큰아이는 콜레라에 전염되어 죽었다. 날씨가 추워지기 시작하자 남편은 방을 얻어야겠다면서 아는 사람을 찾아다녔다. 어떻게 아는 사람 집의 방 하나를 빌려 우리는 10월에 수용소를 나가게 되었다.

박복한 팔자로 일관되는 평생

나는 채소장사를 하고 남편도 공사장에 나가 먹고 살 돈을 벌었다. 6·25 후에는 남편이 대서소일을 하면서 통장일도 보았다. 그리고 부대에 부식을 납품하는 일도 하였다. 하루는 부식을 납품하기 위하여 검사받으러 갔다가 그 집이 무너져 내려 남편이 깔렸다는 소식을 누가 전해줬다. 쫓아가 보니 그 집 지붕이 며칠 동안 내린 비에 무너져 내려 있었다. 여러 명이 깔렸는데 그 자리에서 죽은 사람도 있고 피범벅이 되어 숨을 겨우 쉬고 있는 사람도 있었다. 남편은 적십자병원에 옮겨졌다. 그러다 50일 만에 죽었다.
말이 남편이지 살면서 받은 고통이 참으로 컸다. 내가 위안부 생활을 한 것을 알기 때문에 술 먹고 기분나쁘면 사람 가슴에 칼을 내리꽂는 소리를 했다. 돌아와서는 남편이 옆에 오는 것도 싫고 내 신세가 자꾸 한심한 생각이 들어 하라는 대로 안해서 더 싫은 소리를 들은 것 같다. 아들이 있는 데서 더러운 년이니 군인들한테 갈보짓했다느니 하는 소리를 들을 땐 내 더러운 팔자가 원망스럽기만 했다.
남편을 화장하고 아들과 둘이 살았다. 너무 마음 고통을 주었던 사람이라 죽은 후에도 크게 서럽지 않았다. 나는 공장에서 메리야스를 가져다가 강원도 등지를 다니면서 가게에 물건을 놓아 주는 일을 했다. 내가 강원도를 가면 며칠씩 집을 비우기 때문에 속초에서 가난한 집 아이 하나를 데려다 같이 있었다. 아들이 국민학교 4학년 때 바다를 보여주고 싶어서 여름방학 때 물건 놓아주러 속초에 가면서 데리고 갔었다. 그때 해수욕하러 갔다가 심장마비로 죽었다. 부모 복 없었던 년은 남편 복도 자식 복도 없는가 싶어 살맛을 다 잃었다.

죽으려고 여러 번을 마음먹고 약을 먹어도 죽지 못했다. 1961년에 무작정 전라도로 내려가 닥치는 대로 일을 하며 담배와 술로 20년을 보냈다. 그러다가 너무 방황하고 한심스럽게 세상을 살아가는 내 모습에 죽을 때 죽더라도 이렇게 억울하게 살면 안된다는 생각이 들어 서울로 올라왔다. 전라도에서 어떤 사람이 소개해 준 집에 식모로 들어갔다. 7년을 그 집에서 일을 해주다가 심장이 하도 뛰고 힘이 들어 87년에 그 집을 나왔다. 그때 근근히 모아 두었던 돈으로 지금 내가 사는 방을 얻었다.

동회에서 알선해 주는 취로사업에 나갔다가 우연히 원폭피해자인 한 할머니를 만났다. 나도 일본에게 억울한 일이 많고 내 인생이 하도 원통해서 어디 이야기라도 하고 싶었던 참이라 내가 군위안부였다는 사실을 이야기했다. 국내에서 처음 나온 위안부 증언자라고 여기저기 많이 불려 다녔다. 다시 그 기억들을 되새김질하는 것이 무척 힘이 들다.

왜 나는 남과 같이 떳떳하게 세상을 못 살아왔는지, 다른 노인네들을 보면 '저들은 나와 같지 않겠지' 하고 비교하게 된다. 내 순결을 빼앗고 나를 이렇게 만든 놈들을 갈기갈기 찢어놓고 싶은 심정도 있다. 그러나 어떻게 내 원통한 심정을 풀 수 있겠는가. 이젠 더 이상 내 기억을 파헤치고 싶지도 않다. 한국 정부나 일본 정부나 죽어버리면 그만일 나 같은 여자의 비참한 일생에 무슨 관심이 있으랴는 생각이 든다.

(정리: 이상화)

한국정부에도 할말이 많다

김덕진(가명)

1921년 경남 출생. 일가족이 큰아버지댁에서
농사를 지으며 근근히 살아가다가 아버지가 일본순사에게
잡혀가 모진 매끝에 돌아가셨다. 더욱 살기 어려워져
남의집살이를 하다가 1937년 17세 되던 해 일본공장에서 일할
여공을 모집한다는 소리에 따라나섰다가 위안부 생활을 시작하게
되었다. 1940년 일본군 장교의 도움으로 귀국하였다.

찌들린 가난에서 벗어나려고

나는 1921년 경남 의령군 대의면에서 태어났다. 우리 가족은 갈아 먹을 논도 없었다. 그래서 살기가 어려워 대나무 바구니를 만들어 생계를 꾸리고 있던 큰아버지에게로 갔다. 그곳은 지리산 밑의 산청군 삼장면 평촌리였다. 여기서 아버지는 담배농사를 지었다. 산에는 송이버섯과 산나물이 많아서 따먹기도 하고, 장으로 가져가서 쌀이나 돈으로 바꾸기도 했다. 아버지가 농사지은 담뱃잎은 전매품이라 싼 값으로 팔지 않으면 안되었다. 담뱃잎을 따고 나면 담배 둥치에서 새순이 돋아 나오는데 아버지는 그것을 말려서 피웠다. 아버지는 그것을 모아 두곤 하다가 일본 순사에게 발각되어 잡혀가서 모진 매를 맞고 온 후, 시름시름 앓다가 돌아가셨다. 오빠 둘, 언니, 나, 여동생, 이렇게 다섯 명의 자식을 데리고 어머니가 어렵게 생활을 꾸려 갔다. 거의 굶어죽을 지경이었다. 나무뿌리를 캐 먹기도 하고, 하루종일 디딜방아를 찧어주고 딩기를 얻어다가 시래기를 넣고 끓여 먹기도 했다. 일본에 붙어먹는 사람은 그당시에도 고무신도 얻어 신곤 했으나, 그때나 지금이나 바르게 살려고 하는 사람은 항상 제대로 먹지 못하고 산다.

나와 올케는 콩이나 팥의 푸른 잎을 말려 두었다가 겨울에 삶아 먹기도 했다. 오빠가 중국으로 돈벌러 가서 올케는 우리와 함께 살고 있었다. 나는 쌀과 보리쌀로 묽은 죽을 쑤어 먹으면서 우리가 여기서 이렇게 있다가는 굶어 죽겠다는 생각이 들었다. 그래서 내 한입이라도 줄이고 돈도 벌게, 남의집살이를 하러 가야겠다고 생각했다. 우리 동네에서 나와 같이 나물하러 다니던 애가 진주 부잣집으로 식모살이를 갔는데, 집에 다니러 왔다가 나를 진주의 은행원 집에 소개해 주었다. 내가 열두 살 때였다. 그 집은 아이 다섯, 어른 여섯 명의 대식구였는데 주인 여자가 독해서 모진 고생을 했다.

저녁 설거지를 하고 밤 한두 시까지 5리나 떨어진 곳에 가서 물을 길어 와야 하기도 했다. 이때 한 고생은 말로 다할 수 없다. 이렇게 몇 해를 지내다 열다섯 살이 되니 그 동안 어리다고 주지 않던 월급을 조금씩 주기 시작했다. 열여섯 살이 되어 돈이 조금 모여, 어머니께 옷 해드리려고 광목 조금 사고 장 담그는 콩도 한 말 사서 집으로 찾아갔다. 그 사이에 우리집은 이모가 논을 조금 가지고 살고 있던 합천군 삼가면에 있는 헌 집으로 이사를 했다. 나는 집으로 돌아와서 다시 그전과 같이 나물 뜯고 집안일을 돕고 있었는데, 그때 일본에 가면 돈을 벌 수 있다고 하는 소문을 들었다.

산더미 같이 큰 배를 타고

내가 열일곱 살 때(1937년)의 음력 정월 보름인가 2월초쯤 되었을 때였다. 취직시켜 준다고 처녀들을 모집한다는 말을 들었다. 얼마 전에도 우리가 살던 평촌에서 몇 명을 데려갔다고 했다. 그 소리를 듣고 '나도 갈 걸' 하고 생각하고 있었다. 그러던 참에 평촌으로 조선인 남자가 일본 공장에서 일할 여자들을 모집하러 또 왔다는 말을 들었다. 나는 평촌에 가서 그 사람을 만나보고 일본에 가기로 약속을 했다. 그 사람에게 떠날 장소와 시간을 약속받은 후, 삼가면의 우리집으로 돌아와 일본에 갈 준비를 했다. 당시는 지금 같지 않아 세상이 어수룩했고, 특히 학교도 다니지 않은 나는 아무것도 몰랐다. 공장에 돈벌러 가는 줄만 알았고 그것이 위험하다고는 꿈에도 생각지 않았다.

떠나는 날 약속 장소인 의령의 버스 정류장으로 나갔다. 평촌에서 모집하러 왔던 사람이 나왔다. 이 사람은 우리를 부산까지 인솔했다. 떠나는 날에는 합천, 마산 등지에서 온 여자들이 30명쯤 되었다. 나이가 나보다 적은 사람, 많은 사람, 여러 층이었고 그중에는 결혼해서 아이를 낳은 적이 있는 여자도 있었다. 그런 여자들은 대개 남편이 일본에 가 있다고 했다. 이 여자들과는 나중에 조선으로 돌아올 때까지 내내 함께 있었다. 의령으로 빈 버스가 와서 우리 일행만 태우고 갔다. 정암다리를 지나면서 우리는 울면서 "정암다리야 잘 있거라. 돈 벌어 올 때까지 너 잘 있거라"라며 서로 부둥켜안고 울었다. 우리들은 곧 서로 언니 동생 하고 부르며 다정해졌다. 나는 동생 축에 끼었다. 이들 중 나보다 세 살 많은 여자가 있었는데 이 사람은 고아로 남의 집에 살다가 일본에 가게 되었다고 했다. 나중에 서울에 와서 우연히 이 사람을 만나게 되어 왕래하며 살았는데 6·25 때 헤어졌다.

군북역에 도착하여 버스에서 내려 기차로 갈아탔다. 일반인이 타는 완행열차였다. 이 기차를 타고 부산까지 갔다. 부산에서 배를 타면서 인솔자는 새로운 조선인 남녀 두 명으로 바뀌었다. 이들은 집이 상해라고 했다. 부산에서 탄 배는 엄청나게 컸다. 연락선이어서 보통 사람들도 많이 탔다. 여러 층으로 되어 있었는데 우리 일행은 계단을 한참 내려가서 배 밑바닥에 있는 방에 탔다. 연락선 선원이 사람들에게 식빵과 물을 갖다주었다. 이 배를 타고 나가사키까지 갔다.

나가사키에 도착하니 버스같이 생긴 차가 와서 우리 일행을 태워 여관으로 갔다. 여관에 들어간 날부터 군인이 우리를 지켰다. 나는 "왜 우리를 여기에 가두나요? 앞으로 우리는 무슨 일을 할 것인가요?"라고 물으니, 그 사람은 "명령이 있어야 안다"고만 대답했다. 첫날 밤 나는 계급이 높은 군인에게로 끌려가서 강간을 당했다. 그 군인은 권총을 차고 있었다. 피도 나오고 무서워서 내가 도망을 가려고 하니까 그 군인은 내 등을 두드려 주면서 아무 때 당해도 당하니까 그런 줄 알라며 달랬다. 몇 번만 참으면 곧 괜찮아진다고 말했다. 우리 여자들은 매일밤 계급이 높은 군인들의 방으로 이곳저곳 끌려가서 강간을 당했다. 닷새쯤 되던 날, 나는 군인에게 "왜 우리를 이방 저방 남자들에게 보내는 거예요? 우리가 앞으로 할 일이 무엇이에요? 남자와 자는 것이에요?"라고 따졌다. 그 사람은 "명령이 있어야 어디로 가는 줄 안다. 무엇을 할지는 가봐야 안다"고 했다. 이렇게 나가사키에서 일주일을 보낸 후 그곳을 떠나게 되었다.

조선인 인솔자를 따라 배를 타고 상해에 도착했다. 상해갈 때 탄 배는 부산에서 탄 것과 비교도 안될 만큼 큰 것이었다. 산더미만했다. 조그만 배를 타고 바다로 나가서 큰 배에 옮겨 탔다. 쇠줄 난간을 잡고 올라갔다. 이 배에는 군인도 타고 민간인도 타고 있었다. 계단을 내려가서 복도를 지나 안으로 들어가니 허허벌판같이 큰 방이 있었다. 누워서 옆을 보면 사람들이 끝없이 누워 있는 것이 보였다. 이 배를 타고 며칠을 갔다. 내려서 여기가 어디냐고 물으니 상해라고 했다.

군대를 따라 이동하며

상해 부두에 내리니 트럭이 와서 우리를 싣고 갔다. 철도도, 버스도, 택시도 없었다. 어수선한 상해 거리를 지나 변두리로 생각되는 곳에 닿았다. 육군부대 바깥에 있는 큰 집에 머물게 되었다. 이 집은 부서진 곳도 많고 조그만 방이 많이 있는 집이었다.

가보니 일본인 여자 두 명과 조선인 여자 스무 명쯤이 더 있어, 의령에서부터 같이 갔던 30명과 합쳐 여자가 모두 50명 정도가 되었다. 일본인 여자들은 유곽에 있다가 온 사람들이라고 했다. 나이가 27~28세 정도로 조선 여자들보다 대개 열 살쯤 많았다. 군인들은 일본 여자보다 한국 여자들이 깨끗하다고 더 좋아했다. 본래 있었던 조선인 여자들은 전라도, 충청도 등지에서 왔다고 하는데 우리들과 나이는 비슷했다. 우리는 처음부터 같이 간 사람들끼리만 어울렸다. 나는 여기서 '란창'으로 불렸다. 우리 50여 명 중에서 아픈 사람, 사정있는 사람 등을 빼놓고 매일 평균 35명쯤이 일을 했다.

그 큰 집은 나무판자로 칸을 막아서 한 사람 누울 만큼 크기의 방들을 많이 만들어 놓았다. 방 안에는 침대가 있었고 거기서 기거했다. 식당은 따로 있었다. 집은 단층이었고 집앞에는 간판이 붙어 있었다. '위안소'라고 써 있었던 같다. 우리를 인솔해 간 조선 사람이 주인인 듯했지만 군인들이 와서 먹는 것, 집의 청결사항 등을 검사했다. 상해에서 부대를 따라 전방으로 전방으로 몇 번인가 이동하여 마지막으로 남경에 있다가 귀향했다. 위안소는 특정 부대에 소속되어 있지는 않았다. 부대가 이동하면 위안소도 곧 뒤쫓아 따라가곤 했다. 위안소가 이동할 때는 배를 타고 가기도 하고 트럭을 타기도 했는데 군대와 같이 이동한 적은 한번도 없었다. 위안소는 대개 도심이 아니고 외딴 곳에 자리잡았고 가는 곳마다 위안소의 상황은 거의 비슷했다. 전쟁으로 주변 상황은 참혹했다. 매일 총소리가 들렸고, 여기저기 시체가 널려 있고 개가 시체를 물고 다니기도 했다. 옷은 요즈음도 보통 많이 입는 치마와 웃도리를 입었고, 겨울에는 두꺼운 옷을 입었다.

아침 일곱 시에 일어나서 세수하고 교대로 밥을 먹고 나면 아홉 시쯤부터 군인들이 줄을 서서 오기 시작했다. 저녁 여섯 시 이후부터는 계급이 높은 사람들이 왔고, 자고 가는 사람도 있었다. 하루 평균 30~40명이 와서 잠도 못 잘 정도로 바빴다. 전투가 있는 때는 찾아오는 군인들의 수가 적었다. 방마다 삿쿠를 상자 속에 수북이 갖다놓아서 군인들은 방에 와서 이것을 집어서 사용했다. 간혹 사용하지 않으려고 하는 군인들도 있었으나 절반 이상은 사용했다. 사용하지 않으려는 군인에게는 내가 나쁜 병이 있으니 옮지 않으려면 삿쿠를 사용해야 한다고 말했다. 그래도 언제 죽을지 모르는 판에 병에 걸리면 무슨 대수냐고 하면서 막무가내로 덤비는 사람이 많았다. 이럴 때 나는 정말 성병에 걸릴까 봐 환장할 지경이었다. 삿쿠는 한번 사용하면 버렸고 늘 충분히 준비되어 있었다.

한두 달에 한번씩 군의관에게 검진을 받았다. 만일 병이 있으면 며칠 쉬도록 명령이 내려졌다. 병원으로 가서 검진을 받았는데 상해에서 검진할 때는 다른 위안소에서 온 여자들까지 있어 여자들이 아주 많았다. 중국 여자들이 늘어서 있는 것도 보았다. 중국 여자들은 귀걸이를 주렁주렁 이상하게 하고 옷도 조선 사람이나 일본 사람들하고는 다르게 입었다. 중국여자들을 일본 군인들이 위안부로 잡아오면 도망치고 자살하는 여자가 많았다고 위안소에서 심부름하던 사람이 말했다. 병원에는 검사대 같은 것이 놓여져 있어서 여기에 올라가서 두 다리를 벌리면 군의관이 나팔 같기도 하고 오리주둥이 같기도 한 것을 밑으로 넣어서 보았다. 병이 있으면 606호를 놓아 주었는데 나는 이 주사를 맞은 적이 없다. 나는 성병은 없었지만 아래에서 피가 흐르고 소변을 못 보는 병(방광염인 듯함)에 걸려 병원에 다니며 치료를 받았다. 다른 여자들 중에도 밑이 바늘 들어갈 구멍도 없이 훌떡 뒤집어지도록 붓고 피가 나는 사람이 많았다. 멀쩡한 처녀들을 데려다가 날이면 날마다 이런 일들을 시키니 오죽했겠는가? 아이를 낳은 여자는 없었지만 임신을 해서 주사맞거나 약을 먹어서 떼었다는 말을 들은 적이 있다. 나는 성병은 없었지만, 최근 병원에 가서 진단을 받으니 어려서 하도 많이 자궁을 사용하여 자궁이 비뚤어졌다고 한다.

아프고 괴로울 때는 죽으려고도 해보았지만 죽지 못했다. 강물에 뛰어들려고도 했고, 높은 곳에서 뛰어내려 보려고도 했고, 차에 뛰어들려고도 했지만 차마 하지 못했다. 이럴 때 고향의 어머니생각이 가슴이 저리도록 났다. 도망가려 해도 어디가 어디인지 몰라서 갈 수도 없었다. 그래서 나는 포기하고 별로 반항도 하지 않았다. 무서워서 죽으라면 죽는 시늉도 했다. 그래서 그랬는지 군인들도 그다지 포악하게 굴지 않았다. 개중에는 싸움을 하는 방, 물건이 없어졌다고 난리가 나는 방, 여자가 도망치다가 붙잡혀 오는 방, 여자가 군인에게 발길로 채여 소리지르는 방 들도 있었지만, 나는 뺨을 맞은 적도 욕을 들은 기억도 별로 없다.

전투를 마치고 돌아오는 군인들은 난폭하고 삿쿠도 잘 사용하지 않으려고 했다. 얼굴, 옷, 신발 등이 온통 먼지투성이었다. 전투를 하러 나가는 사람들은 다소 온순하고, 이제 자기는 필요없다고 잔돈 부스러기를 놓아두고 가기도 했다. 전투에 나가면서 무섭다고 우는 군인들도 있었다. 그럴 때 나는 꼭 살아서 돌아오라고 위로해 주기도 했다. 정말 살아서 다시 오면 반가워하고 기뻐했다. 이러는 중에 단골로 오는 군인들도 꽤 되었다. "사랑한다" "결혼하자"는 말도 들었다.

군인들이 올 때마다 조그만 표(요즘의 경로우대증같이 생김)를 주고 갔는데 그것을 모아다가 조선 사람 주인에게 갖다주면 공책에 매일 기록했다. 일본이 전쟁에서 이기면 팔자를 고치게 해준다고 했으나 따로 급료를 준 적은 없었다. 나는 일본이 이겨야 돈을 받을 수 있다고 생각해서 일본이 이기라고 기도하기도 했다. 주인은 옷, 화장품, 먹을 것은 그냥 나누어 주면서 나중에 한꺼번에 돈을 줄 때 제한다고 했다. 여자들이 주인에게 시장에서 무엇을 사다 달라고도 했는데 그러면 사다 주면서 나중에 가지고 나갈 돈 액수가 적어진다고 했다. 식사는 밥, 국, 그리고 두세 가지 반찬 등으로 먹었다.

계급이 아주 높은 군인들을 위해서 예쁘고 똑똑한 여자들을 골라 차에 태워 부대 안으로 데리고 가기도 했다. 이런 중에 나도 불려가 이즈미라는 군인과 특별히 가까운 관계를 맺게 되었다. 내가 몇 살이냐고 물으니 이 사람은 손가락 다섯 개를 펴보였다. 나는 속으로 '아마 쉰 살 정도인가보다'라고 생각했다. 계급도 아주 높아 보였다. 이즈미를 만나기 위해 부대 안으로 들어갈 때나 이즈미와 함께 밖에 바람쐬러 나갈 때면 군인들이 양옆으로 줄을 섰다. 그리고 총을 높이 들고 무엇이라 큰 소리로 외쳐댔다. 이즈미의 방은 넓었고 그 안에 큰 침대가 있었으며 번쩍거리는 총과 군복이 있었다.

어깨에는 번쩍번쩍하는 계급장이 달려 있었다. 이 사람은 전투가 잠잠하여 시간이 날 때는 졸병을 시켜서 나를 불러들여 이삼일간 자기 방에서 재웠다. 전투가 있을 때는 몇달간 소식이 없다가 잠잠해지면 자주 불렀다. 부대가 먼저 이동해서 위안소와 멀리 떨어져 있을 때면 배를 태워 데려가기도 했다. 어느날 이즈미를 만나기 위해 배를 타고 강을 건너가는데, 강물이 핏물로 빨갛게 물들고 강을 메우도록 많은 시체가 떠내려가다가 배가 지나가는 길 양옆으로 갈라지는 것을 보았다.

이즈미를 자주 만나면서 나는 이 사람을 아버지 겸 남편 겸, 한 식구처럼 생각하게 되었다. 숫자와 일본어도 직접 손을 붙들고 가르쳐 주는 등 나에 대한 이즈미의 애정은 극진했다. 매일매일 사랑한다고 말했고, 전쟁이 끝나면 일본에 데리고 들어가서 고생 안 시키고 학교도 보내 주면서 같이 살 것이라고 늘 말했다. 조선으로 돌아온 후에도 계속 편지를 주고 받았다.

이즈미의 도움으로 귀향

위안소 생활을 한 지 3년쯤 지난(1940년) 2, 3월경, 이즈미는 내가 자주 아프고 전쟁도 점점 위험하게 될 것 같으니 안되겠다고 하면서 고향의 집에 돌아가라고, 가 있으면 꼭 찾으러 가겠다고 했다. 조선으로 갈 때 누구를 데리고 가겠느냐고 해서 같이 있던 친구 네 명과 같이 나가겠다고 했다. 이즈미는 주인에게 이 다섯 명을 보내라고 했다. 높은 군인의 명령이므로 거부할 수는 없으면서도 주인은 나에게 곧 일본이 전쟁에서 이길텐데, 그러면 돈도 받을 수 있고 좋은데 왜 가느냐고 하면서 싫어했다. 이즈미가 사람을 보내서 우리 일행 다섯 명이 떠나게 되었다. 이즈미는 나중에 일본으로 불러서 돈을 줄지 모르니 여기로 다시 올 생각은 하지 말라고 했다. 우리는 위안소에서 돈도 받지 못하고 떠나왔다. 떠날 때 이즈미가 100엔을 주어 가지고 나왔다.

이즈미는 귀향증을 여러 장 만들어 봉투에 넣어 주었다. 도장이 찍힌 서류 모양이 꼭 호적등본 같았다. 이것을 역에서 보이면 기차를 태워 주고, 기차에서 내리면 트럭이나 배도 태워 주었다. 먹을 것, 잘 곳 등도 불편 없이 해주었다. 어느 역인가에서는 도시락을 우리들 수만큼 주기도 했다. 중간에 평양인가 어디에서 어떤 조선 사람이 이 사람(이즈미)을 어떻게 아느냐고 물어보았다. 이즈미가 준 종이에는 '이 사람은 군에 와서 일하다가 병이 나서 조선에 병 고치러 가니, 경상남도 어디까지 가는 차편, 식사를 제공하라'고 써 있었다고 한다. 20일쯤 걸려서 합천군 삼가면의 집으로 돌아왔다. 내가 스무 살 되던 해였다. 집에 와서 어머니가 삼베 치마, 적삼을 주어서 입었는데 선들선들한 느낌이었으므로 4월쯤이었던 것 같다.

사랑하던 남편도 죽고

집에 와보니 사람들이 수군대는 것 같고 사는 것도 가난하여 서울로 올라왔다. 이즈미에게서는 계속 편지가 왔다. 나도 답장을 했고 소포도 보냈다. 내가 미숫가루, 고춧가루 같은 것을 보내면 잘 먹었다고 하고, 고춧가루는 먹고 매워서 죽을 뻔했다고 나를 죽이려고 했느냐고 농담을 하기도 하고, 편지 철자법이 틀렸다고 하는 등 웃기는 편지를 쓰기도 했다. 내가 서울로 올라와서 답장을 자주 못했지만 이즈미에게서는 편지가 남경에서 몇 년 간 계속 오다가 해방 한두 해 전에 끊어졌다. 이 편지들은 6·25때 폭격으로 전부 없어졌다.

종로의 낚시여관에도 있다가 남의집살이도 했다. 그러다가 가방 공장에도 다니고 구멍가게도 하면서 살았다. 6·25 전에 장사하다가 당시 부인은 이북 사리원에 있어 자식만 있는 사람을 만나 같이 살게 되었다. 시부모가 가까운 곳에 따로 살아서 내가 시부모 살림을 도왔다. 6·25 때 사리원에 있던 부인이 나와 시부모와 같이 살게 되었다. 나는 남편과 같이 시부모와는 따로 살았다. 본부인의 아이들 공부도 시켰다. 본처 아들은 대학을 나와 미국 LA에 살면서 지금도 나에게 편지한다. 본처는 현재 딸집에 산다. 나와 본처는 처음부터 사이가 좋았으며 지금도 서로 왕래하며 사이좋게 지낸다. 나는 아들 둘과 딸 하나를 낳았는데 딸은 6·25 때 죽고 현재 큰아들과 산다. 아이들은 본처 호적에 올라 있었는데 얼마 전 재판해서 내 앞으로 옮겼다. 남편은 철도청 조역이었는데 20년 전쯤 심장마비로 죽었다. 나와 같이 정신대문제대책협의회(정대협)에 신고한 문필기라는 사람의 남편이 나의 남편이 일하던 곳의 수장이었다. 우리는 정대협에서 만나 반가워하면서 세상의 인연이 참 모질기도 하다고 한탄했다. 큰아들은 현재 트럭운전을 한다. 그 동안 따로 살던 내가, 혼자가 된 큰 아들집에 들어와 살림을 해주고 있다. 손주가 둘이다.

위안부 생활에서 얻은 방광염, 자궁병, 정신불안 등 많은 병이 지금까지도 나를 괴롭히고 있다. 담석도 있고 빈혈도 심하다. 정대협에 신고한 후로는 답답해서 집에 있지를 못한다. 부천의 연립주택의 방 한칸을 얻어서 네 식구가 다리도 뻗지 못하고 살고 있다.

식구들이 비관한다

텔레비전에서 김학순 씨의 증언과 정신대에 관한 여러 프로를 보았다. 지금까지 원통하고 분한 것을 혼자 가슴에 묻어 두었는데 그것을 보고 밤잠을 못 자게 되었다. 내가 공부를 시킨 조카(친정 큰오빠의 아들)가 고등학교 선생을 하고 있는데 찾아가서 과거를 말하고 신고할까 의논했다. 이 조카는 "태평양유족회 재판도 다 소용없더라구요. 괜히 귀찮기만 하고 자식들이 충격받으니 신고하지 마세요"라고 했다. 대전에 사는 또 다른 조카에게 가서 의논했다. 이 조카도 울면서 "아들 가슴에 못 박아요. 미국에 있는 애가 알면 어쩌게요" 하면서 말렸다. 그래도 마음이 께름칙하고 통 잠을 잘 수가 없어서 하루는 방송국을 찾아나섰다. 방송국을 찾아가서 말하니 정대협 전화번호를 알려 주었다. 다음날 파출소에 가 도움을 받아 정대협에 신고했다. 신고하고 나서 일주일간 못 잔 잠을 잤다. 할 말을 하고 나니 한이 반은 풀린 것 같다. 신고하고 큰아들에게 말하니 아들은 "그렇게 험한 과거를 가지고 어머니 열심히 잘 사셨우. 장하우"라고 말하며 막 울었다. 어머니 마음껏 어디든지 다니시라고 한다. 그러나 작은 며느리는 이 사실을 알고 비관에 빠져 있다. 작은 아들도 맥이 하나도 없다. 나는 이 아이들 모습을 보면 가슴이 메어진다. 그래도 내 마음은 점점 더 정대협의 모임에 쏠리고 있다. 나는 정대협이 주관하는 일본 대사관 앞의 수요 시위에 빠지지 않고 나간다. 내가 외출이 잦아지면서 부산에 사시는 언니가 와서 살림을 해주기도 한다.

한국정부도 책임져라

일본도 나쁘지만 그 앞잡이짓을 한 조선 사람이 더 밉다. 한국정부에 할 말이 많다. 한국정부도 우리들에게 보상해 주어야 한다. 집이 없어 너무 고생이 심하다. 정부에서 살 집이라도 마련해 주면 좋겠다.

(정리: 정진성)

정말 한이 맺히지만 이제 원망하지 않는다

이영숙

고아로 일본 오오사카에서 열 살 남짓했을
때까지 남의집살이를 했다. 부모님이 조선인이라 1937년 15세 때
조선에 왔으나 고아라는 이유로 남의집살이도 훨씬 어려웠다.
1939년 일본에 취직시켜 준다는 사람이 있으니 함께 가자는
친구의 말에 신의주, 시모노세키, 대만을 거쳐 광동의
군부대로 끌려가 위안부 생활을 하게 되었다.

일본에서 살다가 조선으로

열 살 남짓했을 때 나는 일본 오오사카에서 남의집살이를 하고 있었다. 부모들이 무슨 이유로 일본에 갔는지, 그리고 내가 조선에서 태어났는지 일본에서 태어났는지 잘 알 수 없다. 그때 이웃 사람들이 "네 부모는 모두 죽었는데, 너는 조선사람이다. 그러니 조선으로 가야 할 것 아니냐"고 했다. 그 말을 듣고 나도 '조선 사람이면 조선에 가야지' 하는 생각을 했다.

형제들이 있었는지도 기억이 나지 않는다. 그당시 내 이름은 '이차남'이었는데, 일본 이름은 '야수나카 카스나이'였다. 또남이라고도 불렀다. 남의집 심부름을 해주면서 학대도 많이 받았다.

1937년, 내가 열다섯 살 되던 해에 조선으로 나가는 조선인을 만나 조선에 데려다 달라고 부탁을 했다. 그 사람과 같이 배를 타고 부산에 도착했으나 마땅히 갈 곳도 없어서 냉면집에 취직을 했다. 냉면집 주인은 남편이 없는, 일본에서 나온 조선여자였다. 일본말이 서로 통해서 주인도 좋아했다. 그런데 그 집 아이들과 싸우는 일이 많아서 그 집에서 오래 있지 못하고 어느 가정집으로 식모살이를 하러 들어갔다. 그 집에서 조금씩 돈을 주어 용돈으로 썼다.

부모도 없고 혼자 그렇게 다니니까 사람들이 무척 업신여겼다. 주인은 조금만 일을 잘못해도 때렸다. 그래서 이집 저집 전전하였는데, 매도 많이 맞았다. 아이들이 나를 때리면 그냥 맞을 수밖에 없었다. 하도 억울해 울면서 나 같은 사람이 산들 무슨 소용이 있나 하는 생각이 들어 몇 번이나 죽으려고 했지만, 그것도 마음대로 되지 않았다. 이렇게 남의집살이를 하면서 부산, 양산 등지로 떠돌아다녔다.

취직시켜 줄 테니 일본으로 가자고

양산군 물금면에서 남의집살이를 할 무렵 아버지와 단둘이 사는 내 또래 친구를 사귀었다. 그 친구는 나보다 두 살이 많았다.

1939년 12월, 내 나이 열일곱 살 되던 해였다. 어느날 그 친구가 취직을 시켜 준다는 사람이 있으니 일본으로 같이 가자고 하였다. 조선에 있으나 일본에 있으나 고생하는 것은 마찬가지라는 생각이 들기도 했고, 또 조선에서보다 살기가 더 좋다고 하길래 그 길로 살던 집을 나왔다. 친구와 같이 평안도 신의주가 고향이라고 하는 조선인 부부를 만났는데, 그곳에는 우리들 이외에 네 명의 여자가 더 있었다. 그 조선인 부부는 우리들에게 숙식을 제공해 주고 간단한 옷가지도 사주었다. 머리는 모두 단발로 자르게 하고 외모를 가꾸도록 하였다.

그 사람들과 같이 부산의 여관에서 일주일 동안 배가 오기를 기다렸다. 그러나 배가 오지 않았던지 기차를 타고 신의주로 가자고 해서 조선인 부부를 따라 신의주로 갔다. 조선인 남자는 우리의 행동이 마음에 들지 않으면 쇠꼬챙이를 손가락 사이에 끼워서 고문을 하는 등 우리를 몹시 학대했다. 신의주에서 일주일 가량을 조선인 민가에 머물렀다가 새벽에 기차를 타고 다시 부산으로 왔다. 부산에 도착하니 지척을 분간하기가 어려운 깜깜한 밤이었다. 우리는 거기서 일본인에게 넘겨졌다. 그 일본인은 군속이었는데, 군복을 입었으나 계급장은 없었다. 우리는 그 일본인을 오토상(아버지)이라고 불렀다.

우리는 밤 열한 시 삼십 분경에 배를 탔다. 그때는 차멀미로 새벽에 먹었던 한숟갈 정도의 밥을 다 토해내었던 터라 정신이 없는 상태에서 배를 탔다. 우리는 배 밑바닥에 탔는데, 거기에는 중국인도 있었다. 배를 탄 다음부터는 우리들에게 조선말을 못하게 했다. 조선말을 하면 "시끄럽다!"고 고함을 질렀다. 나는 요행히 일본말을 할 줄 알았기 때문에 큰 어려움은 없었으나 우리들 중에는 일본말을 모르는 사람도 있고 하여 조선말을 하지 않을 수 없었다. 배 밑바닥에는 우리들 외에도 우리와 같은 처지로 보이는 여자들이 있었고, 그들은 다른 사람이 인솔하고 있었다. 인솔자들은 혹시 우리들이 바다에 뛰어들지나 않을까 해서 감시를 심하게 했다.

식사는 뱃사람에게 인원수대로 신청해서 먹었는데, 아침 저녁으로 공기밥과 반찬 두 가지 정도가 나왔다. 식사 외에는 처음 조선인 부부를 만났을 때 부산에서 샀던 문어 한 마리가 가방에 그대로 들어 있어 그것을 조금씩 꺼내 먹곤 했다. 그리고 다른 여자들 중에는 오징어를 사온 여자도 있어 그것을 먹는 여자도 있었다.

배는 시모노세키를 거쳐서 어디론가 망망대해로 향하고 있었다. 어디로 끌려가는지도 몰라 몹시 불안했다. 바다에 몸을 던져 죽고 싶었으나 검푸르게 출렁이는 바닷물이 소름끼치게 무서워 뛰어내릴 용기도 내지 못했다. 그러는 중 15일 정도 지나서 배가 어디에 도착했는데 거기가 대만이라고 했다.

대만에 도착해서 보니 원주민들이 맨발로 걸어다니고 있었다. 배에서 내리자 우리를 인솔하던 그자가 우리들이 잘못을 저질렀다고 조목조목 따지면서 쇠막대기로 우리를 후려갈겼다. 우리들은 노예처럼 순종하지 않을 수 없었다.

대만에서 하룻밤을 잔 뒤 배를 타고 광동(廣東)으로 갔다. 광동에 도착하니 많은 군인들이 긴 칼을 차고 왔다갔다했다. 배에서 내린 뒤 자동차를 타고 어떤 집에 도착했는데 3층 벽돌집이었다. 내리자마자 1층에 있는 커다란 방으로 들어가게 했다. 문은 쇠로 된 접문이었고 창마다 쇠창살이 있었다. 그 집은 중국인이 살던 집이었다. 우리가 머물던 집 주위는 모두 위안소였고, 그곳에 있었던 조선인 위안부만 해도 몇백 명은 되어 보였다.

골목 입구에는 통역도 겸하는 중국인 경비와 일본인 헌병이 항상 지키고 있었다. 헌병은 군인들이 행패를 부리거나 위안소 주인이 전화로 요청하면 달려오기도 했다. 그리고 가끔 점검을 하러 나오곤 했다.

우리가 도착했을 때 그 집에는 이미 15명의 조선인 여자들이 있었으며 모두 일본말을 잘했다. 그들은 우리들에게 이곳에서 생활을 어떻게 해야 하는지를 가르쳐 주었고, 우리들은 이들을 언니라고 불렀다. 여자들은 21명 정도였는데 방이 모자라는 형편이었다. 방은 15개 정도, 방 한칸의 넓이는 다다미로 네장 반 정도였다. 방마다 각각 큰 거울 하나와 잡다한 물건들을 넣을 수 있고 위에 이불을 얹어 놓을 수 있는 가재도구가 하나 있었다. 목욕탕과 식당은 1층에 있었다. 나는 2층에서 살았다. 그 골목에서 위안소를 하는 집들은 모두 간판을 달아놓고 있었는데, 간판은 세로로 걸어두기도 했고 가로로 걸어두기도 했다. 글씨는 모두 한자로 쓰여 있었기 때문에 나는 뭐라고 쓰여 있었는지 알 수가 없었다. 처음 갔을 때 우리가 모두 한 방에 앉아 있을 때였다. 나는 갑자기 서글픈 생각이 들어 조선 대중가요를 불렀다. 그랬더니 갑자기 밖에 있던 군인이 긴 칼를 들이대면서 위협을 했다. 그 일로 나는 주인에게 호되게 야단을 맞고 쇠꼬챙이로 맞았다. 이미 와 있던 여자들이 조선말로 노래를 부르면 군인들이 자기들에게 욕을 하는 줄 아니까 절대 조선말로 노래를 부르지 말라고 했다.

식사와 청소는 중국인 남녀가 담당했다. 중국인의 처지도 우리보다 나을 것이 없었다. 주인은 일본인 부부였는데 남자는 마흔 살, 여자는 서른다섯 살 정도로 보였다. 남자에게는 오빠, 여자에게는 언니라 부르라 했다.

일본인 주인이 내 이름을 '아이코'라고 지어 주었다.

도착한 지 이틀이 지나자 새로 온 우리들을 찾는 군인들이 있어 그날부터 군인들을 상대하였다. 밑이 찢어져서 일주일 동안 피가 멈추질 않았다. 월경은 열아홉 살 때부터 하였는데 월경을 하려고 하면 허리가 끊어질 듯이 아팠다.

오전 일곱 시경에 일어나서 청소하고 식당에 가서 밥을 먹은 뒤 군인을 맞이했다. 식사는 아침, 저녁 두 번 먹었으며 밥은 안남미로 지은 것이었다. 1층에는 출입문을 마주보고 디귿자형으로 긴 의자를 놓아두었는데 아침에 외모를 단정히 한 뒤 그 의자에 앉아 있었다. 그리고 의자 뒤의 벽에는 우리들 이름과 번호가 씌어져 있는 벽보판이 붙어 있었다. 우리가 그 의자에 앉아 있으면 군인이 와서 마음에 드는 여자를 데리고 방으로 갔다. 하루에 상대한 군인은 대개 5명에서 6명 정도였다. 군인이 없는 날도 있었고 자고 가는 군인도 있었다. 토요일이나 일요일이 되면 15명 정도를 상대했다. 이럴 때는 바빠서 밥을 먹지 못하는 경우도 있었다. 상대 군인은 장교도 있었고, 사병들이었다. 군인이 오면 주인여자나 먼저 와 있던 위안부 여자들이 방으로 따라 들어와서 돈을 받았다. 돈을 받은 후에 가격표시가 되어 있는 전표를 삿쿠와 같이 나에게 주었다. 내가 군인에게 돈을 받아 주인에게 갖다 줄 때도 있었다. 그날 받아두었던 전표는 모아서 저녁에 주인에게 갖다 주었다. 한달이 지나면 전표로 매상을 많이 올린 사람과 적게 올린 사람을 구분해서 많이 올린 사람에게는 칭찬을 해주고, 적게 올린 사람에게는 쇠꼬챙이로 때리거나 욕설을 해댔다. 나는 보통사람과 비슷했지만 성병에 자주 걸려서 매상이 적었기 때문에 많이 맞았다.

주인과의 사이는 좋지도 나쁘지도 않았다. 나는 그때까지 한번도 기를 못펴고 매만 맞고 살아왔기 때문에 말수가 적었다. 주인으로부터 "아이코상은 정말 말이 없다"라는 말을 들은 적도 있었다. 1년 동안은 주인이 하라는 대로 했고 아무리 학대를 해도 말 한마디 하지 못했다.

정기적으로 일주일에 한번씩 병원에 가서 성병검사를 받았다. 성병검사를 받은 후에 약간이라도 이상이 있으면 1호에서 6호까지 있는 606호 주사를 맞았다. 그 주사는 한번 맞으면 너무 독해서 일주일 동안 물에 손을 못 댈 정도였다. 군인에게 성병이 전염되면 전력에 차질이 생긴다고 완전히 나은 후에 군인을 상대하라고 했다. 주인은 매상을 많이 올리지 못한다고 몹시 싫어했지만 성병이 있을 때는 군인을 받지 못하게 했다.

나는 군인을 많이 상대해서 밑이 퉁퉁 붓곤 했다. 밑이 그렇게 되면 병원에 갔는데 병원에 갈 때는 아랫배가 터져나올 것같이 아팠다. 조금이라도 이상이 있으면 절대로 군인을 받지 못하게 했다. 나는 밑이 잘 부어서 일년에 서너 번 병원에 입원을 했다. 그러다가 1년이 지나자 내 몸은 내가 돌보아야 한다는 생각이 들어 그때부터는 꾀를 부리기도 했다. 검사를 할 때는 소금물로 깨끗이 닦은 후에 검사대에 올라가야 하는데 닦지 않고 올라가서 이상이 있는 것처럼 위장을 하기도 했다. 그러면 치료를 받기 때문에 당분간 군인을 상대하지 않았다. 병원에 입원했을 때는 군인을 상대하지 않아서 좋았지만 매일 검사하는 것이 너무 싫었다. 병을 고친다고 주인이 아랫배에 쑥뜸을 해주었는데, 쑥뜸을 한 자리가 아물만 하면 뜨고 또 뜨고 해서 그 상처가 지금까지 크게 남아 있다. 병이 나을만하면 다시 군인을 상대하였다. 위안부 여자들끼리 같이 있을 때면 "우리는 나이가 들면 아마 하체를 못쓸거야" 하는 이야기를 하기도 했다. 군인을 위안하는 일 이외에 허드렛일도 많이 했다. 이부자리가 조금만 더러워도 주인이 우리들에게 빨라고 닥달을 해서 이틀에 한번씩 이부자리를 빨았다. 이불 홑청도 매일 갈아 끼웠다.

그곳의 삶은 죽은 것이나 다름 없었다. 누구 하나가 죽어도 아무도 모르는 곳이었다. 그곳에서 같이 갔던 물금면의 친구도 1년이 지난 후에 병이 들어 죽었다. 사람이 죽으면 화장을 했는데 시체타는 냄새는 생선썩는 냄새와 같았는데 그 냄새가 방안으로 들어오곤 했다.

돈은 필요할 때 주인에게 신청하면 줄 때도 있었고 안 줄 때도 있었다. 외출할 기회가 있으면 돈을 받아서 속옷도 사고 화장품도 샀다. 외출은 군인이 많이 오지 않는 날을 택해서 한달에 한두 번 정도 했다. 극장에 가서 영화를 보기도 했다. 갈 때는 주인이 데리고 가거나 아니면 우리들끼리 갔는데 중국인이 끄는 인력거를 타고 갔다. 중국인은 우리가 일본인인 줄 알고 말을 잘 들었다.

옷과 생활필수품은 주인이 주었는데 옷은 기모노였다. 그 골목에는 중국인 남자들이 하는 미장원이 있었다. 그곳에 가서 파마를 하기도 했다.

그러다가 2년이 지나자 그곳 사정이 어떻게 돌아가는지를 환하게 알 수 있게 되었다. 나와 친하게 지내던 한 여자가 "너는 계약기간이 지났으니 마음대로 해도 된다"고 귀띔을 해주었다. 2년이 지나고 며칠이 지나도 주인이 아무런 말도 안했다. 그래서 어느날 술 한되를 사먹고 술주정을 했다. 주인이 이것을 보고 헌병대에 고발한다고 해서 "고발할테면 해라. 나도 고발할꺼다. 계약기간이 지난 것도 모두 안다. 그리고 너희들이 나에게 학대한 모든 것을 고발할테다" 하면서 엄포를 놓았다. 그 다음부터는 나에게 오는 군인을 한 사람도 받지 않았다. 그 골목에는 위안부를 업자에게 소개해 주는 일본인 영감이 있었는데 하루는 그 일본인 영감이 나에게 와서 귓속말로 "다른 곳으로 가고 싶지 않으냐? 좋은 곳으로 소개시켜 주겠다" 하면서 물어보았다. 나는 좋다고 했다. 그러자 그 영감이 좋은 곳을 알아봐 준다고 하면서 가더니 며칠 후에 나를 다른 집으로 소개해 주었다. 나는 그날부터 짐을 옮기고 옮긴 집에서 생활을 했다. 그 집에서 나올 때는 계약기간이 지나고 일한 동안의 값을 쳐서 돈을 받아 가지고 나왔다. 자유로운 몸이 되면 주인과 50대 50으로 나누게 되어 있었다.

내가 새로 간 집에는 모두 일본인 위안부들만 있었다. 나 혼자 조선 사람이었다. 방은 위안부들에게 각각 하나씩 주었다. 주인은 일본인 부부였고 시부모를 모시고 있었으며 일곱 살 난 아들이 하나 있었다. 주인여자 이름은 에이코였다. 이곳에서는 비교적 지내기가 좋았다. 상대 군인도 대부분 장교들이었다. 개중에 어쩌다 사병도 있었다. 여기서는 내가 군인을 받고 싶을 때만 군인을 상대했다. 주인과 이익배분은 50대 50으로 나누었다. 그리고 돈이 있으면 조선으로 갈 수도 있었다. 그러나 이미 자포자기한 상태였으며 내가 조선으로 나갈 만큼 많은 돈을 가지고 있지도 않았기 때문에 그냥 그대로 있었다. 그렇게 지내던 중 어느날 군인들과 위안부 여자들이 파티를 한 적이 있었다. 식사를 주문하는데 주인여자가 모두 우동을 시켰다. 나는 워낙 밀가루 음식을 싫어해서 나 혼자 밥으로 시켜먹었다. 그랬더니 주인여자가 "조선년은 할 수 없어" 하고 한마디했다. 주인여자는 몰래 말을 한다고 했지만 나는 그 말을 들었다. 파티가 끝난 후 나는 계속 포도주를 마셨다. 달콤해서 마신 것이 그만 취해 버렸다. 취한 김에 여자들을 불러 세워서 "조선년이라고 욕한 사람이 누구냐" 하면서 나오라고 했다. 그랬더니 욕한 사람 없다고 했다. 나는 주인여자를 가리키면서 "에이코언니가 아니냐?" 면서 멱살을 잡아끌고는 마구 때려 주었다. 주인여자는 남편 몰래 헌병대위와 가깝게 지내는 사이였다. 나는 때리면서 너는 헌병대위와 놀아난 여자다. 너희들 일본 사람 때문에 여기에 오게 되었는데 그럴 수 있느냐, 그리고 헌병대에서 분명히 조선인과 일본인을 차별하지 말라고 했는데 학대를 했으니 헌병대에 고발한다고 하면서 계속 때렸다. 그랬더니 주인여자가 헌병대로 가서 고발을 해버렸다. 헌병대위가 와서 나를 끌고 갔다. 그래서 헌병대로 가서 하룻밤을 자고 나왔다.

다카노 교오이치라는 군인이 나에게 자주 왔는데 그는 나를 무척 좋아했다. 어느날 이 군인이 나에게 백금시계를 선물로 사준 적도 있었다. 그 시계를 사준 뒤 그 군인이 오지를 않아서 사람들에게 물어보았더니 돈을 훔쳤는데 그것 때문에 징역살이를 하러 갔다고 했다. 그 이후로 전쟁 끝나기 며칠 전에 한번 만난 뒤 곧바로 전쟁이 끝나 만나지를 못했다. 군인들은 오면 건빵을 주기도 했고 용돈으로 쓰라고 하면서 얼마씩 주고가기도 했다.

폭격을 당하기도 하였는데, 폭탄이 떨어지면 층계 아래에 숨었다. 폭탄이 떨어진 곳을 가보니, 어떤 사람은 밥을 먹다가 죽기도 하고 어떤 이들은 자다가 죽기도 하여 시체가 거리에 즐비하게 있었다.

어느날 모두가 마당에 서 있는데 중국인 여자가 와서 집에 붉은 딱지를 붙였다. 무슨 일이냐고 물었더니 집을 되찾는 것이라고 했다. 그때 전쟁이 끝난 줄 알았다. 갑자기 중국인들이 들이닥쳐 주인과 함께 그 집에서 쫓겨났다.

그 집에서 나와 군용 트럭을 타고 군인들이 임시로 지은 천막에 수용되었다. 그곳에서 두 달이 지난 어느날 조선인들이 찾아와서 조선인은 나오라고 했다. 그래서 조선인들만 있는 수용소로 옮겼다. 그곳에서 배가 올 때까지 생활을 했다. 수용소에서는 아침마다 모여서 애국가를 불렀으며 감시는 조선인이 했다. 남녀 따로 구분해서 한 방에 80명씩 있었다. 여기서도 규칙을 어기면 조선인 감독에게 맞았다.

수용소에서 설을 지내고 1946년, 스물네 살 되던 해 배가 왔다. 나는 조선으로 돌아가고 싶지 않았으나 조선 사람은 조선에 가야 한다고 해서 배를 탔다. 배에는 위안부들이 가득 탔다. 나는 조선에 가도 일가친척 하나 없을 뿐만 아니라 집도 절도 없고 혼인도 못할 텐데 하는 마음이 들어 몇 번이나 바다에 빠져 죽으려고 했으나 무서워서 그러지도 못했다.

15일의 항해끝에 부산에 도착했다. 부산에서는 호열자 때문에 15일 동안 배 위에 머물러 있었다. 배에 머무는 동안 많은 사람들이 죽어서 실려 나갔다. 배에서 내릴 때 100원을 줬다. 부산에서 떠날 때는 여섯 명이었으나 돌아온 사람은 야치오, 기요코, 그리고 나 세 명뿐이었다.

정부구호로 연명

그때는 조선말도 서툴렀다. 100원으로 생계를 잇다가 돈이 떨어질 무렵 누가 일본에서 왔느냐고 묻길래 그렇다고 하니 그러면 같이 가자고 해서 가보니 술집이었다. 술파는 집에 가서 주방일을 도와 주었다. 하지만 남자와 여자가 서로 희롱하는 짓거리가 보기 싫어서 그 집을 나와 음식점에서 반찬 만드는 일을 도왔다. 반찬장사를 하다가 남의집살이도 하다가 하면서 부산, 영천, 대구를 떠돌아다녔다. 그러다가 인천 선창가에 와서 생선장사도 했다.

혼자살기가 너무 외로워서 의형제도 맺어보고 수양딸로 들어가 보기도 했다. 그렇게 살다가 누가 좋은 남자가 있으니 같이 살아보라고 했다. 살아가기도 어렵고 또한 외롭기도 해서 혼인신고도 하지 않은 채 그 남자와 살았다. 그 남자와 스물여덟 살에 만나서 살았는데 마흔이 넘어 자식도 없자 그 남자는 다른 맘을 먹었다. 그래서 다른 사람 앞길 망칠 필요가 없다는 생각이 들어 헤어졌다.

한때는 깊은 산속에 있는 절에 들어가 중이라도 되어 볼까 하였다.

그 동안 민적도 없고 주민등록도 없이 지내다 1975년에 취적신고를 했다. 1975년에 취적신고를 하면서 어릴 때 이름인 이차남을 이영숙으로 바꾸었다.

혼자 살면서부터는 일도 잘 안되고 조금 있던 돈마저 모두 날려버렸다. 방 한칸에서 어렵게 사는데, 1991년 겨울 불이 나서 몸만 겨우 빠져나왔다. 정부에서 500만원 정도 융자을 해준다고 했지만 갚을 힘이 없어 신청을 하지 않았다. 그러다가 동사무소에서 생활보호대상자 중 살 곳이 없는 사람에게 300만원을 대여해 주고 한달에 15,000원의 이자를 내면 되는 융자가 있는데 신청을 하라고 해서 신청을 했다. 그래서 그 돈으로 보증금 300만원인 집을 얻어 살고 있다. 예순다섯 살 되던 해부터 동사무소에서 한달에 쌀 10킬로

그램, 보리쌀 2킬로그램이 나오고 한달에 2만 8천원이나 3만원을 주어 그것으로 생활한다. 간혹 취로사업이 있으면 나가서 용돈을 벌기도 한다.

마지막으로 하고 싶은 말이 있다. 일본뿐만 아니라 조선인도 자기 살려고 남을 죽을 곳에 넣었으니 마찬가지로 나쁘다. 끌려간 것도 분한데 자식까지 못 낳게 만들었으니 정말 한이 맺히지만 이제 원망하지 않는다. 내 팔자탓으로 여긴다. 우리는 이제 끝난 몸이고 당할 대로 당한 몸이다. 보상이 나오든지 안 나오든지 상관없다. 언제 죽을지도 모르는 몸이기 때문이다. 우리 민족이 잘되어서 이와 같은 일이 두번 다시 되풀이되지 않는 것이 바람이라면 바람이다.

(정리: 윤정란)

죽어도 이짓은 못하겠어

하순녀

1920년 진주 출생. 집안이 가난하여 열두 살에 보통학교에 입학하였다.
그 때문에 친구들이 놀려대서 학교에 다니기 싫었으나 학교에
가야 한다는 아버지의 성화에 맨몸으로 집을 나섰다. 그후
광주에서 오랫동안 남의집살이를 하다가 스물 한두 살 무렵 돈벌
생각으로 사람들을 따라나섰다가 상해 군부대에 끌려가 위안부
생활을 하게 되었다.

학교에서 놀림받는 것이 싫어서

나는 1920년에 진주에서 태어났다.[1] 태어나서 곧 목포로 이사했는데 아버지가 몸이 아파 친척들이 사는 영암으로 다시 이사했다. 나는 영암에서 살던 시절을 더 많이 기억하고 있다. 어머니는 딸 여덟을 낳았는데 다 죽고 나만 남았다. 나는 본래 둘째딸이었는데 언니가 아홉 살에 죽어 큰딸이 되었다. 아버지는 남의 땅을 빌어 농사를 지었고 집안살림은 어려웠다.

학비를 낼 형편도 못 되어 학교 입학을 미루다가 열두 살에 보통학교에 들어갔다. 학교에 들어가니 아이들이 나이가 많은 애가 입학했다고 놀려댔다. 나는 그 소리가 듣기 싫어서 학교에 갔다가 중간에 빠져나오기도 했고 학교에 안 간다고 울곤 했다. 내 또래의 애들은 대개 여덟 살에 학교에 들어가서 이미 5학년이 됐는데, 그들은 갓 입학한 나를 보고 "우리는 곧 6학년이 돼서 졸업하는데 넌 언제 졸업할래?", "뚱뚱한 것이 언제 졸업할 것이냐?"라면서 놀려댔다. 그래서 학교를 안 갈라치면 아버지는 형편이 좋아서 학교를 보내는 게 아니고 아들이 없어서 아들처럼 기르려고 하는 것이니 학교에 가라고 하였다. 그렇지만 나는 공부보다 애들과 뛰어다니는 것이 더 좋았다.

아버지는 줄곧 학교에 가라고 하는데, 나는 학교에 가기가 싫어 그 해에 집을 나와 버렸다. 집에는 가지고 나올 돈이 없어서 맨몸으로 무작정 기차를 탔다. 광주역에 내려 사람들이 불쌍하다며 주는 음식을 얻어 먹고 하룻밤을 잤다. 다음날 나이가 50대쯤 되는 아주머니가 "아가, 나 따라가자"고 해서 따라갔다. 그 아주머니네 집에서 하룻밤을 자고 그 이튿날 그 아주머니의 친척집에 남의집살이로 들어갔다. 그 집은 큰 장사를 하는 집이었다.

---

1) 호적에는 1918년으로 신고되어 있다.

나는 주인 내외가 나가면 애기를 보고 부엌에서 그릇 등을 씻곤 했다. 3년 정도를 그 집에서 식모로 살았는데 밥을 먹여주고 옷을 해주기는 했지만 월급은 없었다. 그러다 이웃집에서 월급을 준다고 해서 옮겼는데, 보름쯤 있으니 먼저 있던 집에서 나를 데리러 왔다. 두 집주인이 크게 싸웠으나 결국 처음 집으로 돌아가 1, 2년쯤 더 있었다. 식모살이하는 집에서는 내 나이 스물이나 스물한 살이 되면 시집을 보내 주겠다고 했다. 광주에서 식모살이를 했지만 배도 곯지 않고, 편안하기도 해서 영암 집에는 연락도 하지 않았다. 나중에 안 것이지만 집에서는 나를 찾느라고 점을 치고 난리가 났었다고 한다.

돈에 욕심이 나서

그러던 어느날 내가 스물인가 스물한 살 먹었을 때라고 기억이 된다.[2] 하루는 애기를 재워 놓고 그 동네 식모들끼리 모여 이야기를 하고 있는데 조선인 남자 한 명과 일본인 남자 한 명이 다가왔다. 남자들은 양복을 입고 있었는데 나이는 젊어 보였다. 그들이 다가와 "광주에서 얼마 받느냐"고 물었다. "월급도 안 받고 밥 먹고 옷이나 얻어 입는다"고 대답했더니, "아이고 조선 사람들, 도둑놈들"이라고 하면서 자기들을 따라 일본 오사카에 가면 돈을 많이 벌 수 있다고 했다. 돈에 욕심이 나서 무슨 일인지 묻지도 않고 따라나섰다. 주인집에 알리지도 않았다.

나하고 같이 간 처녀들이 여덟 명이었다. 광주 아이도 있고 장성 아이도 있었다. 나는 소매가 긴 원피스를 입고 있었는데 봄으로 기

2) 이 기억대로라면 1939년이나 1940년이 된다. 그런데 상해에서 보낸 편지를 받아보고 아버지가 홧병으로 돌아갔다고도 하는데, 아버지가 죽는 해가 호적에 1937년 9월로 기록되어 있으므로, 상해로 간 해가 1937년 이전인 것으로 추측된다.

억한다. 광주에서 오후 두 시경 그 남자들을 따라 기차로 여수에 가서 하룻밤을 자고 다음날 일본 가는 배를 탔다. 배에는 일본으로 돈 벌러 가는 조선 남자들이 많이 타고 있었다. 배에서 하루 자고 다음날 오전 열 시경에 오사카에 내려 우리들은 일본인 남자의 집으로 갔다. 그 집에는 애기 둘과 할머니가 있었다. 오사카에서 다시 상해로 간다고 했다. 그래서 "오사카에 온다더니 왜 상해로 가느냐"고 물었다. 그러니까 일본인 남자는 자기가 상해에서 큰 장사를 시작했는데 거기 가서 심부름을 하면 된다고 했다. 우리는 그 말을 그대로 믿었다. 그 집에서 하루밤을 자고 난 다음날 배를 타고 상해로 갔다.

죽어도 이짓은 못하겠어

배 안에는 민간인이 많았고 여러 밤을 배 안에서 잤다. 밥은 강냉이 밥을 먹었다. 상해에 내리니 군부대 차가 기다리고 있어서 이 차를 타고 어떤 집으로 갔다. 그 집은 부대 바로 옆에 있었다. 그 일본인 남자와 조선인 남자도 같이 갔는데 상해에 와서는 서로 헤어졌다.

그 집에 도착해 보니 우리를 데리고 간 일본인 남자가 그 집 주인이었다. 집에는 주인의 부인과 평양에서 온 여자 그리고 밥을 하는 중국인 부부가 있었다. 그 부인은 일본인 여자로 남편보다 나이가 더 들어보였는데 남편에게 늦게 왔다고 야단을 하며 싸웠다.

같이 온 여덟 명의 여자들은 전부 뿔뿔이 흩어졌다. 나만 그 집에 있게 되었다. 그 집은 단층건물로 조그만 방이 여러 개가 있었는데 중국 사람이 하숙을 쳤다던가 여관을 했다던가 하는 집을 빼앗은 것이라고 했다.

그 집에 도착한 뒤 주인이 여자들을 계속 데리고 와서 서른 명 정도가 되었다. 내가 들어온 지 서너 달 뒤에 중국인 여자 두 명과 일본인 여자 두 명도 들어왔고, 나머지는 모두 조선인 여자였는데 부산내기, 포항내기도 있었다. 중국인 여자는 그 부락에 살던 사람이었다. 상해에 있는 소개소에서 여자가 있다는 연락을 하면 주인이 데리러 가곤 했다. 처음에 같이 온 조선인 남자도 여자 장사를 하는 사람이었다.

그 집 입구에 간판이 있었는데 글자를 몰라서 읽지 못했다. 그 집은 상해의 복판에 있었고, 그 일대가 불란서 조계라고 들었다. 거기에는 일본군 부대가 여러 개 있었고 여자 장사를 하는 집도 많았다.

여자들에게 방을 하나씩 주고는 군인을 받으라고 했다. 내가 있던 방은 두 사람이 간신히 누울 정도로 좁았으며 바닥에 종이가 깔려 있었고 담요가 두 장 있었다. 휴지는 없었고 조그만 쓰레기통이 하나 있었다.

처음 보름 동안은 하루에 군인이 하나둘씩 들어왔는데 나중에는 무리로 달려들어 "아이고 죽으면 죽었지. 이짓은 못하겠다"고 주인에게 말했다. 군인들에게 술을 팔기도 했는데 술을 마신 군인들은 더 못살게 굴었다. 주인에게 "군인을 받는 대신에 밥하고 식구들 빨래를 할게요"라고 말했다. 그러나 주인은 군인을 안 받는다고 뺨을 때리고 발로 차고 했다.

주인은 내 이름을 '오도마루'라고 지어줬다. 다른 여자 이름 중에 기억나는 것으로는 나와 같은 '오도마루'가 한 명 더 있었고 '다께코'도 있었다. 그 집에 오는 군인은 육군이었는데, 졸병도 있고 장교도 있었다. 민간인은 들어오지 못했다. 해군이 오면 못 들어오게 하고 "너희는 너희를 받는 곳으로 가라"고 군인들끼리 싸웠다.

아침 네 시에 일어나서 청소를 해야 했다. 일요일에는 군인들이 아침 아홉 시부터 저녁 여섯 시까지 쉴새없이 달려들었다. 하루에 20명, 30명, 40명……, 그걸 누가 다 세는가. 한번 들어와서는 빨리 나가는 군인도 있고, 진드기마냥 붙는 군인도 있고, 그걸 어찌 말로 다하나.

군인들은 거의 삿쿠를 찼다.

어쩌다 군인이 안 올라치면 주인은 "너희가 손님에게 기분 나쁘게 하니까 안 온다"며 우리들을 마구 때렸다.

군인을 안 받고 서너 달 중국 사람과 밥도 하고 시장도 봤다. 다른 여자들은 "언니가 한 밥이 맛있으니 계속 밥을 하라"라고 했으나 주인은 군인은 안 받고 밥을 한다고 때렸다. 그리고 그릇을 씻으려고 물을 데워도 주인은 군인을 안 받고 물을 데운다고 물솥을 던져 버리곤 했다.

조선 여자들끼리는 한가해지면 앉아서 서로 고향이 어디냐면서 얘기했다. 나이는 중국인 여자가 서른한 살, 스물아홉 살이었고, 일본인 여자는 스물다섯 살, 스물일곱 살이었다. 조선인 여자들은 서른 살짜리가 몇 명 있었고 나보다 나이 어린 여자들이 있었으며 10대의 어린 여자들도 있었다. 그런데 어린 여자들은 무섭다고 손님을 안 받으니까 주인이 전부 다른 집으로 쫓아버렸다. 여자 장사하는 주인들끼리 여자들을 서로 바꾸기도 했다.

주인은 군인을 많이 받아 돈을 많이 벌어 주는 여자를 제일 좋아했다. 중국인 여자가 예쁘고 싹싹해서 손님을 제일 많이 받았다. 그래서 주인은 명절 때 중국인 여자에게 옷을 해주고 맛있는 것도 해주었다.

상해에 도착한 후 주인이 예쁘고 고운 원피스를 두 벌 줬다. 군인들이 오면 주인에게 돈을 줬다. 주인은 다른 사람에게 맡기면 돈을 떼어먹힌다고 직접 관리를 했다. 그래서 우리들은 군인들이 돈을 얼마를 내고 들어오는지도 몰랐다. 돈을 직접 받은 적도 없다.

성병검사는 한달에 한번씩 군병원에 가서 받았다. 나는 성병에 걸린 적은 없었다. 그래서 주인이 좋다고 했다. 성병에 걸린 다른 여자들은 병원에 다니면서 치료를 해야 했다. 성병검사는 일본인 의사가 하기도 했고 일본인 간호원이 하기도 했다. 그 병원은 2층으로 건물이 꽤 커서 부상당한 군인들이 많이 들어왔다. 내가 본 의사는 세 명이었고 간호원은 두 명이었다.

상해에 온 후 얼마 지나 평양에서 온 여자에게 부탁해서 영암으로 편지를 했다. 상해로 답장이 왔는데 '아버지 때문에 얼른 나와야 되겠다'고 써 있었다. 그때 내가 직접 편지를 쓴 것이 아니어서 그 위안소의 주소는 기억하지 못한다. 아버지는 내 편지를 받고 홧병으로 돌아가셨다고 한다. 상해에서 보낸 편지는 6·25 때의 화재로 타버렸다.

상해에 온 지 한 일년쯤 지난 겨울, 눈이 올 때 위안소를 나와 도망을 쳤다. 인력거 종점까지 갔는데 밤이 되었다. 도망쳐보니 갈 데도 없고 말도 안 통해서 거기서 구부리고 잠을 잤다. 누가 잡아갈까 불안해서 자다깨다 하다가 날이 샜다. 아무리 생각해도 달리 도망갈 데가 없었다. 하는 수 없이 위안소의 부엌으로 다시 들어갔다. 밥을 지어 놓고 밥상에 앉았는데 주인이 밥을 먹지 말라고 했다. 그래도 앉아서 먹으니 주인은 도망쳤던 년이라고 하며 나를 마구 때렸다.

맞은 상처가 다 나을 무렵 군인들이 나를 자꾸 찾는데 내가 안 받는다고 하니까 주인이 곤봉으로 내 머리를 때렸다. 머리에서 피가 너무 많이 나서 나는 그만 기절을 하고 말았다. 나중에 들으니 피가 많이 나서 그 자리에 된장을 발라놓았는데, 이웃에 있던 서양 여자가 넘어다보고는 약을 가져와서 발라줬다고 한다. 주인은 죽게 그냥 내버려두지 뭐하러 그러냐고 했단다.

그 서양 여자는 나이가 40대쯤 되었는데 거기서 옷장사를 하고 있었다. 내가 소위가 준 용돈으로 옷을 산 적이 있어 내 얼굴을 알고 있었다. 그래서 내가 맞는 것을 보고, 와서 치료를 해준 것이다.

나를 상대하던 야마모도라는 육군 소위는 머리를 싸매고 누워 있는 나를 불러 병원에 데리고 가서 치료를 해줬다. 일본인 군인이다 나쁜 것은 아니다. 이 군인과 아카시마에서 왔다는 군인은 좋은 사람이었다. 나이가 서른쯤 되는 인정이 많은 그 소위는 키도 크고 건장했다. 병원에 두어 달 다니니까 상처가 아물고 부기도 가라앉았다. 지금도 머리에 15cm쯤 되는 흉터가 남아 있다.

머리 상처가 회복된 후에는 그 집에서 밥을 하면서 살았다. 나를 병원에 데려간 그 군인이 밥만 하고 군인을 상대하지 말라고 했다. 그래 그 뒤로는 밥하고 빨래하면서 지내다가 해방이 되었다. 이 군인은 내가 다친 뒤로는 맛있는 것을 사먹으라면서 용돈을 조금 더 줬다.

쉬는 날에는 여자들 10명 정도가 교대로 주인 아주머니와 같이 외출을 나가기도 했는데, 나가서 보니 그곳엔 음식점도 있고 극장도 있었다. 외출 시간은 한 시간 반 정도여서 구경을 많이 하지는 못했고 조금 늦게 들어가면 주인에게 얻어맞았다.

내가 있던 집 가까이에 해군을 받는 집이 있었는데 그 집 주인은 일본 사람이었지만 좋은 사람이었다. 도쿄가 고향이라고 했다. 내가 놀러가면 밥을 먹으라고 하고 예쁘다고 했다. 내가 있던 집 주인 모르게 밥을 하는 중국인에게만 살짝 얘기하고 갔다. 이 집에는 방이 내가 있던 집보다 더 많아 여자가 40명 정도 있었는데 조선인 여자, 일본인 여자, 중국인 여자가 있었다.

이 집에 있던 한 일본인 여자는 이름을 '사나이'라고 했는데 나하고 친해서 한동안 안 가면 놀러오라고 전화가 오기도 했다. 이 여자는 나고야 여자로 나이가 지긋했는데 내가 다쳤을 때는 자주 와서 보고 갔다.

그 집에서 곽란으로 배가 아파 죽은 여자가 두 명 있었는데 병원에서 치료받다 죽었다. 내가 거기 가서 2, 3년 지났을 무렵 고향으로 편지를 대신 써준 평양 여자가 아편중독으로 죽었다. 그 여자는 밥상에서 하얀 가루를 코로 들이마시곤 했다. 뭐냐고 물으면 약이라고 했다. 아편을 먹고는 활기가 나서 춤을 추고 난리였다. 우리들은 밥을 부엌에서 먹고 주인은 자기 방안에서 먹었기 때문에 주인은 몰랐다. 여자들은 주인 모르게 아편을 했다. 주인이 알면 때리기 때문이다. 그 여자는 소학교 고등과를 나왔다는데 평양에서부터 아편을 했다고 한다. 몸이 약해서 주사를 몇 번 맞았는데, 맞으면 기분이 좋아져서 그 뒤로도 계속 주사를 맞게 됐다고 한다. 아편은 문 앞의 중국집에 가면 싸게 많이 주었다. 그녀는 군인들을 많이 받아서 그들이 주는 용돈으로 아편을 샀다. 일본인 여자 중에는 아편하는 사람이 많았지만 조선인 여자는 거의 하지 않았다.

해군을 받던 집에 놀러가서 임신한 일본인 여자 한 명과 조선인 여자 한 명을 본 적이 있다. 내가 있던 집에서 조선인 군인은 진주사람과 부산사람, 두 명을 봤다. 조선 군인들은 우리가 불쌍하다고 하며 얘기만 하지 상대하지는 않았다.

상해에서는 전쟁 말기에 폭격을 몇 번 당했다. 공습한다고 하면 뱃머리로 피신을 가기도 했다.

귀국 후에도 계속되는 남의집살이

일본이 패망하자 주인이 먼저 도망가서 돈은 하나도 못 받았다. 집에서 밥하던 중국 사람 집에 가서 한동안 얻어 먹고 살았다. 포항여자, 광주여자 등 여자 다섯 명이 함께 있었는데 그 중국 사람이 조선에 가는 배가 들어왔다고 알려줘서 배를 타러 나갔다. 돈이 하나도 없어서 배를 탈 수 있을지 걱정이었는데 그 중국 사람이 따라와서 뱃사람에게 말을 잘 해줘서 제일 마지막 배를 타고 나왔다.

해방된 이듬해인 1946년이었다. 부산에 내려서 영암의 집으로 찾아갔다. 아버지는 상해에서 온 내 편지를 받고 홧병으로 돌아가셨고, 열네 살 먹은 여동생이 언니 왔다고 좋아했다. 어머니가 생활이 곤란해서 나는 다시 광주로 나가서 남의집살이를 했다. 시골로 들어가서 살기도 했다. 먹고 살아야 했기 때문이다.

계속 남의집살이를 하다가 한 남자와 잠시 살았는데 그는 술을 퍼먹고 노름을 해서 금방 헤어졌다. 지금은 여동생의 집에 방 하나를 얻어서 생활보호대상자로 살고 있다. 상해에서 하도 많이 맞아 비만 오면 아파서 꼼짝도 못하고 무척 고생이 심하다. 요즈음은 TV를 보아도 싸우는 장면은 보지 않는다.

(정리: 여순주)

방직공장에 간다더니

오오목

1921년 전북 정읍 출생. 가난한 집안의 2남 2녀 중 장녀로 태어났다. 1937년 만16세 되던 해 정읍에 사는 김씨가 일본의 방직공장에 취직시켜준다고 하여 친구와 따라나섰다. 만주에 도착하자 김씨가 일본사람에게 넘겨 일본인 군부대로 끌려가 위안부가 되었다.

방직공장에 취직시켜준다고

나는 1921년 1월 15일 전라북도 정읍에서 가난한 집안의 2남 3녀 중 장녀로 태어났다. 내가 어릴 때 아버지는 몸이 아파서 일을 못 했기 때문에 경찰서 옆에서 어머니가 야채를 파는 작은 가게를 했다. 가정 상황이 어려워서 학교는 못 다녔다.

만 열여섯 살 되던 1937년이었다. 부모님은 좋은 사람이 있으면 나를 시집보내려고 하고 있었다. 그러던 어느날 정읍에 사는 김씨가 나에게 방직공장에 취직시켜 준다고 하면서 같이 갈 친구가 있으면 말하라고 했다. 베짜는 일을 하는데 월급은 얼마 준다고 했다. 그런 말을 하고는 김씨가 오지 않았기 때문에 잊어버리고 있었는데 어느날 별안간에 김씨가 와서 가자고 했다. 그래서 나는 돈을 벌겠다는 생각으로 그때 집에 자주 놀러왔던 옥희와 함께 따라나섰다. 옥희는 나보다 두 살 아래인데 집은 멀었지만 우리집에 자주 놀러와 내가 자수를 가르쳐 주기도 하던 아이였다.

내가 방직공장에 간다고 떠날 무렵에는 어머니가 동생을 임신중이었다. 그리고 내가 솜저고리를 입고 갔던 기억이 나는 것으로 보아 겨울이었을 것이다. 옥희와 함께 김씨를 따라서 정읍역에 가보니 세 명의 여자가 있었다. 기차를 타고 가다가 대전에서 내려 김씨가 점심을 사주었다. 그리고 또 기차를 타고 사나흘을 가서 만주에서 내렸다. 봉천 부근에서 우리는 김씨에게 공장에 간다고 하더니 이야기가 다르지 않느냐고 하자 김씨는 하라는 대로 하라며 우리를 일본 사람에게 넘기고 사라져 버렸다. 그후에는 일본 사람을 따라서 북쪽으로 더 들어갔다. 만주의 끝이라고 했는데 정확한 지명은 잘 모르겠다. 그곳에 내리니까 날씨가 몹시 추웠고 군인들이 아주 많았다. 산과 강이 있었고, 중국 사람들과 조선 사람들이 많이 있었다.

천막촌에 들어가

정읍에서부터 같이 간 우리 다섯 명은 이곳에서 일본군 부대 주변의 천막촌에 들어갔다. 부대 주변에는 천막이 무척 많았다. 군인들이 많이 오면 부대 안의 막사만으로는 모자라 천막을 세웠다. 천막에는 이미 조선 여자들이 30명 정도 있었다. 처음 천막에 들어갔을 때 군인 하나가 나의 긴 머리를 짧게 잘랐다. 그리고 이름을 김마사코라고 지어 주었다.

천막마다 여자들이 살았다. 여자들은 군인들의 빨래도 해주고, 또 부대의 식당에서 밥도 해주었다. 천막촌에는 수도시설 같은 것은 없었기 때문에 졸병들이 부대 안에서 밥을 해서 음식을 날라다 주었다. 보리와 쌀을 섞은 밥에 시금치나 단무지, 국 그리고 때로는 오뎅을 주기도 했다. 그곳에서는 총소리가 자주 들리고 '공습이 있다'고 하는 방송을 자주 했는데 그럴 때는 불도 사용하지 못했다.

나는 처음에는 군인한테 식사를 날라 주는 일을 하면서 일반 군인들을 상대해야 했다. 위안소 관리인들 중에는 일본인도 있고 조선인도 있었다. 그들이 여자들에게 '아무개는 오늘 어디로 가라' 하고 명령을 하면 여자들은 부대내로 불려 들어갔으며, 하루에 5, 6명, 많을 때는 10명 정도의 군인들을 상대했다. 군인을 상대하는 곳은 다다미를 깐 좁은 방이었다. 그곳에는 그런 방이 칸칸이 있었다. 우리들은 천막촌에 살면서 그곳으로 불려 나갔다. 천막에서 쓰는 담요는 군에서 받았다. 추울 때는 유담포를 썼다. 화장실은 천막 바깥에 있었고 목욕탕도 밖에 천막을 쳐서 남녀가 따로 사용했다. 군인들이 토벌 나가면 한가했지만, 돌아오면 다시 많은 군인들을 상대해야 했다. 초기에는 많이 울었다. 그러면 군인이 '가와이소오니(불쌍하다)' '나이타라이캉요(울지마라)'고 위로해 주기도 했다. 일본말을 모른다고 맞기도 했다. 조금이라도 자기들의 마음에 안 들면 군인들은 '바카야로우(바보자식)' '기사마야로오(이놈 자식)'이라고 욕하며 때렸다. 나는 군인들이 하라는 대로 해야 살아남을 수 있다고 생각했다. 밥 해주고 빨래해 주는 일에 대한 대가는 없었지만 군인과 자면 돈을 받았다. 돈은 시퍼렇고 불그죽죽한 것이었다. 여자들 중에는 천막촌에서 군인과 따로 살림을 차리고 애를 낳은 이도 있었다.

군인들은 삿쿠를 사용했다. 위안부들은 일주일에 한 번 시내에 있는 병원에서 성병검사를 했다. 성병에 걸리면 약을 많이 먹었고 606호 주사도 맞았다.

나중에 모리모토(森本) 소위를 알게 되었는데 그 사람이 나와 후키코(옥희)가 계급이 높은 군인을 상대하도록 해주었다. 소위, 중위, 대위를 주로 상대하게 되었고 전보다 편해졌다. 거기에서 스물한 살 때(1941년) 맹장수술을 받았다. 수술 후 상태가 좋지않아 다시 재수술을 했다. 내가 입원해 있을 때에 모리모토 소위가 문병 온 기억이 난다. 병원장은 일본 사람이었고 환자는 군인들과 중국 여자들이 많았다. 수술비용은 군에서 부담한 것 같다. 수술 후 얼마 동안은 군인들을 안 받고 쉬었다. 몸조리를 하는 동안 밥을 해주거나 목욕탕에 물 넣고 불 때는 일을 하는 등 심부름을 했다.

'국방부인회'라는 어깨띠를 걸고

그후 부대가 이동하면 같이 따라다녔다. 부대 이름은 생각이 안 난다. 남경에 있을 때 군인들하고 활동사진 구경도 가끔 했다. 주로 전쟁영화를 보았다.

남경에 있던 위안소는 중국 가옥이었다. 주로 원피스를 입었고 중국 옷도 사 입었다. 춥지는 않았다. 같이 간 다섯 명 중에는 후키코, 마사코, 후미코가 있었는데 후키코 외에는 다 죽었다. 매독이 심해 죽은 여자도 있었다. 집 문 앞에 간판이 붙어 있었지만 무엇이라고 씌어 있었는지는 기억이 안 난다. 역시 여기서도 군인들을 많이 상대했다. 군인들이 들어오면 '이랏샤이(어서오세요)'라고 했다. 방에는 침대가 있었고 거울도 있었다.

어디서인지는 잘 기억이 안 나는데 군인들에게서 훈련도 받았다. '국방부인회'(國防婦人會)라고 쓴 어깨띠를 어깨에 걸고, 모자를 쓰고, 까만 몸뻬를 입고 나가 군인들 하라는 대로 훈련을 받았다. 거기에는 일본 여자와 일반인들도 나왔고 훈련이 끝나면 헤어져서 돌아왔다.

얼굴에 검정칠하고 나와

남경에 있을 때 해방을 맞이했다. 전라도 광주 출신의 조선 사람이 가족과 함께 나와서 장사하고 있었는데 나는 그 사람을 오빠라고 부르고 친하게 지내고 있었다. 해방 직후 나는 옥희와 함께 그 오빠를 따라서 기차를 타고 고향으로 향했다. 나오는 도중 기차사고로 사람들이 많이 죽었는데 우리들은 다치지 않고 살아나올 수 있었다. 나올 때 나도 모르게 자꾸 울었다. 오빠가 왜 우느냐고 다독거려 주었다. 오빠와 그 가족과는 도중에서 헤어지고 그후에는 옥희하고만 있었다. 나올 때 보니 러시아인들이 엄청나게 많았다. 그들이 젊은 여자들을 끌어간다는 소문이 나서 우리는 기차에 탈 때도 얼굴에 검정칠을 해서 거지처럼 하고 나왔다.

신의주에서 조선 사람이 경영하는 여관에 들어갔는데, 러시아 군인들이 그 여관에 여자를 찾으러 왔다. 무서워서 방에 있는 농 속에 숨어 하룻밤을 지내기도 했다.

신의주에서 배를 타고 인천까지 왔다. 인천에서 정읍까지는 기차를 타고 왔다. 그때 중국에서 산 노랗고 납작한 구두를 신고 반소매 옷을 입고 있었다. 역 앞에서 옥희와 헤어진 후 인력거를 타고 우리 집 앞에서 내렸다. 그당시 국민학교에 다니던 남동생 금수는 내가 인력거 타고 돌아온 것을 기억한다. 큰 동생은 나무를 하다가 누나 온다는 소리를 듣고 지게를 던지고 맨발로 달려왔다. 부모님은 내가 죽은 줄 알았다고 한다. 내가 나타나자 어머니는 놀라서 기절하셨다. 9년 동안이나 중국에 있다가 돌아왔기 때문에 처음에는 조선말도 못 알아들을 정도였다. 작은 대나무 일제 가방에 사진과 중국신 등을 넣어 가지고 왔는데 그 물건들은 그후 그당시의 일을 잊기 위해 태워 버렸다.

애 다섯이 있는 사람에게 재취로 들어가

부모님 곁에서 몇 년 있었다. 부모님에게는 중국에서 식모살이를 했다고 말했다. 그당시는 아직 젊었기 때문에 무서운 것이 없었다. 부모님이 결혼하라고 해도 혼자 산다고 했다. 부모님이 방을 얻어 주었고 어머니는 그당시의 어려운 살림 속에서도 나에게 옥색 꽃신을 사주었다. 또 보약을 많이 해주었다. 부모님은 해방 후 순경들의 하숙식당에서 보신탕을 팔았다. 아버님이 1951년에 병으로 돌아가신 후 나는 서른세 살에 농사를 짓는 전모씨의 재취로 들어갔다. 애가 둘이 있다고 들었는데 결혼을 하고 보니 다섯이었다. 서울 동대문 답십리로 이사를 해서 자식들을 키우고 살았는데, 내 자식도 없고 재미도 없고 해서 마흔여덟 살 때 집을 나왔다. 나올 때 집에 데리고 있던 식모가 낳은 아기를 데리고 정읍으로 와서 내 자식으로 삼았다. 3년간은 동생에게도 알리지 않고 숨어 살았다. 애를 키우느라 힘이 들었다. 꽁보리밥을 먹으면서 누에치는 일을 하고 하루 2,500원 정도의 품삯을 받으면서 어렵게 살았다. 딸이 아홉 살 될 때까지 학교에도 못 넣었다. 겨우 학교에 보냈는데 딸은 내가 고생하는 것을 보고 일을 하겠다고 해서 국민학교 6학년 때 중퇴하고 대나무로 우산을 만드는 공장에서 일했다. 딸에게는 아버지는 돌아가셨다고 하고 친딸이라고 하며 키웠다. 지금 딸은 스물한 살인데 석공일 하는 한 살 위의 남자와 충남 아산군에서 산다. 세 살 되는 아들이 있고 둘째가 곧 태어난다. 아이의 출생신고를 내기 위해 딸의 출생신고를 하느라 애를 썼다.

같이 나온 옥희는 애기도 못 낳고 시집도 못 가니 우리끼리 혼자 살자고 했다. 가끔 놀러와서는 신세타령을 하며 울기도 했다. 그 친구도 배급 타 먹고 살다가 작년에 암으로 죽었다.

집세 걱정 안하고 살고 싶다

3년 전부터 생활보호대상자가 되었다. 가을에는 고추 꼭지 따는 일을 하고 있다. 새벽부터 해질 무렵까지 일해서 하루에 3천원에서 5천원 정도 받는다. 영세민이라 세금은 없지만 방값이 10개월에 30만원인데 작년에는 그것을 낼 수 없었다. 집세 걱정을 안 하고 사는 것이 바람이다. 또 그당시 일로 자식을 못 낳는 것이 한이다.

(정리: 야마시다 영애)

천대받지 않으며 살고 싶다

황금주

1922년 부여 출생. 선비집안의 장녀였으나
아버지가 병을 앓기 시작하여 가세가 기울었다. 1934년 13세 때
집을 떠나 남의집살이를 하게 되었다. 일본인 반장이 일본군수
공장에 가면 큰돈을 벌 수 있고, 한 집에서 한 명은 나가야
한다는 위협에 그 집의 딸들을 대신하여 1941년 20세에 고국을
떠나 군부대로 끌려가 위안부가 되었다.

어린시절

우리집은 뼈대있는 선비의 집안이었다. 부여에 살던 할아버지와 수원에 살던 외할아버지는 오랜 친구로서 아버지가 태어나기도 전에 서로 사돈 맺을 것을 약속했다고 한다. 친할아버지가 돌아가시게 되어 어머니가 열일곱 살, 아버지는 열두 살 되던 해에 결혼을 하게 되었다.

나는 부여에서 1922년 음력 8월 15일에 장녀로 태어났다. 밑으로 여동생 하나, 남동생 하나가 있었다. 집안이 경제적으로 넉넉하지는 않았지만 아버지는 똑똑해서 서울에서 중학교를 졸업하고 일본으로 유학을 갔다. 아버지보다 스무 살 위의 외삼촌이 수원에서 사법대서소를 하면서 아버지 학비를 도왔지만, 넉넉하지 못해 아버지는 구두도 닦고 신문도 돌리는 등 고생하며 공부를 마쳤다. 그런데 공부를 마칠 즈음 병에 걸렸다. 고향으로 돌아와 수원 외삼촌의 대서소 사무실에서 일을 도왔는데 병은 깊어만 갔다. 부여집으로 돌아와서 약을 먹고 주사를 맞아도 낫지 않았다. 치료비 때문에 가세가 몹시 기울었다. 아버지는 누워서 당시에는 일반 사람들이 좀처럼 보지 못하던 신문만 보았다. 신문은 내가 면사무소가 있는 곳에 가서 가져오기도 했다.

그러던 중 어느날 좋은 약이 있는데 그 값이 100원이라고 하였다. 그러나 집에는 그만한 큰 돈이 없어 걱정만 하고 있었는데, 어머니 친구의 소개로 서울서 큰 장사를 하는 함흥 사람을 만나게 되었다. 나는 그 사람에게 아버지의 사정얘기를 했더니, 그 사람은 아버지가 아깝다고 하면서 100원을 주었다. 그로 인해 나는 그 사람의 양녀가 되어 서울에 있는 그 사람의 첩 집에서 집안일을 거들어 주게 되었다. 나중에 들으니 아버지는 이 돈으로 약을 지어 드셨으나 보람도 없이 1년 후에 돌아가셨다고 한다. 나는 집안의 누구에게도 말하지 않고 집을 떠나면서 잘되기 전에는 무슨 일이 있어도 다시 찾지 않겠다고 독하게 마음먹었다. 나는 이것으로 씨 값을 했다고 생각했다. 내가 열세 살 때(1934년)의 일이다.

최씨의 첩은 성질이 고약하고 자주 때려서 나는 고생이 심했다. 2년간 이렇게 살다가 양부에게 사정을 말하니 그럴 줄 알았다면서 함흥의 본처 집으로 보내 주었다. 함흥 집으로 나를 데려다 준 사람이 함흥 본처에게 100원을 받아갔다. 그래서 나는 갚아야 할 빚이 200원으로 불어났다. 이것이 늘 마음의 짐이 되었다.

함흥 집에는 아들과 딸이 각각 둘씩 있었다. 양모는 나에게 잘해 주었고 배워야 한다고 열일곱 살이 되는 가을부터 야학에 보내 주었다. 함성여자강습소라는 곳으로 큰 교회에서 운영했는데, 저녁이면 포장을 치고 1학년부터 4학년까지 학년별로 가르쳤다. 나는 1, 2학년을 다니면서 일본어, 산수 같은 것들을 배웠다. 조선어는 일주일에 두 시간씩밖에 가르치지 않았다. 나는 뜨개질과 바느질을 아주 잘했다.

일본인 반장 부인의 권유로

야학 2학년을 마치고 1년 가량 쉬고 있을 때의 일이다. 내가 살던 마을의 반장[1)]은 일본인이었는데 우리 뒷집의 독채에 세들어 살고 있었다. 반장은 잘 볼 수 없었고 부인과 아이들만 가끔 보았는데, 그 부인이 동네에 돌아다니면서 "일본의 군수공장에 3년의 계약으로 일을 하러 가면 큰 돈을 벌 수 있다. 한 집에서 적어도 한 명은 나가야 한다"고 은근히 협박했다. 나는 구장이 자기 딸을 보내는 경우도 있다고 들었고, 내가 사는 동네에 그전에 일본 공장에 갔다가 돈을 벌어온 여자도 있어서 일본 공장에 간다고 하는 사실

1) 마을의 구장 밑에 반장이 있었다. 구장은 요즘의 통장과 같은 직위였고, 반장은 요즈음의 반장에 해당하는 직위였다.

을 의심하지 않았다. 내가 살고 있던 양부 집에는 나를 포함해서 시집 안 간 딸이 셋이나 있는데 그중 누군가 나가지 않으면 안된다고 생각했다. 그때 큰 아들은 서울에 있는 대학에, 작은 아들은 일본의 대학에 다니고 있었다. 작은 딸은 고등여학교에 다니고 있었고, 큰 딸은 함흥고녀를 졸업하고 일본의 대학에 가려고 준비하고 있을 무렵이었다. 양모가 괴로워하는 것을 보고 나는 내가 가겠다고 했다. 나는 공부해야 할 그 집 딸들이 가면 안된다고 생각했고, 또 200원의 빚도 갚고 싶었다. 일본의 공장에 가서 3년간 일하면 이 돈을 벌 수 있을 것이라고 생각했다. 양모는 매우 기특히 여기면서 3년만 잘 갔다가 오면 좋은 곳으로 시집을 보내 주겠다고 했다. 내가 스무 살(1941년) 되던 음력 2월이었다.

우리 동네에서는 두 명이 갔다. 반장 부인이 모일 날짜와 시간, 장소를 알려 주어서 그 시간에 함흥역으로 갔다. 함흥역에 나가보니 여러 군에서 모인 여자들이 20명쯤 되었다. 나이는 대개 열대여섯 살로 내가 가장 많은 편이었다. 떠날 때 송별식은 없었고, 배웅 나온 가족들이 많았다. 나는 까만 유똥치마에 하얀 자미사(본견) 저고리를 입고 까만 광목 보따리 속에 속옷, 생리대, 비누, 칫솔, 빗, 소화제, 3년 지낼 겨울·여름옷 등을 넣어 가지고 갔다. 역에서 50대의 조선 남자가 우리 일행을 인솔해서 일본인 군인에게 넘겼다. 그 군인은 우리를 군용열차에 태웠다. 군용열차에는 여러 칸이 있었는데 다른 칸에는 군인들이 타고 있었다. 기차 한칸에 우리 일행과 다른 여자들을 합하여 50명 정도가 탔다. 다른 칸에 여자들이 더 있었던 모양이었지만 잘 알 수 없었다. 우리가 탄 객차의 여자들도 처음 함흥역에서 같이 탄 20명끼리만 서로 알았지 다른 여자들에 대해서는 잘 몰랐다. 기차 창에는 검은 기름종이로 된, 잡아 내리는 커튼이 쳐져 있었다. 모두들 집을 떠나는 슬픔에 넋이 빠져서 앉아 있었는데, 나는 이 종이 커튼 틈으로 창 밖을 내다보았다. 그때 우리를 기차로 인솔했던 군인이 어느 일본인 헌병에게 종이를 둘둘 말은 것을 건네주고 그 헌병으로부터 또 그와 비슷한 것을 받는 것을 목격했다. 아마 서류를 주고 받는 것 같았다. 나는 이 장면을 보고 왠지 가슴이 섬뜩했고 이후에도 내내 이 모습이 잊혀지지 않았다. 지금도 그것은 생생히 기억난다. 기차에는 한 칸에 앞뒤로 헌병이 한 명씩 지키고 있었다.

기차에서는 검은 종이 커튼 때문에 밖을 내다볼 수 없었고 불도 켜지 않아 깜깜 절벽이었다. 그러나 움직이는 방향이 북쪽임을 알 수 있었다. 서울 방향으로 가는 줄만 알았던 나는 기차가 자꾸자꾸 북쪽으로 가는 게 이상하게 생각되었지만, 물어볼 수도 없었다. 기차는 굴 같은 곳에서 가지 못하고 한동안 서 있기도 했고 밤에는 제대로 달리지 못했다. 몇 번인가 기차에서 내려 창고 같은 곳에 숨기도 했다. 기차를 갈아탄 것 같기도 하나, 잘 알 수 없었다. 가는 동안 하루에 두 번씩 주먹밥을 물과 같이 주었다. 시계도 없는 기차 속에서 이삼 일쯤 갔다고 생각되었을 때 기차가 멎었다. 기차에서 내리니 무슨 방송소리가 들렸다. 무슨 소리냐고 물으니 길림역이라는 말이라고 했다.

역마당에 나오니 흙이 튀고 먼지를 뒤집어쓴 포장이 찢어진 트럭이 서 있었다. 기차에서 내린 여자들이 트럭에 나누어 탔다. 여자들은 저마다 시커먼 광목 보따리를 하나씩 부둥켜안고 앉아 있었다. 덜커덩덜커덩 몇 뼘씩이나 튀어오르며 트럭은 한나절을 달려갔다.

사람취급을 못 받으면서

트럭이 우리를 내려놓은 곳은 민가라고는 전혀 없고 첩첩이 군대막사만 보이는 끝없이 넓은 군부대 속이었다. 우리 일행은 고야(小屋, 오두막집)라고부르는 그 많은 막사의 하나에 짐을 풀고 그날 저녁 잠을 잤다. 고야는 양철로 둥그렇게 지어졌고 밑바닥에는 판자를 깔고 그 위에 다다미를 덮어놓았다.

담요 한 장과 누비이불 한 장씩이 지급되었다. 우리들은 추워서 서로 끌어안고 잤다. 나는 '이 안에서 군인들의 식사나 빨래를 해주나보다'라고 생각했다. 그 고야에는 이미 와 있던 여자가 몇 명이 있었다. 그들은 우리들에게 "너희들도 이제 죽었구나. 불쌍하다"라고 말했다. "우리가 하는 일이 무엇이냐"고 물으니 "일은 일이지만 일이 아니다. 그저 시키는 대로 해라. 잘못하면 맞아 죽는다"라고 말했다.

그 다음날 군인들이 와서 한 명씩 데리고 나갔다. 나도 한 군인에게 끌려 장교 방으로 갔다. 장교는 침대 옆에 있다가 가까이 오라고 하며 끌어안으려고 했다. 내가 안된다고 하니까 왜 그러느냐고 했다. "나는 세탁이나 청소 같은 일이면 하겠다"고 하니까 그런 일은 필요없다고 하며 다시 끌어안으려고 했다. 그래도 뿌리치니 양쪽 뺨을 후려 갈겼다. 내가 빌면서 살려 달라 하니 그러지 말고 하라는 대로 하라고 했다. 내가 죽어도 그런 짓은 못한다고 했다. 그 장교는 치마를 세게 잡아당겨서 치마는 어깨걸이만 남고 쭉 뜯어졌다. 그때 나는 새까만 치마에 흰 저고리를 입고 머리를 길게 땋고 있었다. 치마가 뜯겨져 나가 속곳 바람이 된 나는 그래도 못하겠다고 하며 꿇어 앉았다. 그는 땋은 머리를 잡아 일으켜 세우고 칼로 속곳을 찢었다. 이때 나는 놀래 기절하고 말았다. 얼마쯤 후에 깨어나니 장교는 저쪽에 앉아 땀을 씻으며 옷을 입고 있었다. 졸병이 와서 나를 다시 데려갔다. 나는 속곳을 줏어 붙잡고 치마를 두르고 울면서 따라나갔다. 아파서 걸음도 제대로 걸을 수가 없었다. 먼저 있던 언니가 "그 봐라. 우리는 살아서 못 나간다"라고 말했다.

보름 정도를 장교들이 하루에도 서너 번씩 불러내 갔다. 처음 온 여자들은 처녀라고 얼마 동안은 장교들만 상대를 하게 했다. 장교들은 콘돔을 사용하지 않으므로 이 기간 동안 임신한 여자들이 많았다. 임신이 된 줄도 모르고 있다가 606호 주사를 맞으면 몸이 붓고 으시시 추우면서 하혈을 했다. 그러면 병원에 데려가서 의사가 자궁 속을 긁어냈다. 이렇게 서너 번 긁어내면 임신은 더 이상 되지 않았다.

보름쯤 후에 그 고야에 짐을 그대로 둔 채 위안소로 가게 되었다. 위안소는 나무로 지은 임시건물 같은 것으로 널빤지로 칸을 막아 5~6개씩 방을 만들어 놓았다. 담요를 찢은 것으로 문을 해놓았다. 3~4개의 건물이 줄지어 있었다. 이곳 외에도 위안소 건물들이 더 있다고 들었다. 위안소의 간판은 없었다. 방은 혼자 누우면 알맞은 크기로 판자 위에 담요를 깔아놓고 사람 한 명이 지나갈 수 있는 정도였다.

일이 끝나면 우리 고야로 돌아가 잠을 자도록 되어 있었으나 밤늦도록 또는 밤새 군인들이 왔고, 또 지치기도 해서 위안소의 방에서 자는 일이 더 많았다. 홑이불 하나를 덮고 자는데 추워서 죽을 지경이었다. 밥은 졸병들이 먹는 식당에 가서 먹었다. 군인들이 밥을 해주었다. 밥, 된장국, 단무지가 주로 나왔다. 처음에 도착했을 때 몸뻬, 하오리[2]같이 생긴 웃도리, 군인 양말, 모자, 시커먼 운동화, 누비오바, 누비바지를 주었고, 그 다음에는 군인 운동복 같은 것을 줘서 입었는데, 나중에는 보급이 끊겨 군인들이 입다 버린 헌옷을 주워다 입었다. 1945년에 들어가서는 옷도 안 줄 정도로 물자 부족이 심각했다. 부식도 안 들어왔고 된장, 간장도 없이 밥 두세 덩이에 소금국을 끓여 먹었다.

위안소에 군인들이 오는 시간은 따로 정해져 있지 않고 졸병, 장교가 섞여 왔다. 장교는 병이 옮는다고 잘 안 오는 편이었다. 하루에 상대한 군인 수는 30~40명쯤이었으나 공일날에는 군인들이 팬티만 입고 밖에 줄을 서 있을 정도로 많았다. 어떤 사람은 팬티까지 벗고 다른 사람이 하는 도중에 커튼을 열고 들어오기도 했다.

2) 일본옷의 위에 입는 짧은 겉옷.

조금만 시간을 끌면 문 밖에서 안에다 대고 "하야쿠 하야쿠(빨리 빨리)"라고 외치기도 했다. 전쟁터에 나가는 군인은 죽을 둥 살 둥 힘을 다해 하고, 어떤 사람은 울면서 하기도 했다. 그럴 때는 그들이 불쌍한 생각이 들기도 했다. 삿쿠를 하고 오는 사람, 가지고 와서 해달라는 사람, 안하고 가져오지도 않는 사람, 갖가지였다. 처음에는 삿쿠 한 박스를 방으로 배급 받았는데, 나는 그것이 없으면 군인들이 안 올 줄 알고 내다 버렸다. 그래도 군인들은 왔고 이제 생각하면 나만 손해였다.

위안부 생활 동안 보수는 받은 적이 한번도 없었다. 돈도, 표 같은 것도 전혀 받아본 일이 없다.

정기 검진은 한달에 두세 번 병원에 가서 했으나, 1년쯤 후부터는 사무실 같은 막사로 군의가 기구를 가지고 와서 했다. 소독하고 약 발라 주고 606호도 놓아 주었다. 여자간호원은 별로 본 일이 없다. 여자들은 1년만 있으면 성한 사람이 없게 된다. 대개 임신을 두세 번 하고 병도 많이 걸렸다. 병이 심하면 다른 방으로 격리하고 변소도 따로 쓰도록 하다가 나아지면 다시 데려왔다. 이렇게 두 번까지 치료하다가 세 번째 재발하면 군인이 와서 데리고 나가는데 이 여자들은 다시 돌아오지 않았다. 불두덩 위에서 배꼽까지 노랗게 곪은 여자도 있었다. 그러면 얼굴도 붓고 노래진다. 이런 여자들은 군인이 와서 데려간 후 돌아오지 않았다. 함흥역에서 같이 간 20명 중에서도 나만이 남고 모두 도중에 없어졌다. 아파서 없어진 여자도 있고 다른 부대로 가기도 했기 때문이다. 새로 충원되었던 여자들도 많이 없어지고 마지막까지 내가 있던 고야에 남아 있던 여자는 나 외에 일곱 명뿐이었다. 전부 조선인이었다. 이들도 모두 아파서 움직이기도 힘든 상태에 있었다.

생리 때에는 약솜 같은 것을 배급받아 사용했다. 1년쯤 지난 후부터 이 배급이 끊겨 남들이 빨아 널어놓은 것을 훔쳐와 사용하기도 하고 군인들 각반 떨어진 것을 주워다 빨아서 사용하기도 했다.

이것이 군인들 눈에 띄면 재수없다고 얻어 맞곤 했다.

도대체 군대에서 위안부는 사람 취급을 받지 못했다. 매일 얻어 맞는 것이 일이었다. 달을 쳐다보면 무슨 생각을 하느냐고 때리고 혼잣말을 하면 무슨 욕을 했느냐고 때렸다. 부대 안의 것은 봐도 못 본 척, 들어도 못 들은 척하라고 해서 손으로 눈을 비스듬히 가리고 다녔다. 막사 바깥으로 나오면 어딜 나오느냐고 발길질을 해서 바깥 구경을 못했다. 그래서 지금까지 부대 이름도 모르고 군인들 얼굴도 계급도 모른다. 나는 특히 반항이 심했던 편이어서 더 많이 맞았던 것 같다. 하도 맞아서 지금도 갑자기 멍해지며 귀가 안 들릴 때가 있다. 무릎, 엉덩이에 강한 자석을 붙이고 산다. 목욕하느라고 그것을 떼어놓으면 5~6시간 후 부어올라 앉을 수가 없을 지경이다.

자궁이 붓고 피고름이 나와 일을 할 수 없던 어느날, 한 장교가 와서 일을 못하겠거든 대신에 자기 성기를 빨라고 했다. 나는 "네 똥을 먹으라면 먹었지 그런 짓은 못하겠다"라고 했더니 "고노야로 고로시테 야로우카(이년 죽여버릴까 보다)"라고 하며 마구 때리고 던지고 해서 나는 기절했다. 깨어나니 사흘이 지났다고 고야의 동료가 말해 주었다.

여자들 중에는 조선에서 학교를 다니다가 방학이 되어 중국의 친척집에 놀러 왔다가 길거리에서 군인에게 붙잡혀 온 사람도 있었다. 나이는 스무 살쯤 되는 여자였다. 내가 있던 고야에 왔던 여자들은 모두 조선 사람이었고 중국 사람은 한 명뿐이었다. 조선 사람 중에는 북쪽 지방에서 온 여자가 많았고 논산에서 온 여자도 한 명 있었다. 나처럼 군수공장에 가는 줄 알고 속아서 온 사람이 대부분이었다.

군인들 중에 특별히 친했던 사람은 없고 위생병과 잠깐 가까웠던 적이 있다. 군의 밑에서 일하던 위생병이었는데 나는 이 사람과 친해서 고야에 아파서 누워 있는 여자들을 치료해 주도록 부탁하기도 했다. 그것도 잠깐 동안이었을 뿐 달리 친했던 군인은 없었다. 군인들에게 당하느라고 외로울 시간도 없었다.

어느날 다른 곳으로 가는 부대가 있으니 같이 갈 사람은 따라가도 좋다고 했다. 나는 하도 괴로워서 여기보단 낫겠지 생각하고 따라가겠다고 했다. 나를 포함해서 열 몇 명쯤의 여자들이 따라나섰다. 트럭을 타고 떠났는데 멀미가 심하고 밖을 내다볼 수가 없어서 어디를 어떻게 갔는지 모르겠다. 배도 탄 듯하다. 군인들은 우리 일행을 위안소에 내려놓았는데 위안소의 생긴 모양은 전에 있던 길림 부대의 것과 유사했다. 어느 곳인지는 잘 모르겠으나, 폭격이 심해서 밤에는 불을 못 켰다. 이곳에 와보니 다른 여자들(중국 여자 두 명, 나머지는 조선 여자)이 이미 와 있었는데 여기는 가라고 내놔도 물에 빠져 죽는다고 했다. 부대는 확실히 육군은 아닌 것 같았다. 위안소에는 해군들이 주로 왔고 다른 군인들도 가끔 섞여 왔다. 길림에서 보다 군인들이 더 덤비고 더 때렸다. 전투하러 나가는 군인들은 더 포악해서 그곳에서는 도저히 살 수가 없었다. 8, 9개월쯤이 지난 어느날 군인들이 길림 쪽으로 후퇴하는 모양이었다. 나는 혼자 죽을 힘을 다해 군인들 속에 끼어 쫓아나왔다. 그렇게 하여 다시 먼저의 부대로 돌아올 수 있었다. 만주로 돌아와 얼마간 더 있다가 해방이 되었다.

버려진 조선인 여자들

어느날 저녁이 되었는데 밥 먹으라는 소리가 없었다. 사람도 오지 않고 밖에도 아무런 기척이 없었다. 막사 문을 몰래 열고 나와 보니 말도 트럭도 차도 아무 것도 없었다. 철조망에 널려 있는 거적대기만 거센 바람에 철덕거리고 있었다. 살살 기어 식당에 가보았더니 엉망진창이었고 사람은 한 명도 없었다. 내가 물을 떠마시고 있는데 졸병 한 명이 나타났다.

그는 먼산 고지에 연락병으로 갔다가 돌아와 보니 이미 다들 떠났고 "빨리 이곳을 떠나라"는 장교의 메모만 남아 있더라는 것이다. 그는 나에게 "원자폭탄이 떨어져 일본이 항복했다. 너희들은 조선으로 빨리 돌아가는 것이 좋겠다. 여기 있다가는 중국 사람에게 죽는다"고 했다.

나는 막사로 돌아와 남아 있던 일곱 명의 여자들에게 이런 말을 전하고 빨리 떠나자고 했다. 전부 조선 여자들이었기 때문이다. 이 여자들은 모두 밑이 붓고 고름이 나고 몸이 부어 걷기도 힘들다고 울면서 혼자 가라고 했다. 나는 마음이 아팠지만 할 수 없이 혼자 막사를 나와 다시 식당으로 가보았다. 그 졸병은 벌써 가고 없었다.

8월인데도 추웠으므로 군인들이 버리고 간 내복인가 운동복인가 하는 것을 세 개를 겹쳐 입고 식당 마루 밑에서 지카다비[3]를 짝짝이로 줏어 신고는, 이가 버글거리는 머리를 수건으로 동여 매고 뛰었다.

병영은 생각보다 훨씬 넓었다. 문을 세 번이나 거치고, 마지막으로 철조망으로 된 문을 지나서야 군대를 벗어날 수 있었다. 그리고서도 30리쯤 걸으니 사람들이 드문드문 보이기 시작했다. 조금 더 걸으니 군인, 노무자와 그 가족들로 길이 메워졌다. 이 사람들과 함께 길거리에서 밥도 끓여 서로 얻어 먹고, 민가에서도 얻어 먹으며, 불을 지펴서 같이 웅크리고 자기도 했다.

나는 길에서 옷을 몇 번이나 주워서 갈아입고 신발도 주워 신으며 걸었다. 춘천 근처에서 일본 사람들도 타고 있는 석탄차가 와서 이것을 얻어 타고 청량리 역에서 내렸다. 도착하고 보니 12월초가 되었다.

---

3) 일본 신발의 일종으로 일본 버선같이 엄지 발가락과 나머지 발가락이 갈라져 있다.

고아를 키우면서

청량리에 도착하여 어느 해장국집에 밥을 얻어 먹으러 들어갔다. 주인에게 만주에서 왔다고 하니까 밥을 주었다. 나는 방으로 들어가서 밥을 먹으며 울었다. 집에는 이 모양을 하고 가기 싫었다. 가족도 친척도 찾을 길이 없다고 하니까 주인은 자기집에 있으라고 했다. 목욕하고 몸빼와 스웨터 등 헌 옷을 주인에게서 얻어 입었다. 주인은 내 머리를 자르고 참빗으로 서캐를 빼고 DDT를 뿌렸다. 여기서 3년 일하다가 돈이 좀 모이자 청량리 태창방직공장에 들어갔다. 그때 스물일곱 살이었다.

그 동안 미군부대에서 얻어온 페니실린 주사를 맞으며 성병을 고쳤다. 그후로도 10년쯤 착실히 약을 먹고서야 성병을 완전히 고쳤다. 방직공장에서 3년쯤 일하던 중 6·25가 났다. 저금통장과 도장만 들고 피난을 갔다. 피난 중 고아 두 명을 데려다 기르다가 고아원에 맡겼다. 나중에 또 고아 세 명을 키우다 또 고아원에 맡겼다. 전쟁 후 청평 부근에서 4~5년 농사를 지으며 나중에 맡긴 고아 세 명을 찾아와 길렀다. 그중 한명은 어려서 죽고, 여자아이, 남자아이 한 명씩 키워 성혼시켜 주었는데 지금도 왕래하고 있다. 살기 힘들어 죽으려고 한 적도 많다.

서울로 돌아와서 청량리 부근에서 야채장사를 시작했다. 그러다 국수장수도 해보고 지금은 신림동에서 일곱평짜리 조그만 식당을 경영한다. 근근히 꾸려가지만 여러 가지로 힘들다. 사람 안 두고 혼자 다한다.

이틀에 한번씩은 아침 다섯 시 반에 일어나 영등포시장, 가락시장이나 용산시장에 가서 음식 재료를 사온다. 커피를 하루에 5~6잔씩 마시지 않으면 정신을 못 차린다. 무릎도 많이 아프다. 자궁을 드러내는 수술도 했다. 앞으로 어떻게 하면 천대받지 않고 아프지 않게 살다가 죽을 수 있을지 걱정이다.

무시당하지 않고 살고 싶다

늘 억울한 마음으로 살았다. 그 동안 몇 번이고 이 일을 정부에 알리고 싶었으나 기회가 없었다. 그런데 작년(1991년) 11월, 밤 열 시에 텔레비전에서 김학순 씨가 증언하는 것을 보았다. 다음날 아침에 텔레비전에서 본 김씨 전화번호로 전화하여 만났다. 김씨가 가르쳐 주어 신고했다.

씨값을 한다고 집을 나왔는데 내 인생이 이렇게 되었다. 지금부터라도 남에게 무시당하지 않고, 남은 인생을 어려운 사람들을 도우며 살다가 남에게 폐를 끼치지 않고 죽는 것이 바람이다.

(정리: 정진성)

하도 공부가 하고 싶어서

문필기

1925년 경남 출생. 집안형편은 그리 어렵지
않았으며 형제는 2남 9녀였다. 공부를 몹시 하고 싶어하여
어머니가 아버지 몰래 9세에 학교에 넣었으나 아버지의 반대로
중도 포기하였다. 그러다가 1943년 18세 되던 해
공부도 하고 돈도 벌 수 있다는 동네 아저씨의 말에 따라
나섰다가 만주 군위안소에 배치되었다.

맏딸로 태어나

나는 1925년에 경남 진양군 지수면에서 태어났다. 아버지와 어머니는 구멍가게를 했다. 가게에서는 고구마, 생선, 감, 과자 등을 팔았다. 가게일은 어머니가 주로 하고 아버지는 장에서 물건을 사들이거나 팔러 다니곤 했다. 그리고 우리 소유의 논밭도 있었다.

형제자매는 2남 9녀였다. 딸 아홉 중 셋은 어렸을 때 죽었다. 어머니가 아들을 못 낳는다고 작은 어머니 몸에서 아들을 낳아 여섯 살 때 우리집으로 데려왔다. 그후 어머니가 마흔한 살에 아들을 낳았다.

어렸을 때 내 이름은 미요코(美代子)였다. 나는 학교를 다니지 못했다. 내가 아홉 살 때 어머니가 아버지 몰래 쌀 한 말을 팔아 보통학교에 넣었다. 그러나 아버지는 "가시나는 공부하면 여우가 된다"고 입학한 지 5일 만에 학교를 찾아와 교실에서 나를 끌어내고 책을 모두 태워 버렸다. 그래서 학교를 그만두게 되었다. 그 일로 나는 아버지에게 맞기도 많이 맞았고 결국은 집에서 쫓겨나 큰집에 가 있었다. 다시는 공부를 안하겠다고 약속하고 나서야 다시 집으로 돌아올 수 있었다.

나는 공부 못한 것이 한이 되어 '부모 안 보는 데서 공부해 똑똑한 사람이 되어 세상을 바로 살아보아야겠다'는 생각을 했다. 촌사람 만나 결혼하면 내 장래가 매양 그 꼴일거라고 생각하고 마음을 크게 가지려 하였다. 나는 정말 공부를 하고 싶었다. 내가 아들이었다면 공부를 원껏 할 수 있었을 것이다.

내 위로 언니들이 어려서 죽었으므로 내가 맏이 노릇을 했다. 나는 아홉 살 때부터 집에서 살림하고 밭일도 하고 목화도 따고 물레질과 길쌈도 했다. 그리고 구멍가게 일도 거들었다. 구멍가게에서 삶은 고구마도 팔았는데 그 고구마 삶는 것도 내 몫이었다. 농사일은 사람을 사서 하였으므로 끼니 때가 되면 밥을 해서 내다주었다. 집안일은 매우 힘들었다. 큰딸감으로 태어난 것이 죄라 그렇게 많은 일을 해야 했다.

하도 공부가 하고 싶어서

진양군의 우리 마을에는 일본인의 앞잡이 노릇을 하는 50대 정도의 아저씨가 살았다. 어느날 그 아저씨가 나에게 말하기를 공부도 할 수 있고 돈도 벌 수 있는 곳으로 보내 주겠다고 했다. 나는 공부 못한 것이 한이 되어 공부시켜 준다는 말에 솔깃하여 승락을 했다. 그러나 부모에게 그 사실을 말하면 호되게 매를 맞을 것 같아 숨겼다. 그때가 내가 열여덟 살 되던 해인 1943년 가을이었다. 그때 나는 집안일도 고되고, 아버지가 하고 싶은 공부도 못하게 하였으므로 집을 떠나 공부도 하고 돈도 벌고 싶었다.

며칠 후 저녁 무렵에 그 아저씨가 찾아와 잠깐 다녀올 데가 있으니 나오라고 해서 부모 몰래 나갔다. 그랬더니 우리 집에서 조금 떨어진 한적한 곳에 짐 싣는 트럭을 세워 놓고 있었다. 거기에는 우리 동네 파출소에 근무하는 일본인 순사 다나카도 와 있었다. 그 두 사람은 나를 트럭에 태워 부산으로 데려갔다. 집에서 입고 있던 검은 치마와 저고리를 그대로 입은 채 아무런 준비도 없이 갑자기 그들을 따라가게 되었다.

나를 데려간 곳은 부산의 어떤 미용실이었다. 미용실에서 내 긴 머리를 자르려 해서 못 자르게 반항했으나 결국은 잘렸다. 그후 우리 동네 아저씨는 나를 일본인 순사 다나카에게 넘겨주고 가면서 공부시켜 줄 테니 말 잘 들으라고 했다.

집에서는 치마저고리를 입고 갔는데 자주색 원피스를 가져와 갈아 입으라고 했다. 내가 입고 간 치마저고리는 더러워서 안된다며 깨끗하고 예쁜 옷으로 갈아입으라고 했다. 그곳에는 나 말고도 조선인 여자 네 명이 더 있었다. 그들 중에는 학생복을 입은 이도 있었다.

식당에서 아침을 먹은 후 같이 있던 조선인 여자 네 명과 함께 부산역을 출발하였다. 우리가 탄 기차는 민간인이 타는 칸도 있고 군인이 타는 칸도 있었는데 우리는 군인 칸에 탔다. 일본 군인이 우리를 인솔해갔는데 그들은 우리들을 따로따로 앉혀 서로 이야기도 못하게 하였다. 서울, 평양, 신의주를 거쳐 만주로 들어갔다. 가는 동안 두 차례에 걸쳐 대여섯 명의 우리 같은 조선인 처녀들을 또 태웠다.

반항하며, 맞으며, 당하며

기차에 같이 타고 갔던 우리들은 모두 만주에 있는 군위안소에 배치되었다. 위안소가 있었던 지명과 부대 이름은 기억나지 않는다. 그곳의 겨울은 매우 길고 아주 추웠다. 여름은 짧았고 우리나라의 가을 날씨 같았다. 부대에 도착했을 때에도 내가 여기서 무엇을 할 것인지조차도 몰랐다.

위안소에는 30명 가량의 위안부들이 있었다. 그들은 모두 조선인 위안부들이었다. 주로 이북여자들이 많았고 그 외에도 부산 사람이 있었다. 위안부들은 대개 18~19세 가량되었다. 위안부들 중에는 학교다니다가 끌려온 사람도 있었다. 내 이름이 미요코였기 때문에 위안소에서는 나를 '미창'이라고 불렀다. 나는 기요코와 가장 친했다. 얼굴이 갸름하고 잘 생긴 기요코는 평양 기생이었는데 좋은 곳에 소개시켜 준다는 말에 속아서 위안부가 되었다고 했다. 위안소에 있는 조선인 남자가 여자를 데려오라는 일본 군인의 부탁을 받고 고향에 가서 기요코를 속여서 위안소로 데리고 왔다고 한다. 위안소에는 위안부들 외에 이북이 고향인 조선인 남자 두 명과 청소, 심부름 등을 하는 중국 사람 한 명이 있었다. 한 조선인 남자의 부인은 이북에 사는데 가끔씩 위안소에 다니러 와서 밥과 김치 등을 해주기도 했다. 그리고 위안소에서 가까운 부대소속 군인들이 교대로 파견나와 보초를 섰다.

위안소에서 우리를 감독하고 돈표를 모아서 계산하는 일을 하는 조선인 남자 두 명이 있었다. 그들은 제복을 입고 있었다. 옷 색깔은 노랑에 풀색이 섞인 색이었고 가슴에는 배지를 달고 있었다. 그들 중 한 사람은 우리들을 괴롭히지는 않았으나, 키가 작은 또 다른 군속은 우리를 회초리로 때리고 지독하게 굴었다. 특히 위안부들이 일본인 군인들과 싸우거나 군인을 상대하지 않으려 하면 심하게 때렸다.

위안소는 일본식 집이었는데 위안소 주변에는 부대가 있었다. 위안소 건물은 ㄴ자 형태이고 2층집이었는데 1층과 2층을 모두 위안소로 사용했다. 위안소의 간판은 있었으나 글을 몰랐기 때문에 뭐라고 씌어 있었는지 모른다. 위안소 건물 주위를 둘러싼 담도 있었다. 1층에는 우리를 감독하던 조선인 남자 두 명의 숙소와 식당이 있었다. 2층에는 위안부들의 방이 있었는데 다다미 한 장 반 정도의 크기였다. 난방은 밖에서 한쪽 벽으로 석탄을 때서 벽이 따뜻해지게 하는 페치카 방식이었다. 위안부 한 사람이 한 개의 방을 사용했다. 방안에는 이불과 옷걸이, 화장품 등이 있었다.

처음에 위안소에 도착하자 성병이 있는지 처녀인지 등을 검사했다. 그후 군의는 나에게 몇 달 동안 간호부일을 시켰다. 그래서 부상병의 상처를 소독하고 붕대로 감는 일을 배워서 했다. 그리고 병원의 빨래도 했다. 낮에는 병원일을 하고 밤에는 군의가 나에게 자러 왔다. 나는 그 군의에게 처음으로 정조를 빼앗겼다. 여자에게 정조가 중요하다고 듣고 자랐고 내 자신도 그렇게 생각했으므로 내 몸을 버렸다는 생각에 많이 울었다. 간호부 일을 하는 동안은 군의 외에 다른 군인들은 상대하지 않았으나, 몇달 후에는 간호부 일을 그만두게 하고 위안부짓을 시켰다. 그러나 위안부짓을 하면서도 부상자들이 많을 때는 가끔씩 병원에 가서 간호부일을 해야 했다.

위안부들은 모두 똑같은 원피스를 입었다. 옷은 부족하지 않게 여러 벌을 주었다. 여름을 제외하고는 방안의 한쪽 벽을 따뜻하게 난방해 주므로 내복을 입은 적은 없었다. 빨래는 우리들이 각자 했다. 머리는 단발머리를 했었다.

식사로는 조밥과 단무지, 양배추 김치를 주로 먹었다. 아침에는 된장국이 나왔다. 일본의 국경일에는 고기반찬이 나올 때도 있었다. 아침과 저녁으로 하루 두 끼의 식사만 주었다. 밥은 우리가 교대로 했다.

위안소에 있을 때 월경을 시작했다. 처음에는 내가 병에 걸린 줄 알고 깜짝 놀랐으나, 기요코 언니가 가제로 생리대를 만들어 주고 어떻게 해야 하는지 가르쳐 주었다. 군인들이 많은 토요일, 일요일에는 월경중에도 군인을 상대해야 했다. 그때는 참 괴로웠다.

평일날 아침에 일어나면 함께 모여 조회를 하고 가끔 군인들이 나와서 방공연습을 시키기도 했다. 조회는 일주일에 서너 번 정도 했는데 위안소 마당에 모여 일본에 충성하자는 황국신민의 서사를 외우고 일본 군가도 불렀다. 그러나 일요일에는 장교들이 자고 가므로 아침에 일어나는 시간이 대중 없었다.

평일에는 군인들이 싸움터에 나가느라 낮에는 거의 오지 않고 저녁부터 왔다. 가끔 외출나온 군인들이 낮에 왔다. 그래서 평일은 열 명 내외의 군인이 다녀갔다.

토요일과 일요일은 아침 여덟 시부터 군인들이 왔다. 토요일과 일요일은 점심밥도 주므로 하루 세 끼를 먹을 수 있었다. 밥 먹는 시간 외에는 계속 군인을 받아야 했다. 저녁 일곱 시 이후에는 장교들이 왔다. 장교들은 초저녁부터 와서 긴밤을 자고 다음날 새벽이나 아침에 갔다. 군인들은 모두 일본인이었다. 조선인이 들어오면 붙잡고 실컷 울기라도 하겠는데 3년 동안 조선인 군인은 한번도 못 보았다. 다른 위안부들 중에는 조선인을 보았다는 이도 있었다.

군인들은 위안소에 왔다갈 때 손바닥 반만한 크기의 누런 색 돈표를 내고 갔다. 장교는 사병보다 더 많은 액수의 돈표를 냈다. 어떤 군인은 돈표를 안 내려는 이도 있었다. 규정시간을 넘긴 사람에게는 돈표를 더 내놓으라고 하기도 하고 어떤 경우는 불쌍해서 그냥 내보내기도 했다. 돈표를 받으면 우리가 갖지 않고 우리를 관리하던 조선인 남자에게 갖다주었다. 그러면 그 갯수를 세어서 위안부 각자가 하루 몇 명의 군인을 받았나를 막대그래프로 크게 그려 벽에 붙여놓았다. 나는 다른 위안부들보다 군인을 적게 받는 편이어서 자주 혼났다. 군인이 적은 평일은 열 명 내외를 상대했고, 토·일요일은 40~50명을 상대해야 했다. 우리는 돈표를 갖다주기만 했지 돈은 한푼도 받지 못했다. 저금을 한 적도 없고 돈을 내놓으라고 항의한 적도 없다. 군인들이 와서 따로 돈을 주고 간 적도 없었다.

평일 낮에는 주로 내 옷을 빨거나 삿쿠를 씻었다. 군인들이 쓰고 간 삿쿠를 안팎으로 깨끗이 씻어서 소독하고 약을 발랐다가 다시 사용했다. 토·일요일에 군인들이 쓰고 간 삿쿠를 받아서 모았다가 씻어서 다시 사용하였다. 처음에는 삿쿠를 씻을 줄 몰라 한 달 가량을 다른 여자들 하는 것을 보며 배웠다. 대개 위안부 1인당 삿쿠 40~50개씩을 보관하고 있다가 군인들이 들어오면 끼워 주었다. 보통 세 번 사용하면 버리고 새 삿쿠로 바꾸어 주었다.

군인들 중에는 '사면발이'[1]라는 '이'가 있는 사람이 많아 대부분의 위안부들이 이에 옮았다. 기요코 언니와 나는 서로 음부에 붙어 있는 이를 핀으로 떼내 주었다.

군인들은 문 밖에 줄을 서 있다가 차례로 들어왔는데 서로 먼저

---

1) 사면발이(phthirus pubis)는 음모(陰毛)에 기생하는 이로, 물리면 음부에 양진증(痒疹症)을 일으킨다.

들어오려고 자기들끼리 싸우곤 했다. 그들은 각반을 벗고 기다렸다. 앞 사람이 위안소 안에 오래 있으면 빨리 나오라고 문을 두드리고 법석을 떨었다. 군인들은 위안소에 한번 들어오면 사병은 삼십 분, 장교는 한 시간 있을 수 있도록 정해져 있었다. 그러나 대개는 오 분 내외면 끝내고 나갔다.

군인들은 위안소에 들어와서 반드시 삿쿠를 사용하도록 되어 있었다. 군인들 대부분은 성병이 무서워 삿쿠를 사용했다. 군인들 중에는 자기가 직접 삿쿠를 가지고 오는 사람도 있었다. 그러나 삿쿠를 사용하지 않으려는 군인도 있었다. 나는 성병이 무서워 세상 없어도 삿쿠를 해야 한다고 끝까지 버텼다. 삿쿠를 사용하지 않으면 상사에게 이른다고 으름장을 놓기도 하고 성병이 옮으면 서로 좋지 않으니 삿쿠를 끼라고 타이르기도 했다. 부모형제를 떠나서 끌려온 것도 억울한데 병까지 옮으면 어떻게 하냐고 반항했다.

군인 한 사람을 상대하고 나면 1층에 있는 목욕탕에 내려가서 소독약을 넣은 물로 밑을 씻고 와서 다시 군인을 받았다. 소독약이 목욕탕에 있었다.

군인들 중에는 여자를 오래 못 봐서 그런지 들어오자마자 사정해 버리는 이도 많았다. 나를 괴롭히거나 못되게 구는 군인에게는 죽을 힘을 다해 반항했다. 그래서 군인과 싸우고 있으면 밖에 줄서서 기다리던 군인들은 시간 끌지 말고 빨리 나오라고 욕했다. 또 군인과 싸우면 많이 맞기도 했다.

위안부 생활을 하면서 죽을 고비도 여러 번 넘겼다. 어떤 군인은 자기가 하고 싶은 대로 받아 주지 않는다고 술을 먹고 와서 칼을 뽑아 들고 행패를 부렸다. 또 어떤 군인은 술 먹고 위안소에 들어와 칼을 다다미에 꽂아놓고 성행위를 하는 사람이 많아 방바닥에 칼자국이 많이 있었다. 이것은 자기 하고픈 대로 실컷하게 해달라는 위협이었다. 그러다 안되면 칼을 가지고 덤벼드는데 이럴 때는 빨리 피하거나 혹은 누가 찾는다고 거짓말을 시켜 내보내곤 했다.

그곳에 간 지 1년쯤 되었을 때 어떤 군인이 너무 괴롭히길래 나도 화가 나서 발로 찼더니 그는 내 옷을 다 찢고 발가벗겨 때리고 칼을 들이댔다. 그리고는 밖에 나가서 시벌겋게 달구어진 인두 모양의 불쑤시개를 가지고 들어와 내 겨드랑이를 지졌다. 그 상처로 석 달 동안 고생했다.

특히 긴밤 자는 장교들은 여러 번 접촉을 요구하며 아주 귀찮게 굴어 밤에 잠을 잘 수가 없었다. 또 긴밤 자는 장교 중에는 술이 잔뜩 취해 들어와서는 밤새도록 다 토하고 잘 되지도 않으면서 접촉을 하려 하는 사람이 있었다. 그러면 나는 비위가 상해 참을 수가 없었다.

군인들에게 괴롭힘을 당할 때마다 왜 부모 말을 안 듣고 이 신세가 되었나 싶어 후회가 막심했다. 결국은 내 자신이 나를 이렇게 만들었구나 하고 생각했다. 해만 지면 부모 생각에 가슴이 저미었다. 차라리 부모가 시집가라 했을 때 말을 들을 걸, 공부가 뭐길래 공부시켜 준다는 말에 속아 이곳에 와서 이 신세가 되었나 생각하며 절망하였다. 가족들이 미칠 듯이 그리워 매일 울고 남의 슬픈 소리를 조금만 들어도 울곤 했다. 나는 집 생각, 엄마 생각으로 마음에 병이 나서 몸져 눕기도 했었다. 살고 싶지도 않았다. 그때 나를 잘 봐주던 군의는 특별히 나에게 영양제와 안정제를 주기도 했다.

그 군의와 함께 마차를 타고 극장에 가서 '쓰바키히메'라는 제목의 일본 영화를 본 적이 있었다. 그리고 그가 허락을 받아 주어서 위안소 주변을 구경한 적이 한 번 있었다. 그 외에는 외출해 본 적이 없다. 보초병들이 늘 우리를 감시하고 있었다. 그리고 우리가 도망갈 계획을 짤까 봐 모여서 이야기하는 것도 못하게 했다. 그래서 위안부들끼리도 서로 잘 몰랐다.

우리들은 일주일에 한번씩 병원에 가서 성병검사를 받기 위해 소변 검사, 피 검사 등을 받았다. 위안소에 있을 때 나는 임질에 걸린 적이 있었다. 그래서 606호 주사도 맞고 약도 발라 나았다. 성병이 걸렸을 때는 군인을 상대하지 않고 쉬었기 때문에 그래도 지내기가 좀 나았다. 그 외에 다른 병을 앓은 적은 없었다.

내가 글을 모르므로 평양에서 온 위안부 기요코가 우리집에 보내는 편지를 대신 써줘서 딱 한번 집에 편지를 했다. 내가 있는 곳의 주소는 쓰지 않고 집주소만 써서 보냈다. 편지는 위안소에서 일하는 중국인 보이에게 몰래 부탁하여 부쳤다. 나는 공부가 한이 되어 공부시켜 준다는 말에 속아 이런 곳에 왔기 때문에 동생들은 어떻게 해서라도 공부를 시키라고 편지에 썼다. 내가 위안부로 있다는 이야기는 쓰지 않고 그저 잘 있다고만 했다.

고향으로 돌아오긴 했으나

내가 위안소에 간 지 3년째 되는 스무 살에 종전이 되었다. 갑자기 군인들이 어디론가 사라지고 위안소에 오질 않아 편안하게 잘 수 있었다. 그러던 어느날 소련 군인들이 위안소에 들어와 총을 들이댔다.

그들은 우리의 옷을 벗기려 했다. 일본 군인들이 도망가고 나니까 이제 소련 군인들이 우리를 겁탈하려는 것이었다. 그때 우리를 관리하던 이북 출신의 조선인 남자가 큰일났으니 쓰던 물건 모두 팽개치고 어서 도망가자고 했다. 그래서 그와 그의 부인, 기요코 그리고 나 이렇게 네 명이 함께 얼굴에 시커멓게 칠을 하고 위안소 건물 뒤로 돌아나와 도망쳤다. 나머지 위안부들은 어디로 갔는지 모른다. 각자 뿔뿔이 흩어졌다.

우리는 중국에서 뚜껑도 없는 화차를 타고 압록강까지 와 걸어서 흥남에 도착했다. 기요코와 조선인 부부는 고향이 이북이므로 여기서 그들과 헤어졌다. 그후 먹을 것도 제대로 먹지 못하고 밤낮으로 걸어서 평양과 개성을 거쳐서 서울에 도착하였다. 서울역에 도착하여 주먹밥과 고향가는 기차표를 얻었다. 그 표를 받고는 이제 고향에 돌아가는구나 하고 안도의 숨을 쉬었다.

고향집에 돌아가니 식구들은 죽은 줄 알았던 사람이 살아왔다고 깜짝 놀래며 나더러 귀신이 아니냐고 했다.

방황의 세월

고향에 돌아와 보니 아버지는 이미 병으로 돌아가셨다. 어머니는 나를 시집보내려고 성화였으나 나는 그럴 생각이 전혀 없었다. 내가 위안부였는데 누구와 결혼할 수 있겠나 하는 생각에 도저히 견딜 수가 없었다. 그러나 어머니에게는 내가 위안부였다는 이야기를 하지 못했다. 공부도 하고 공장에도 취직했었다고 말했다.

나는 마음이 괴로워 더 이상 집에 있을 수가 없어 고향에 돌아온 지 1년 만에 온다간다 말도 없이 집을 나왔다. 나와서는 진주에 있는 사촌 이모집에 갔다. 이모는 여관을 하고 있었으므로 이모집에서 일을 거들어주며 지냈다. 그후 이모집을 나와 목포, 광주, 전주 등의 술집에 있다가 남자들이 하도 귀찮게 굴어 그만두고 다시 고향으로 내려갔다. 그리고 내가 위안부였다는 것을 누군가 알아볼까봐 두려워 자꾸 옮겨다녔다.

돈을 마련하여 신마산으로 나와 전세를 얻어 하숙집, 대폿집 등을 했다. 그때 주위 사람들은 젊은 여자가 대폿집하지 말고 시집을 가라고 했다.

마산에서 대폿집을 하다가 서른여섯 살에 철도의 선로꾼을 만나 서울로 와서 살림을 차렸다. 나와는 여덟 살 차이였는데 그와 별로 정분도 없었다. 서울 와서 그는 철도의 선로꾼일을 하고 나는 집안에서 살림을 했다. 그러다가 집안형편이 어려워 나도 따라다니며 노동일을 많이 했다. 그는 매일 술을 먹고 내 속을 썩였다. 그는 나를 만나기 전에 이미 결혼을 해서 부인과 자식이 있는 사람이었는데 나를 속인 것이었다. 그래서 나는 몇 번을 헤어지려고 했는데 그게 잘 안되었다. 혼인신고도 안하고 살았는데 결국 그는 병들어 빚만 남기고 죽었다.

현재는 동생의 손주를 데려다 자식처럼 키우고 있다. 내가 외로워서 네 살 때부터 데려다 키웠다. 그리고 새마을 취로사업을 나가 벌어 먹고 산다. 또 일거리가 있을 때는 밤에 이웃집에 가서 한 시간에 1,000원씩 받고 부업을 한다. 지금 사는 방은 반지하 방으로 보증금 150만원에 월 7만원씩 낸다.

하도 억울해서

동네 문방구에 가서 정신대에 관해 써붙여 놓은 것을 보았고, 또 TV에서 위안부 출신 할머니들의 증언을 들었다. 그래서 나도 신고해서 억울함을 면할까 싶어 1992년 6월에 신고했다. 처음에는 신고하는 것을 매우 망설였으나 지금까지 내 가슴속에만 넣고 있던 것을 다 털어놓고 나니 가슴이 후련하다.

(정리: 안연선)

원통해서 못살겠다, 내 청춘을 돌려다오

이용수

1928년 대구 출생. 가난한 집안의 고명딸로
달성보통학교에 입학했으나 집안이 어려워 1년도 못 다니고
그만두었다. 집에서 유모일 하는 엄마를 대신하여 동생을
키우다가 조면공장을 다니기도 했다. 일본인의 꾐에 빠져 친구와
함께 떠났다가 대만에 있는 군위안소로 끌려갔다.

나는 1928년 12월 13일 지금의 대구직할시 북구 고성동에서 가난한 집안의 고명딸로 태어났다. 가족은 할머니와 아버지, 어머니와 위로 오빠 하나, 그리고 남동생이 넷으로 모두 아홉 식구였다. 나는 달성보통학교에 입학했는데 집안이 어려워 1년도 못 다니고 그만둬야 했다. 그리고는 열세 살 때 야학에 조금 다녔다. 야학에 다닐 때는 '야스하라 리요오슈(安原李容洙)'라는 이름을 썼다. 풍금 반주에 맞춰서 노래를 부르고, 일본말도 배웠다. 나는 공부는 잘 못했지만, 노래부르는 것은 좋아했다. 야학에서 가르치는 일본인 남자 선생님도 나에게 노래를 잘한다고 했다. 1년 가량 다녔지만 공장에 다녀와서 밤에 나가야 하니까 빠지는 날이 많았다.

엄마 대신 동생들을 키우며

어머니는 수정보통학교 앞에 사는 부잣집에 유모로 가 있었다. 그래서 동생들은 내가 키웠다. 우리가 살던 집과 부치는 논밭은 모두 어머니가 유모로 가 있는 부잣집의 것이었다.

아홉 살부터 열세 살까지는 칠성동에 있는 일본인이 경영하는 조면공장에 다니기도 했다. 조면기에 목화를 넣어 솜을 타는데 먼지가 아주 많이 났다. 어느날은 기계에 사람이 딸려들어가 머리가 깨지는 것을 봤는데, 그걸 보고는 무서워서 공장에 가기가 싫어졌었다. 그러나 공장에 가지 않고는 살 길이 없었다.

만 열다섯 살 때에는 동네에 있는 칠성국민학교에서 정신대훈련을 받기도 했다. 남자와 여자가 따로 줄을 서서 체조도 하고, 열을 똑바로 서서 걷는 훈련도 받았다. 집으로 올 때도 줄을 서서 돌아왔다.

1944년, 내가 만 열여섯 살 때 가을의 일이다.

그때 우리 아버지는 미창(米倉)에 나가서 쌀을 져나르는 잡역부로 일하고 있었다. 내 동갑내기 친구 중에 김분순이라는 아이가 있었는데 그 어머니는 술장사를 하고 있었다. 하루는 내가 그 집에 놀러가니까 그 어머니가 "너 신발 하나 옳게 못 신고 이게 뭐냐, 애야, 너 우리 분순이하고 저기 어디로 가거라. 거기 가면 오만 거 다 있단다. 밥도 많이 먹을 거고, 너희집도 잘 살게 해준단다"라고 했다. 당시 내 옷차림새는 헐벗고 말이 아니었다.

며칠이 지난 후 분순이랑 강가에 가서 고동을 잡고 있었는데, 저쪽 언덕 위에 서 있는 웬 노인과 일본 남자가 보였다. 노인이 손가락으로 우리를 가리키니까 남자가 우리쪽으로 내려왔다. 노인은 곧 가버리고 남자가 우리에게 손짓으로 가자고 했다. 나는 무서워서 분순이는 아랑곳하지 않고 반대쪽으로 줄행랑을 놓았다.

그런데 며칠이 지난 어느날 새벽, 분순이가 우리집 봉창을 두드리며 "가만히 나오너라" 하며 소곤거렸다. 나는 발걸음을 죽이고 살금살금 분순이를 따라 나갔다. 어머니에게도 이야기하지 않은 채, 그냥 분순이를 따라 집을 나섰다. 집에서 입고 있던 검은 통치마에 단추 달린 긴 면적삼을 입고 게다를 끌고 있었다. 가서 보니 강가에서 보았던 일본 남자가 나와 있었다. 그는 마흔이 좀 안 되어 보였다. 국민복에 전투모를 쓰고 있었다. 그는 나에게 옷보퉁이 하나를 건네주면서 그 속에 원피스와 가죽구두가 있다고 했다. 보퉁이를 살짝 들쳐 보니 과연 빨간 원피스와 가죽구두가 보였다. 그걸 받고 어린 마음에 얼마나 좋았는지 모른다. 그래서 그만 다른 생각도 못하고 선뜻 따라나서게 되었다. 나까지 합해 처녀가 모두 다섯 명이었다.

그 길로 역으로 가서 기차를 타고 경주까지 갔다. 그때 나는 생전 처음으로 기차를 타보았다. 경주에 가서 어느 여관에 들어갔다. 여관 앞 개울가에서 손을 씻고 있는데, 산비탈에 보라색 꽃이 한송이 피어 있었다. 생전 처음 보는 꽃이어서 무슨 꽃이냐고 물어보니까 도라지꽃이라고 했다. 거기서 이틀밤인가를 지냈는데 또 여자

두 명을 더 데리고 왔다. 그래서 여자가 모두 일곱 명이 되었다. 경주에서 기차를 타고 대구를 지나가게 되었다. 달리는 기차의 깨진 유리 차창 저편에 우리집이 보였다. 그때서야 비로소 집생각이 나고 어머니가 보고 싶어졌다. 난 우리 엄마에게 가야 한다고 하면서 막 울었다. 옷보퉁이를 밀치며 이거 안 가질테니 집에 보내 달라고 하며 계속 울었다. 울다가 지쳐서 곯아떨어졌는데 얼마나 갔는지 모르겠다. 여러 날을 간 것 같다.

빗발치는 매가 무서워서

평안도의 안주라는 곳에 내려 어느 민가에 들어갔다. 안채와 아랫채, 곳간이 있고 방이 넷인 초가집이었다. 그 집에는 노파 한 사람이 집을 지키고 있었다. 그 노파는 항상 몸뻬와 긴 적삼을 입고 머리에 수건을 쓰고 있었다. 거기도 먹을 게 별로 없어서 밥을 안 주고 감자와 수수를 삶아서 줬다. 하도 배가 고파서 허기를 달래려고 사과를 훔쳐먹기도 했었다.

대구에서부터 우리를 인솔해 간 일본인 남자는 처녀들 중 누구라도 조금만 잘못을 하면 모두 벌을 세웠다. 됫병짜리 병에다 물을 가득 넣어 가지고 양손에 들고 방망이를 딛고 서 있는 벌을 세우거나, 다듬이 방망이로 손바닥과 발바닥을 때렸다. 물을 떠오라고 할 때 조금이라도 늦게 가져가면 두들겨맞았다. 걸핏하면 때렸기 때문에 맞는 게 얼마나 무서웠는지 나는 안 맞으려고 눈치껏 움직였다.

날씨가 추워져 땅이 얼고 매운 칼바람이 불었다. 우리는 밭에서 무를 뽑아 가마니에 담아가지고 오는 일을 거의 매일 했다. 얇은 홑옷을 입고 일을 하려니 얼마나 춥고 손이 시렸는지 모른다. 우리가 춥다고 하면 그 남자는 또 때렸다. 그래서 우리는 남자 몰래 언 손을 녹이며 오들오들 떨곤 했다.

안주에서는 나중에 온 여자 두 명을 어디론가 데리고 가버려 처음의 다섯 명만 남았다. 거기에서 한달쯤 지내다가 다시 기차를 타고 대련까지 갔다.

대련의 여관에서 하룻밤을 잤다. 이튿날 아침 찐빵과 국물을 주었다. 배도 고팠고, 처음 먹어보는 음식이어서 맛있게 먹었던 기억이 난다. 대련에서 배를 타고 출발했는데 함께 뜨는 배가 11채라고 했다. 아주 커다란 배였다. 우리는 맨 마지막 배에 태워졌다. 배에는 일본 해군들이 아주 많이 탔다. 그 배에 탄 여자는 우리들뿐이었다.

배에서 1945년 양력 설을 맞이하였다. 상해에서 배가 쉬어 갔는데 군인들은 내리기도 했지만 우리 여자들은 내리지 못하게 했다. 나에게 군인들이 모여 있는 갑판에 올라와서 노래를 부르라고 했다. 그래서 노래를 부르니, 장교가 찹쌀떡 두 개를 주었다. 나는 그 찹쌀떡을 받아 가지고 내려와 동료들과 함께 나눠 먹었다. 배가 다시 출발했는데 폭격이 심해서 가다가 쉬고 가다가 쉬고 했다.

그러다 어느날 밤에 폭격을 맞았다. 다른 배는 다 부서지게 되고 우리 배도 앞쪽에 폭격을 당해서 아수라장이었다. 밖에서도 죽는다고 야단이었다. 배가 몹시 출렁거려서 나는 배멀미를 하느라고 정신이 없었다. 머리가 깨질 듯이 아프고 속이 아파 견딜 수가 없었다. 구토를 하면서 기다시피하여 화장실에 갔는데 한 군인이 어디로 나를 끌고 들어갔다. 나는 뿌리치며 그의 팔뚝을 물어 뜯고 빠져 나오려고 애를 썼다. 하지만 후려치며 우격다짐으로 집어쳐넣는 데에는 어린 나로서 너무 힘에 부쳤다. 그렇게 끌려가 그에게 강간을 당하고 말았다. 누구인지도 알 수 없었다. 그때 나는 생전 처음으로 남자에게 그런 일을 당한 것이다. 하지만 처음엔 그런 일을 당하고도 뭐가 뭔지도 몰랐다. 저 남자가 이럴려고 데려왔구나 하는 생각이 퍼뜩 들었을 뿐이었다.

배가 부서져서 다 죽게 되었다는 소리도 들렸다. 구명복을 입고 누워 있으라고 했다. 이제 죽는다고 생각했다. 차라리 죽는 게 나을 것 같았다. 그런데 그 배는 용케도 항해를 계속했다. 그 일은 나만 당한 것이 아니었다. 분순이나 다른 여자들도 나처럼 군인들에게 당했다고 했다. 그후로 그 배 안에서 우리는 수시로 군인들에게 그런 식으로 당해야만 했다. 나는 늘상 울어서 눈이 퉁퉁 부어 있었다. 그때는 어려서인지 겁을 먹고 덜덜 떨기만 했다. 지금 생각하면 분하고 가슴이 떨리지만 그때는 그걸 몰랐다. 무섭고 겁이 나서 군인들을 바로 쳐다보지도 못했다.

어느날은 바다에 빠져 죽으려고 배의 창을 열고 밖을 내다보았다. 뛰어내려 죽고 싶은 심정이었다. 하지만 시퍼런 물이 거칠게 파도치는 것을 내려다보니 무서운 생각이 들어서 차마 몸을 던질 수가 없었다.

전기고문에 정신 잃고

대만에 도착했다. 배에서 내려 걸을려고 하니까 아랫도리가 내 몸이 아닌 것같이 느껴졌다. 사타구니에 가래톳이 생기고 피가 엉겨붙었다. 밑이 많이 부어서 다리를 오무릴 수가 없어 어기적거리며 걸어갔다.

대구에서 우리를 데려간 남자가 위안소의 주인이었다. 우리들은 그를 '오야지'라고 불렀다. 여자들 중에서 내가 제일 어렸다. 분순이는 나보다 한 살 더 많았고, 다른 여자들도 열여덟, 열아홉, 스무 살 정도 되었다.

방에 들어가라고 하는데 안 들어가려고 하니까 주인이 내 머리끄댕이를 잡아끌고 어느 방으로 데려갔다. 그 방에서 전기 고문을 당했다. 주인은 지독하게 독한 놈이었다. 그는 전화 코드를 잡아 빼서 그 줄로 나의 손목, 발목에 감았다. 그리고는 "고노야로" 하며 전화통 손잡이를 마구 돌렸다. 나는 눈에 불이 번쩍 나면서 온몸이

부들부들 떨렸다. 더는 참을 수 없을 지경이 되어 하라는 대로 하겠다고 울부짖으며 두 손으로 싹싹 빌었다. 그리고 또 한번 전화기를 돌릴 때 나는 견디지 못해 그만 정신을 잃고 말았다. 깨어나 보니 물을 끼어 얹었는지 온몸이 축축하게 젖어 있었다.

위안소는 일본식으로 지은 2층집이었는데 방이 20개나 있었다. 우리가 도착하니 이미 많은 여자들이 있었다. 우리보다 나이가 들어보이는 여자들이 10명쯤 기모노를 입고 있었다. 일본 여자도 있었는데, 그 여자는 주인의 부인이었고 첩은 조선여자였다. 주인은 부인이나 첩도 걸핏하면 두들겨 팼다. 우리들은 먼저 온 여자들이 건네주는 원피스를 입었다. 주인은 먼저 온 여자들을 언니(네상)라고 부르라고 했고, 언니들 말을 잘 들으라고 했다. 언니들의 빨래와 밥도 우리가 돌아가며 해주었다. 거기도 먹을 게 별로 없었다. 차조죽이나 흰죽을 주로 먹었다.

나는 지금도 겁이 많다. 그때는 더했는데 주인에게 맞을까 봐 항상 몸을 움츠리고 있었다. 군인들에게 맞은 적은 없는데 주인에게는 많이 맞았다. 겁이 나서 도망은 생각도 못했다. 배를 타고 망망대해를 건너가 사방천지가 어딘지 알 수도 없는데 어떻게 도망갈 생각을 했겠는가.

위안소의 방은 아주 작았다. 두 사람이 겨우 누울 정도의 크기였다. 문에는 포장을 쳐놓았다. 벽은 판자이고, 바닥은 나무판인데 아무것도 깔지 않았다. 군용담요 한 장을 가지고 맨바닥에서 지냈다.

어느날 위안소에 들어온 군인이 나에게 이름이 무엇이냐고 물었다. 그때까지도 겁에 질려 있을 때라 나는 그냥 구석에서 고개만 저으며 몸을 웅크리고 있었다. 그러니까 그 군인은 "내가 네 이름을 지어주지" 하며 '도시코'라고 불렀다. 그때부터 나는 그곳에서 '도시코'로 통했다.

우리들은 주로 독코타이(特攻隊)를 상대했다. 그들은 우리 사정이라고는 눈꼽만큼도 봐주지 않았다. 군인들은 군복을 입고 왔지만 육군인지 해군인지 공군인지를 구별할 수는 없었다.

하루 평균 네다섯 명의 군인을 받았다. 군인들이 들어오면 금방 금방 하고 갔다. 자고 간 경우는 거의 없었다. 월경을 할 때는 헌 옷을 빨아서 사용했다. 월경을 해도 군인들을 받아야 했다. 돈은 구경도 못했다. 공습이 심해서 하루에도 몇번씩 피난을 가야 할 때도 있었다. 폭격이 있으면 산에도 숨고 굴 속에도 숨었다. 그러다가 잠시 잠잠해지면 밭이고 논이고 아무데나 포장을 쳐놓고 군인을 받기도 했다. 바람이 불어 포장친 것이 후닥닥 넘어져도 군인들은 아랑곳하지 않고 일을 다 마쳐야 돌아갔다. 개, 돼지만도 못했다. 밖에 나가서 진단을 받아본 기억은 없다. 삿쿠라는 것도 몰랐다.

어느날 지하 방공호에 내려가 있었는데 폭격을 당해 집이 내려앉았다. 방공호 위로 흙이 무너져 내렸다. 그곳에서 빠져나오려고 필사적으로 땅을 팠다. 한참 팠더니 조그만 구멍이 나왔다. 너무나 반가워 '아이고 밖이 보인다' 하고 내다보다가 무슨 연기를 맡았다. 그랬더니 입으로 코로 피가 쏟아졌다. 그리고 나니 정신이 없었다.

그 폭격으로 주인의 첩과 위안부로 있던 키가 크고 얼굴이 길쭉한 박씨가 죽었다. 집이 무너졌으니 산 밑의 방공호로 피난을 갔다. 거기서도 또 군인을 받았다.

그러다가 얼기설기 다시 집을 지었다. 집을 다시 짓는데 그리 오래 걸리지 않았다. 그리고서 계속 군인을 받았다. 그러다가 성병에 걸렸다. 주인이 불그스름한 빛이 나는 독한 606호 주사를 놔주었다. 다 낫지 않았는데도 남자를 받아야 하니 잘 낫지 않았다. 그래서 계속 주사를 맞아가며 군인들을 받았다. 근처에 병원 같은 곳도 없고 보건소도 없었다.

폭격으로 방공호에 가는 것말고는 감시가 심해서 나갈 수가 없었다. 위안소 밖으로 나가면 때린다고도 하고 죽인다고도 해서 겁이 나서 나가지도 못했다. 독코타이들은 전부 젊었다. 나이는 대개 열아홉, 스무 살 정도였다.

주로 독코타이를 상대하며

어느날 저녁 한 군인이 왔다. 그는 자기가 오늘 가면 죽는다고 했다. 나는 "독코타이가 뭐하는 거예요?" 하고 물었다. 비행기 한 대에 두 명씩 타고 가서 적의 배나 기지를 육탄으로 공격하는 것이라고 설명해 주었다. 그러면서 자기의 사진과 쓰던 비누와 수건 등 세면도구를 나에게 주는 것이었다. 그는 전에 두어 번 나에게 온 적이 있는데 그때 내게서 성병을 옮았다고 했다. 그 병을 내가 주는 선물로 가져간다고 했다. 그러면서 노래 하나를 가르쳐 주었다.

용감하게 이륙한다. 신죽(新竹)을 떠나서
금파(金波), 은파의 구름을 넘어
같이 배웅해 주는 사람도 없고
울어 주는 사람은 도시코뿐이다.[1)]

그때까지 나는 그곳이 대만의 어디라는 것만 알았지 확실히 어딘지는 모르고 있었다. 그런데 그가 그 노래를 가르쳐줘서 거기가 대만의 '신죽'(新竹)일 것이라고 추측하게 되었다.

피난을 가면 사탕수수를 훔쳐먹었다. 워낙 배가 고팠으니까. 그러다 들키면 또 매를 맞았다. 거기에서는 조선말을 쓸 수가 없었다. 조선말을 썼다가는 주인에게 얻어맞았다. 그런데 어느날, 통 말이

---

1) かんこうりりくよ新竹はなれて
きんぱぎぱんのくものりこえて
つれだって見おくる人さえなけりゃ
ないてくれるは年子ひとり

없던 먼저 온 여자 하나가 "나도 조선 여자다" 하며 조선말로 전쟁이 끝났다고 말해 주었다. 우리는 서로 부둥켜안고 한참 울었다. 그 언니는 "어떻게든지 꼭 살아서 조선으로 돌아가거라" 하며 손을 꼭 잡아 주었다. 밖에서도 사람들이 소리를 지르며 돌아다녔다. 그래서 전쟁이 끝난 줄을 알게 되었다. 정신을 수습하고 보니 주인과 먼저 온 여자들은 어디로 갔는지 보이지 않았다.

부둣가에 있는 창고같이 생긴 수용소로 갔다. 주먹밥을 줬는데 바구미가 시커멓게 들어 있었다. 수용소에 있으면서 배를 기다렸다. 거기에서 나는 또 누가 와서 붙잡아갈까 봐 담요를 뒤집어쓰고 구석에서 떨고 있었다. 그때도 노상 울어서 눈이 부어 가뜩이나 작은 눈이 들러붙어 있었다.

내 청춘을 돌려다오

배가 부산에 닿았을 때는 보리가 파랗게 올라올 무렵이었다. 부산에 내리니까 우리에게 DDT를 뿌렸다. 그리고 돈 300원을 주었다. 그때 귀국한 사람은 분순이와 뚱뚱한 여자, 또 하나, 나 이렇게 모두 넷이었는데 부산에서 헤어졌다. 기차를 타고 대구로 갔다. 기차 안에서도 누가 또 잡아갈까 봐 눈에 안 띄게 몸을 웅크리고 구석에 숨어 내내 울면서 갔다. 우리집은 다 찌그러진 초가집 그대로 있었다. 집에 들어가니까 어머니는 "네가 사람이냐, 귀신이냐?" 하면서 실신했다.

나는 시집갈 생각은 하지도 못했다. 무슨 양심으로 시집을 가겠는가. 성병 때문에 최근까지도 고생을 많이 했다. 가족들은 내가 어디 가서 무슨 일을 당하고 왔는지 몰랐다. 아버지는 딸 하나 있는 게 시집도 못 간다고 한탄을 하셨다. 어머니, 아버지는 돌아가실 때까지 하나 있는 딸을 시집도 못 보내고 눈을 감는다고 애통해했다.

대구 향촌동의 오뎅 파는 술집에 종업원으로 오래 있었다. 울산의 해수욕장에서 3년쯤 장사를 하기도 했다. 또 포장마차도 해보았다. 그러다가 몇 년 전부터는 보험판매원으로 일하다가 요즘은 나이도 많아서 그만두었다.

부모님은 돌아가시고 사실을 모르는 동생들은 나이든 누나가 혼자 사는 것을 딱해했다. 주위에서도 혼자 사는 것에 대해 말들이 많았다. 성가시기도 하고 나도 여자로 태어나서 면사포 한번 못 써보고 죽는구나 싶어 쓸쓸한 생각이 들었다. 그래서 내가 환갑이 되던 1989년 1월에 일흔다섯 살의 할아버지와 결혼을 했다. 남자가 싫어 일부러 나이 많은 노인네를 택한 것이었다. 하지만 의처증과 구박이 하도 심해 그것도 실패를 하고 말았다. 올해 2월에 이혼을 하고, 지금은 대구에서 혼자 살고 있다. 보증금 없이 10개월에 90만원씩을 내는 단칸방에서 산다. 두 평 반 정도의 방에 부엌이 딸려 있다. 현재 생계는 동생들이 매달 조금씩 보태줘서 그걸 가지고 살고 있다.

신고를 하고 이야기를 다하니 이제는 마음이 편안하다. 이제 살면 얼마나 더 살겠는가. '정신대문제대책협의회'에서 이렇게 나서서 우리를 도와주니 얼마나 고마운지 모르겠다.

요새 나는 카츄사라는 곡에 가사를 바꿔 부쳐서 이렇게 중얼거린다. '원통해서 못살겠다. 내 청춘을 돌려다오. 사죄하고 배상을 하라. 마음대로 끌고가서 마음대로 짓밟아놓은 일본은 사죄하고 배상해라. 어머니 아버지 들리시는지요. 이 딸들의 울음소리. 이제는 우리 대한의 형제 자매가 이 한을 풀어줍니다.'

얼마 전에 어머니 아버지 산소에 가서 이렇게 빌었다.

'울어봐도 불러봐도 못 오실 우리 어머니, 이제는 우리 대한의 형제 자매가 한을 풀어줍니다. 어머니 아버지 눈을 감으시고 고이 고이 극락에 가세요.'

(정리: 고혜정)

열두 살에 끌려가

이옥분

1926년 경북 영천 출생. 집안형편은 넉넉한 편이었고
4형제의 외동딸이었다. 11세에 영천 남부소학교에 다니다 12세에
울산으로 이사하였다. 울산으로 이사한 지 두 달쯤 후에 한창
친구들과 고무줄놀이를 하고 있는데 일본인
한 명과 조선인 한 명이 아버지가 찾고 계신다고 하여
따라갔다가 그 길로 석 달 동안 감금되었다가 배를 타고
시모노세키를 거쳐 대만의 위안소로 끌려갔다.

외동딸로 태어나

나는 1926년 경상북도 영천군에서 4형제 중 외동딸로 태어났다. 위로 오빠가 있었고 남동생이 둘이었다. 아버지는 영천시장에서 그물을 파는 한편 명태나 오징어, 밤, 대추 같은 것들도 파는 건어물전을 차려놓고 있었다. 가게에는 부리는 사람이 두 명 있었지만, 어머니는 길쌈을 하는 등 집안일에 바빴다. 천 평도 안되는 토지지만 소작을 주고 있었고, 먹고 사는 데는 별 걱정이 없었다.

열한 살에 영천 남부소학교에 들어갔다. 일본말을 배워야 했는데 나는 글을 빨리 깨치고 말도 잘하는 편이었다. 마을 어른들은 내가 지나갈 때마다 "이 가시내는 고추만 달고 나왔어도 이 다음에 큰 자리 하나는 할건데"라며 머리를 쓰다듬어주곤 했다.

그러다가 내가 열두 살 때 울산으로 이사를 가게 되었다. 학교는 2학년 1학기까지 마치고 여름방학중이었다. 이사한 후에도 아버지와 어머니는 가게일로 나를 돌봐 줄 틈이 없었다. 날마다 동네아이들과 놀았는데, 그때는 고무줄을 하면서 학교에서 배운 노래를 불렀다. 동요였는데 노래가사는, "어머니, 이 아기 어떻게 할래요. 따라오너라. 아이 불쌍해,"1) "노을이 물들고 해가 저물어 산사의 종소리가 들려온다. 손에 손잡고 집으로 가자. 까마귀와 함께 집으로 가자"2) 같은 내용의 노래들이었다.

열두 살에 끌려가

울산으로 이사간 지 두 달쯤 되었다. 가을이었다. 1937년 9월 16

---

1) かあちゃんこの子どうするか.ついておいでかわいそう

2) ゆうやけこやけで日が暮れて山のお寺の鐘が鳴る.お手てつないでみな歸ろ.カラスと一緒に歸りましょ. 이옥분 씨는 지금도 이 동요들을 지금도 일어가사 그대로 기억하여 부른다.

일경이었다. 그 날도 언니들과 고무줄 놀이를 하고 있었다. 그때 일본인 한 명과 그 사람의 앞잡이인 듯한 조선인 한 사람이 우리 곁으로 다가왔다. 일본인은 당코바지를 입고 있었고 조선인은 바지저고리를 입고 있었다. "아버지가 조명길[3]에서 바둑을 두면서 너를 찾고 계신다"고 말했다. 같이 놀던 애들은 코를 훌쩍거리며 어디론가 도망쳤다. 나는 열두 살이었지만 키도 크고 옷도 깔끔하게 입고 있어서 열다섯 살쯤으로 되어 보였다. 전에 아버지가 똑똑하다고 심부름을 시킨 적도 있었기 때문에 그 말을 믿고 그들을 따라갔다.

조명길로 데려가서 그들은 나를 골방에 밀어넣었다. 거기에는 이미 나처럼 속아서 온 여자들이 세 명 있었다. 그중 두 명은 영천 출신이고 나머지 한 명은 울산에서 왔다고 했다. 나이는 나보다 많아 열일곱 살이었고 영천애들 이름은 도키코와 명교라고 했던 것이 기억난다. 이튿날 또 한 명의 여자가 들어왔는데 진주 아이였다. 이름은 '명란'이라고 했다.

골방에 갇혀서는 겁이 나서 "아이고 아저씨. 빗장 좀 끌러 주세요. 엄마 보고 싶어요" 하며 울고불고 난리를 쳤다. 그러자 남자 한 명이 문을 따고 들어와서 내 단발머리를 틀어쥔 채 커다란 몽둥이로 등과 엉덩이를 마구 때렸다. 그후 석 달 동안 그 방에 갇혀 있던 우리는 아무도 소리내어 울지 못했다. 주인 여자가 주먹밥과 김치를 가져다 주었다. 오줌은 요강에다 눴고 화장실에 갈 때는 여자가 감시하러 따라왔다. 조명길에 있는 남자와 여자가 감시를 한 것이다. 귀국해서 조명길을 찾아갔다. 때려부수고 찔러 죽일 생각이었으나 그 집은 없어지고 새 건물이 서 있었다.

석 달 뒤 당코바지를 입은 일본 사람이 왔다. 그가 나를 포함한 여자 다섯 명을 부산으로 데리고가서 배를 타게 했다. 배를 타기

---

3) 조명길이라는 것은 하숙집인데 조는 사람 성이고 명길은 요즘 말로 장(莊)이라는 뜻이라고 한다.

전에 도항증을 받아야 했다. 그런데 내가 다른 여자들보다는 키가 작으니까 경찰이 물어볼 때 나무통을 딛고 올라서라고 했다. 그리고 몇 살 먹었느냐고 물어보면 열네 살 먹었다고 대답하라고 했다.

내가 탄 배는 연락선은 아니었고 짐을 싣고 가는 배였다. 30명이 넘는 사람들이 탔다. 배 안에는 조선 여자들이 많이 있었다. 밤에 배 위에 올라가보니 하늘과 물밖에 안 보였다. 그곳에서 울고 있는데, 혹시 내가 자살이라도 할까 봐 그 일본인이 찾으러 나왔다. 우리를 데려가는 남자는 일본 공장에 가면 돈도 잘 벌게 해주고 공부도 시켜준다고 했다.

부산에서 저녁 다섯 시쯤에 떠나서 시모노세키에 도착하니 아침 여덟 시쯤 되었다. 그때까지 밥도 주지 않고 곧바로 어디론가 데리고 갔다. 웬 창고 같은 곳이었다. 거기에는 조선인 여자들이 33명이 있었는데 우리가 들어가니 모두 38명이 되었다. 바닥이 마루로 되어 있던 그곳은 여자들이 모두 앉을 수 있을 정도로 컸다.

우리를 데리고 간 사람들은 우리가 좋은 곳으로 가게 된다면서 "이치 니 산 시(하나 둘 셋 넷)" 하고 일본어를 가르치기 시작했다. 말을 금방 배우는 애들은 괜찮았지만 자꾸 잊어버리는 아이들은 흠씬 두들겨 맞았다. 이때 학교를 다닌 애들은 손을 들라고 했다. 나는 솔깃해서 아주 좋은 곳으로 보내주는가 싶어서 손을 들었다. 나 혼자였다. 그랬더니 어린 나로 하여금 열일곱 살이나 열아홉 살 먹은 큰 언니들에게 일본어를 가르치게 했다.

거기서는 연한 국방색 당코바지를 입은 일본 남자 세 명이 감시를 했다. 그들은 우리가 어디로 가게 되는지는 알려 주지 않았다. 여기서 원피스를 하나씩 주었다. 밥은 주먹밥을 주었다.

나이가 너무 어려서

한 보름쯤 거기서 일본어를 가르치고 우리 모두를 배에 태웠다.

타고 간 배는 일본으로 간 배보다 조금 더 크고 일본에서 군수물품을 실은 것이었다. 배에는 조선인 여성도 많았고 감시하는 사람들도 많았다. 삼일쯤 가서 내렸는데 대만이었다. 아침에 배에서 내려 기차를 타고 한참을 가서 내리니 일본인 남자들이 마중나와 있었다. 거기서 집까지 다들 걸어갔다. 나는 어리다고 감시하는 사람이 탈 인력거를 태워 주었다. 그 집에 도착하니 저녁 때쯤 되었다. 절같이 생긴 객사집이었다. 한달이 지나서야 그곳이 대만의 쇼카(彰化)라는 것을 알았다.

그 집은 2층집이었고 대문 한쪽 옆에 세로로 '쇼카위안소'(彰化慰安所)라고 한자로 씌어진 간판이 있었다. 위안소는 산과 가까운 시골에 있었는데 여자들이 많이 있었다. 기모노를 입은 여자들도 있었고 블라우스를 입은 여자도 있었다. 우리를 데리고 간 사람은 몇십 명은 다른 곳으로 팔아 넘기고 나머지를 우리가 도착한 곳에 팔았다. 나를 울산에서 끌고 가 팔아먹은 일본인 남자 이름은 '나카무라'(中村)였다.

내가 있던 곳에는 처음에 전부 40명 정도가 있었는데 위안소 본부라고 했다. 다음날 일곱 명을 다른 데로 보내는 등 여자들이 계속 들어왔다가 다른 데로 보내졌다. 위안소 주인은 마흔이 좀 넘은 일본인이었고 당코바지를 입고 있었다. 주인은 나를 보더니 너무 어려 기가 차다는 표정이었다. 만 열네 살이라야 경찰서에서 손님을 받는 허가가 나는데 내 나이가 워낙 어려서 허가가 안 나니까 빨래를 시키고 심부름을 시켰다.

걸레를 가지고 청마루를 닦고 그 사람들에게 물을 떠다 주던 어느날이었다. 2층으로 올라가 문구멍으로 안을 들여다본 나는 기절할 뻔했다. 유카타를 입은 일본 남자가 여자 위에 막 기어오르고, 입이 빨건 대만 남자[4])도 올라오고 일본인 군인도 올라왔다. 나의

---

4) 대만인 남성들은 도토리 같은 열매를 씹는데 그러면 입에 붉은 물이 들었다. 삐루라는 이 열매는 지금도 대만에서 남성들이 즐기는 기호식품이라고

어린 소견으로도 이런 데서는 도저히 못 살겠다고 생각했다.

심부름을 하면서 보니 돈은 입구에 앉은 나카이(仲居)[5]에게 주었다. 일본인 주인과 '나카이' 외에 두 명의 일본인 남자가 더 있었다.

나는 골방에서 자고 아침 다섯 시에 일어나 밥을 할 때가 많았다. 내가 밥을 안할 때는 위안소 여자들이 했다. 한 3개월 있으면서 밤에 잠을 안 자는 연습을 하며 도망갈 기회를 노렸다. 그러던 어느날 감시하는 사람이 자는 시간인 새벽 세 시에 정문으로 나오면 소리가 날 것 같아서 막대기를 꿥아논 뒷문을 열고 게다를 손에 거머쥐고 도망쳤다.

길에서 만나는 사람들에게 물어서 경찰서를 찾아갔다. 들어가서 살려 달라고 우니까 일본 순경이 나를 보더니 "이놈 조센삐 아닌가?" 했다. 내가 살려달라고 하자 통역인 조선사람이 "너 고향이 어디냐?"고 했다. 영천이라고 대답했다. 그래서 고향으로 신원조회를 했는데 한달 후에 서류가 되돌아왔다고 했다.

나중에 들으니 칼을 찬 순사가 어머니에게 찾아가서 이런 딸이 있느냐고 하니까 우리 어머니가 겁에 질려서 그런 딸이 없다고 했단다. 한달 동안 경찰서에서 심부름하며 기다리고 있다가 그 소식을 들은 나는 울어 버렸다.

경찰서에 후지모토라는 부장이 있었는데 그가 자기 집에 가서 어린아이를 봐 달라고 했다. 그래서 그 집에서 식모로 일을 했다. 애보고 밥하고 청소하고 있는데 열여섯 살 나던 해 겨울 태평양전쟁이 일어났다.

부장의 가족들은 다음 해에 일본으로 돌아갔다. 그때가 1942년, 내가 열일곱 살 때였다. 나도 데리고 갈 줄 알았다. 그런데 데려가기는커녕 5년간 월급도 안 주고 부려먹은 후지모토는 부대에다 자

한다.

5) 요리집이나 유곽에서 손님을 응대하는 하녀를 말한다.

기집에 조센삐 하나가 살고 있다고 신고를 한 모양이었다.

특공대위안소로 끌려가서

어느날 후지모토가 "오늘 집보고 있거라" 하고 나갔다. 그래서 혼자 있는데 그 다음날 일본인 군인 둘이 트럭을 타고 왔다. 계급은 고쬬우(伍長)였다. 나보고 나오라고 해서 주인이 와야 된다고 했으나 빨리 타라고 하면서 가야 된다고 했다. 트럭을 타고 60리쯤 가니 산이 있었다. 거기가 고웅특공대(高雄特攻隊)였다. 산에 굴을 파놓아서 한쪽으로 들어가 다른 쪽으로 나오게 되어 있었다.

거기에 있는 소학교를 군인들이 명령을 해서 접수를 했다. 학교는 단층 건물이었고 교실은 17개가 있었는데 교실 하나에 합판을 막아서 방 3개를 만들었다. 여자들은 모두 40명 정도였다. 학교에 들어가는 입구에 '특공대위안소'(特攻隊慰安所)라는 간판이 붙어 있었다. 부대와 위안소는 거리가 5리쯤 되는 것 같았다.

토요일이 되니까 일본 군인들이 끝도 안 보이게 줄을 서서 학교로 들어오는 것이었다. 그들은 빨간 도장이 찍힌 종이를 들고 왔다. 토요일과 일요일에는 아침 아홉 시부터 밤 열두 시까지 받았다. 그리고 어떤 때는 밤 열두 시에 병사들이 부대로 돌아가고 난 후에 장교가 와서 자고는 아침 다섯 시에 갔다. 그런 날은 제대로 잠을 자지도 못했다.

여자 한 명이 하루에 일본 군인들을 20명에서 30명까지 상대해야 했다. 워낙 변변히 먹은 것이 없어 몸이 약할 대로 약해진 여자들이 그 많은 사람을 상대하고 나면 반쯤 죽은 상태가 되었다. 그러면 '나카이'들이 들어와 그 여자를 끌어내고 건강한 다른 여자를 집어넣었다. 이렇게 혹사당해 몸이 너무 쇠약해지면 나카이들이 한 위안소에서 3명에서 5명을 끌어내어 골방에 두었다. 골방에 두고는 밥도 주지 않았다. 주사를 놔도 별 소용이 없다 싶으면 군인들이 이들을 트럭에 싣고 산으로 끌고 갔다. 죽은 여자는 산에 가져다 버렸다. 그리고는 풀잎으로 겨우 가려줬다.

죽지 않으려면 재치있게 잘 해야 했다. 병정들한테 인상만 써도 '나카이'가 골방으로 끄집어내니까 웃고 싶지 않아도 웃어야 되고 규정시간인 30분을 넘기려고 애를 썼다. 그러면 한 명이라도 덜 상대할 수 있기 때문이다. 처음에는 시간을 조금 늦출 수 있었지만 나중에는 너무 지쳐서 고개를 돌리고 눈을 감고 죽은 듯이 있었다. 월경 때는 솜으로 막고 있다가 솜을 빼고 받아야 했다.

처음 8개월 동안은 야마모토(山本)라는 연대장을 상대했으나 그 사람이 다요코로 이동한 후에는 나도 하루에 20명 내지 30명을 받았다. 장교를 상대하면 그 장교가 오야지와 나카이에게 얘기를 해서 다른 병사를 받지 못하게 했기 때문에 조금 나았다.

그 당시 내 이름은 하루코(春子), 고하나(小花) 두 가지였는데 그들 마음대로 불렀다.

밥은 여자들이 새벽 다섯 시에 일어나서 교대로 지었다. 안남미 쌀밥과 나물 한 가지나 단무지 한 가지를 해서 먹었다. 그것도 하루에 두끼밖에 주지 않아 점심은 못 먹었다. 그래서 너나없이 배가 고팠다. 아침밥은 아홉 시에 저녁밥은 여섯 시에 부엌에 모두 모여 앉아 먹었다. 내가 옆의 것을 더 먹으면 다른 여자는 굶어야 하니까 배가 고파도 옆의 것을 넘보지 못했다. 전부 조선 여자여서 우리는 누군가가 특히 아프거나 배가 고파 보이면 일본 사람들 몰래 자기 밥에서 한 숟가락씩 떼어 내어 종이에 담아 나눠주곤 했다. 그러다 일본 사람들한테 들키면 나눠준 사람이나 받아먹은 사람이나 죽도록 매를 맞았다. 일본 군인들은 부대에서 배급이 나오므로 우리와 같은 밥을 먹지는 않았다.

전표는 나중에 보니 부대장 도장이 찍혔고 크기는 조그만 수첩만 했다. 군인들은 이 전표를 나카이에게 주었다. 나카이는 에이코(英子)와 마사코(正子) 두 명이었는데 이들은 표를 모아 오야지인 이

타쿠라(板倉)에게 줬다. 이타쿠라와 마사코는 같은 방에서 살았다. 이타쿠라는 계급이 군조우(軍曹)였다. 이타쿠라와 나카이 둘이 처리를 잘해서 군인의 칼에 찔리거나 하는 일은 없었다. 우리는 돈을 어떻게 배분하는지 몰랐고 돈을 받은 적도 없었다. 그외 위안소 관리는 고죠우들이 했다. 전쟁중이어서 우리를 감시하는 사람은 없었다.

교실을 베니아로 막은 방 하나의 크기는 둘이 누울 정도였고 이불은 담요 두 장이었다. 방에는 조그만 통과 휴지가 있었다. 휴지는 위안소에서 줬다.

군인들은 모두 다 삿쿠를 썼다. 조선 여자들은 한달에 두 번씩 성병검사를 받았다. 병원도 아니고 창고 같은 데에서 일본 군의가 포장으로 막아놓은 다음 자궁에 기계를 집어넣어서 검사를 했다. 간호원은 없었다. 병이 있으면 주사를 맞았다. 그 주사를 맞으면 밥을 못 먹을 정도로 지독했다. 하도 독해서 애기집도 떨어져 나간다고들 했다.

당시에 화장품은 없었고 옷은 몸뻬 같은 것을 겨울, 봄, 여름마다 두 벌씩 주었다. 전쟁통이어서 외출은 하지 못했으나 야마모토하고 같이 외출해서 중국음식점이나 카페에 가본 적은 두어 번 있다.

전쟁을 하고 있던 때라 거기서의 생활은 월요일부터 금요일까지 평일은 군인들이 입던 국방색 군복을 입고 모자를 쓰고 낮에는 풀을 베어야 했다. 이때 각자의 책임량을 정해 주었다. 벤 풀을 도로에 가지고 내려와 불을 질러 연기가 자욱하게 했다.

평일 밤에는 방공호에 들어가서 춤추고 노래부르고, 바이올린을 켜야 했다. 그래서 방공호에서도 잠을 제대로 잘 수 없었다. 장교들이 있어서 병사들이 여자들에게 달려들지는 못했다. 방공호는 10리의 길이어서 모두 들어갈 수 있었다. 바이올린은 일본 군인들이 우리에게 가르쳐 주었다. 조선 여자들을 데리고 놀기 위해서였다. 바이올린은 전부 여덟 개였다. 이것도 제대로 못 켜면 맞았다. 군인들은 밤에는 술을 먹고 난장판을 벌였다. 거기서 노래를 불러야 했기에 나는 지금도 군가를 51가지나 알고 있다. 독고타이(특공대) 노래, 대만이 참 좋다는 노래, 양야부시(우리의 육자배기), 눈먼 봉사 노래, 청춘가, 위안소 노래, 사무라이 노래, 비행기 조종사노래 등등.

독고타이 노래는 이런 내용이다. '파란 하늘에 비행기. 내 맘이 떠난다. 시동이 걸렸으니 핸들 돌린다. 어머니 앞에 제가 먼저 사라지겠습니다. 내가 죽었다고 소문이 나면 절에 갖다 넣어주시오. 유골이 닿거든 날 본 듯이 안아주시오.' 봉사 노래는 '이 눈이 볼 수 있으면 당신 모습 얼굴을 알겠는데' 하는 것이다. 위안소 노래의 내용은 '이 몸이 여름에 썩어가는 호박 같다'는 것이다.

내가 열아홉 살에 찍은 사진이 있는데, 군복입고 삽을 들고 일하는 사진이다. 그 사진에서 내 뒤의 원피스를 입은 사람이 사리원이 고향인 여자다. 원래 그 사진에는 우리 둘레에 일본인 병사들이 많았는데 내가 꼴보기 싫어서 다 잘라낸 것이다.

전쟁이 막바지에 이르러 일본이 수세에 몰리자 그들은 더 분주하게 움직였다. 낮에는 하루종일 전쟁을 하고 밤에는 동굴을 파고 그 안에 숨어 들어갔다. 미군의 폭격이 심해지자 주말에 학교에서 그 짓을 할 수가 없었다. 그래서 그들은 밤에 동굴 안에서 우리들을 짓밟아댔다. 춤을 춰라, 노래를 불러라, 술을 따라라 했다. 누군가가 좀 굼뜨게 행동을 하면 가차없이 뺨을 후려 갈겼다. 아프다고 울면 운다고 또 때렸다.

우리가 상대하던 일본 군인들 중에는 학도지원병으로 끌려온 조선인 군인들도 있었다. 내가 있던 곳은 특공대위안소여서 군속은 들어오지 못했다. 조선 사람들끼리 얼마나 정이 깊었는지 모른다. 우리들은 일본 군인들 몰래 그들을 오빠라고 부르며 지냈다. "오빠는 고향이 어디냐?"고 물으며 고향 얘기도 하고 가만히 앉아 얘기하고 담배피고 하는데 서로 얼마나 울었는지 모른다. 그러다가 어느날 보이지 않으면 전쟁터에 나가서 죽은 것이다.

나는 지금도 그 일만 생각하면 치가 떨려서 제대로 말을 할 수가 없다. 밥을 나눠 먹었다는 이유로 군인들이 나와 다른 조선여자들을 때릴 때마다 나는 속으로 "내가 언젠가는 네놈들을 다 잡아먹고 말 것이다. 네놈들 종자 씨까지 말려 버릴거다" 하며 이를 갈곤 했다. 그러면서도 한편으로는 "내 목숨이 왜 이리 질기냐? 왜 죽지 못하고 이렇게 살아 있나?" 하고 반문했다. 목숨이 붙어 있는 나 자신을 원망하며 하루하루를 살았다. 한번은 다른 사람 다 잘 때인 새벽 세 시에 몰래 나갔다. 자살하려고 바다에 나갔는데 자살할 엄두가 나지 않아 되돌아왔다.

스물한 살에 돌아와보니

내가 스무 살인 1945년에 일본이 패망했다. 어느날 내가 청소당번이라 주인방에 청소하러 들어갔는데 8월 15일에 천황이 항복하는 방송을 했다는 말을 들었다. 그 이튿날 주인하고 나카이가 짐을 싸가지고 가버렸다. 위안소에 있는 여자들에게 해방되었다고, 일본이 미국에게 손들었다고 알려줬다. 그때 위안소에 남아 있던 여자가 35명 정도 되었는데 각자 뿔뿔이 헤어졌다.

일본 사람들은 일본으로 도망가기 바빠 날마다 배를 타고 나갔다. 조선인들은 해방은커녕 대만인들에게 맞아 죽을 지경이었다. 살 길이 없어서 대만 사람이 하는 빠에 나가기 시작했다. 중국옷을 입고 손님들의 술시중을 들고 중국 노래도 불렀다. 그러나 조선 사람 표시가 나서 한곳에 오래는 못 있었다. 해방되고도 대만에서 그렇게 1년여를 더 있었다.

이때 징용으로 끌려간 사람이 조선 사람들 사이에 삐라를 돌렸다. 한글로 씌어 있었다. 몇날 몇시에 야스구니 신사(神社)에 모이자는 것이었다. 그래서 그날 가니 조선인이 많이 모여 있었다. 징용 온 사람 중의 한 사람이 나와서 말을 했다. "우리가 여기 모여 있으면 다 죽으니까 각자가 헤어져 머리 돌아가는 대로 살아서 고향으로 돌아가자"는 얘기였다. 그리고는 마지막으로 노래를 가르쳐 주었다. 우리는 배운 노래를 부르고 헤어졌다. '아시아 동전아 우리 조선아 멀미멀미 재주좋은 우리로다……' 여기서 동전은 우리 동포들이라는 의미이고 멀미는 머리라는 뜻이다.

그후 나와 같이 사진을 찍었던 사리원 여자와 함께 다녔다. 그 여자 이름이 김나이라고 했다. 둘이 며칠을 쇼카에 있는 구덩이 같은 곳에서 지내다가 어느날 이 굴 속으로 나가면 다른 마을이 나올까 싶어 거기로 들어갔다. 뛰다가 걷다가 하면서 한 60리는 걸었을 듯했다. 굴이 끝나고 갈대도 보이고 물이 나왔다. 바다였다. 더 이상 갈 수 없었다. 우리는 낙담하여 앉아 있었다. 그런데 바다 저편에서 배가 한 척 나타났다. 나는 내 윗옷을 벗어서 흔들었다. 그러자 그 배가 멈추고 보트가 한 대 내려와서 우리가 있는 곳으로 다가왔다. 보트에 탄 미군복장을 한 조선인 두 명이 우리에게 조선 사람인지를 물었다. "조선 사람인데 살려달라"고 했더니 빨리 타라고 했다. 배 안에는 미군 포로수용소에 있다가 귀국하는 사람들이 많았다. 여자들도 굉장히 많았다. 배 안에서 표를 한쪽 가슴이 다 가려지게 붙여 주었는데 "이 사람은 끌려 가서 안 죽고 살아나온 사람이니 돈을 받지 말라"는 내용이었다.

우리는 그 안에서 노래 경연대회를 열었다. 내 차례가 되었는데 나는 그때 아는 노래라고는 일본 노래밖에 없어 사리원 친구하고 둘이 특공대 노래를 불렀다. 그들은 우리에게 고국에 도착해서는 일본 노래를 부르지 말라고 했다.

배를 탄 지 나흘 만에 부산에 도착했다. 열두 살에 끌려가 9년 만인 스물한 살이 되어 돌아온 것이다. 사리원 친구는 부산에서 기차를 타고 고향으로 갔다.

귀국 후 제일 먼저 울산에 있는 조명길에 가봤더니 아무도 없었다. 어머니 친정인 경주 산악골로 찾아갔다. 아버지는 나 때문에 홧병으로 돌아가셨고 어머니 혼자 오빠와 두 동생들을 데리고 살고 계셨다.

어머니는 처음에 나를 몰라 보았다. 그래 내가 목에 있는 점을 보여주면서 "어무이, 나요. 이 점을 봐도 모르겠소?" 하니 그때서야 알아보시며 나를 부둥켜 안았다. 어머니에게 공장에 있었다고 말했다. 3년 전에 돌아가신 어머니는 내가 위안부였다는 것은 모르셨다.

그후 친정에서 8년쯤 살다가 조카들이 생기고 하여 혼자 부산으로 나왔다. 남의집에 들어가 식모살이도 하고 식당에서 주방일도 하다가 지금은 옆의 주유소 주인이 식당을 해보라고 해서 18년째 세 평짜리 식당을 하고 있다.

오랫동안 이 일은 생각하지도 않으려고 하면서 살아온 내가 증언을 하게 된 것은 작년에 일본 정부가 위안부는 민간업자들이 한 것이고 정부나 군은 관여한 바가 없다는 발표를 신문에서 봤기 때문이다. 일본 사람들이 오리발을 내미는데 "이놈들아 이 옥분이가 두 눈 시퍼렇게 뜨고 살아 있다!" 하며 역사의 증인이 되고 싶었다. 그래서 1991년 7월에 부산일보에 연락을 해서 증언을 했다. 그런데 부산일보에서는 내 증언을 바로 내주지 않다가 미야자와 일본 수상이 온다는 11월말에 가서야 내 기사를 내주었다. 1991년 12월에는 국회에서 증언도 했고 일본에 소송을 하여 1992년 6월에는 일본에도 다녀왔다.

(정리: 여순주)

내가 또다시 이리 되는구나

문옥주

1924년 대구 출생. 8세 되던 해 독립운동하던
아버지가 돌아오셨으나 시름시름 앓다가 돌아가셨다. 가정형편이
어려웠지만 공부에 대한 욕심이 많아 한번은 공부를 시켜
주겠다는 친척을 따라 만주에 갔다가 식모일만
하다가 몰래 돌아온 적도 있었다. 16세가 되던 1940년 친구집을
다녀오다 일본 헌병에게 잡혀 만주의 위안소로
끌려가 위안부생활을 하게 되었다.

어린시절

나는 1924년 봄, 대구시 대명동에서 태어났다. 위안부 시절을 제외하고는 지금까지 줄곧 대구에서 살았다. 어머니와 아버지 고향은 대구에서 조금 떨어진 시골이며, 지금도 그곳에는 친척들이 살고 있는데 요즘 들어 한번도 가본 적이 없다.

내가 아주 어렸을 때 아버지는 집에 가끔씩 들르시곤 했었다. 그러다 내가 여덟 살 되던 해에 돌아와 시름시름 앓다가 돌아가셨다. 어머니 말로는 아버지가 상해, 만주 등에서 독립운동을 하느라고 집에도 못 오고 고생하다가 병을 얻어 돌아가신 것이라고 한다. 하지만 나는 아버지가 학식이 있는 사람이었다는 것만 어렴풋이 생각날 뿐이다.

형제자매들은 딸 둘, 아들 둘로 나이차가 많았다. 내가 태어났을 때 우리집에는 나보다 아홉 살이 많은 오빠가 있었다. 그리고 내가 세 살이 되어 어머니는 남동생을 낳았다. 이 세 명 이외에는 혈육이 더 있는 줄을 몰랐다. 그러다가 아버지가 돌아가시면서야 시집간 호점이 언니가 있다는 것을 알았다. 언니는 내가 태어나기 전에 시집을 간 제일 맏이였다. 그 언니의 연락처를 아버지는 돌아가시기 직전에야 알려준 것이다.

집안살림은 어머니가 모두 맡아 하셨다. 어머니가 침모질이나 품팔이를 해서 끼니를 이어나갔고, 가끔씩 시골에 있는 외가에서 곡식을 보태주기도 했다.

나는 한번 본 것은 잊지 않을 정도로 영리한 편이었는데도 집이 어려워 공부는 제대로 하지 못하였다. 그래서 나는 남자들이나 다니던 집 근처에 있던 서당에서 어깨 너머로, 그리고 야학에도 다니면서 한자나 한글, 일본어 등을 깨우쳤다. 공부에 대한 욕심은 상당히 많았다. 어떻게든 공부하고 싶어 안달하던 것이 지금도 생생하게 기억난다.

내가 열세 살 때였던 것 같다. 어머니쪽인지 아버지쪽인지 잘은 모르지만 일본에 살던 먼 친척 부부가 우리 고향을 방문하였다. 그때 그들은 어머니에게 심부름이나 시키면서 친딸처럼 학교도 보내 주고 좋은 사람 만들어 시집도 보내 준다며 나를 일본으로 데리고 가게 해달라고 부탁했다. 공부를 못 시켜 항상 가슴 아파하던 어머니는 두말없이 승락해 주었다. 나 또한 배울 수 있다는 생각으로 이들 친척을 따라 일본으로 향했다.

친척집은 후쿠오카 현의 오오무타에 있었다. 친척은 많은 인부들을 데리고 고물장사를 했다. 막상 내가 가자 친척은 내 댕기머리를 무조건 단발로 잘라 버렸다. 댕기머리를 잘라 서운해하는 내 기분에는 아랑곳없이 친척들은 학교는 보내 주지 않으면서 매일 설거지, 빨래, 청소를 시키고 자신들의 아이들만 돌보라고 나를 몰아세웠다. 한 여섯 달 정도를 이렇게 보냈나 보다. 나중에는 내가 왜 이렇게 하고 있어야 되나싶어 분하기까지 했다. 그래서 나는 고물장사들에게 심부름을 해주고 얻은 돈을 모으기 시작했다. 그러면서 고물장사들에게 집으로 돌아올 수 있는 방법들을 알아 가지고는 친척들에게 말도 하지 않고 그 집을 나와 버렸다.

일본에서 돌아온 이후에도 나는 계속 야학에 다니며 글을 깨우쳤다.

그리고 또 나는 대구에서 일본 사람이 경영하는 슬리퍼공장에도 한두 군데 다녔다. 왕골로 만드는 이 슬리퍼는 병원 납품용으로 무척 질겼다. 집에서 출퇴근하며 급료는 어머니에게 고스란히 갖다 드렸다. 나는 직접 번 돈을 어머니에게 드릴 때면 이루 말할 수 없도록 마음이 뿌듯하였다. 그러나 공장일도 항상 있지는 않아서 종종 집에서 놀았다.

이럴 때면 나는 동네 뒷산을 자주 올랐다. 뒷산 가까이에는 화장터가 있었는데, 그 근처에서 나보다 두 살 아래인 하루코네 식구가 화장터를 지키면서 살고 있었다. 나는 뒷산을 오르내리다가 하루코와 친해졌다.

하루코네 가족은 모두 일본 이름을 쓰는 조선인이었다. 그의 아버지는 화장터에서 시체 태우는 일을 했다. 시체를 사르기 전에는 항상 제사를 지냈다. 나는 하루코와 같이 놀다가 자주 제물을 얻어먹었다. 당시에는 먹을 것이 귀하던 때였지만 하루코네 집에만 오면 이렇게 배를 채울 수가 있었던 것이다.

1940년에 나는 만 열여섯 살이 되었다. 그해 늦가을쯤의 어느날 나는 하루코네 집에 가서 놀고 있었다. 해가 뉘엿뉘엿 저물어가자 나는 하루코네 집을 나서 우리집으로 향했다. 얼마 걷지 않아서였다. 일본군복을 입고 기다란 칼을 차고 왼쪽 어깨에 빨간 완장을 한 남자가 내게 다가왔다. 그는 갑자기 내 팔을 끌며 일본말로 무어라고 하였다. 당시는 순사라는 말만 들어도 무서워하던 때라 나는 아무 말도 못하고 그가 끄는 대로 끌려갔다. 그 사람은 한참 팔을 잡고 가다가는 나를 앞세우고 걸어갔다. 간 곳은 헌병대로 생각된다. 거기에는 내 또래의 다른 여자애 한 명이 먼저 와 있었다. 우리는 저녁도 먹지 않고 그 사무실에 있는 기다란 의자에 앉아 있다가 쪼그리고 새우잠을 잤다.

다음날 아침이 되자 일본군복을 입은 남자는 우리를 밖으로 데리고 나갔다. 그는 우리를 역전으로 데리고 가서는 평복을 입은 일본인 남자와 조선인 남자에게 넘겨주었다. 우리는 이들과 함께 기차를 탔다. 기차이름은 아카쯔키(曉)라고 하였다. 우리는 이것을 타고 이틀 정도를 계속 북쪽으로 갔다. 중간중간에 사람들이 내리면서 안동이니 봉천이라고 했던 것도 기억난다. 우리와 같이 가던 남자들은 도중에 바뀌기도 했다. 중국에 와서는 처음에 우리랑 같이 오던 남자는 어디론가 가고 그후에는 중국말을 하는 남자가 우리와 내내 같이 갔다. 나는 이들이 형사인가 싶기도 했지만 정확히 어떤 사람들이었는지 잘 모르겠다. 이들은 우리에게 식사하라고 도시락이나 김밥을 주었고, 밤에는 먹고 싶은 게 있느냐고 묻기도 했다.

만주에서의 위안부 생활

저녁녘이 되어 우리는 당시 중국 동북부 도안성(逃安城)이라는 곳에 내렸다. 여기에서 같이 온 남자는 우리를 군용트럭이 있는 데로 데려다 주고는 돌아갔다. 트럭에는 군복을 입은 남자가 세 명 있었다. 군인들은 모두 운전대 앞에 앉았고 우리 둘은 뒤에 타고 갔다.

트럭을 타고 한참 갔다. 트럭은 마을과 허허벌판을 지나 외딴집 앞에 와서 멈추었다. 우리가 내리자 많은 여자들이 나와 우리를 맞아주었다. 모두 조선인 여자들이었다. 그중에는 서른대여섯 먹은 남자와 여자가 있었는데, 나중에 안 사실이지만 이들이 여자들을 관리하는 사람들로 우리는 이들을 언니, 아저씨라고 불렀다.

먼저 온 여자들은 20명 가량 됐다. 나는 '왜 이런 곳에 여자들이 많을까?' 하고 궁금해하면서도 피곤하여 그날은 별 생각없이 잤다. 다음날 나는 여자들에게 "이곳이 뭐하는 데냐?"고 물었다. 그러자 누가 "너희들은 돈 받고 안 왔냐?"고 물었다. 내가 "그런게 아니고 붙들려 왔다"고 했더니 그 여자는 큰일이라며 안타까워했다. 내가 "왜 그러는 데요?" 하고 물었더니 그 여자는 "여기는 위안소로 군인들 받는 데다"라고 했다. 내가 "군인들 받는 데면 받는데지 우리와 무슨 상관있냐?"라고 했더니 그 여자는 아주 답답해하면서 "군인들이 자는 곳이다"라고 했다. 그 여자들의 설명이나 안타워하는 모습을 보고도 나는 군인들이 자면 잤지 그것이 나와 무슨 관계가 있는 것인지 이해할 수가 없었다.

이곳에 온 지 사흘이 지나자 주인은 나와 일행에게 각각 방 하나씩을 주었다. 거기에는 이불 하나, 요 하나, 그리고 베개 둘이 있었다. 이날부터 우리는 군인들을 받아야 했는데 이때서야 비로소 우리는 여자들이 왜 그토록 안타까워했는지 알게 되었다. 나는 이날 처음 정조를 빼앗겼다. 눈앞이 캄캄하고 기가 차서 까무라치고 울기만 했다.

소련과 국경지역이라고 하는 이곳 중국 동북부 도안성은 춥기가 이루 말할 수 없었다. 모자나 옷은 모두 털로 만든 것이었다. 내 방은 두 줄로 쭉 들어서 있는 방 중의 하나였는데 겨울이 되면 벽에도 얼음이 두껍게 얼어 방 양쪽 가장자리에는 도랑을 파서 괸 물이 흘러갈 수 있도록 되어 있었다.

군인들은 정말 많았다. 어떤 때는 하루에 20명 내지 30명은 상대했었던 것 같다. 그 근처에서 위안소는 우리밖에 없었던 것 같고 사병이나 장교들은 여가가 있을 때마다 오곤 했다. 높은 사람들은 자유롭게 드나들었고, 긴밤은 주로 장교들만 자고 갔다.

군인들이 가끔씩 돈을 주어 푼돈을 쓰기도 했다. 그곳에는 우리를 때리거나 주정하는 군인들은 별로 없었다. 군인들이 삿쿠를 사용했기 때문에 내가 있는 동안 임신한 사람은 없었다. 군인들을 상대하는 일 외에도 우리는 군인들의 각반도 쳐주어야 했다.

우리는 어느 정도 자유스러웠다. 식사는 관리인이 만주사람 둘을 데리고 조선식으로 해주었다. 비록 고정 월급은 없었지만 관리인은 우리에게 한달에 한 번씩 중국 돈을 조금 주었다. 우리는 이럴 때면 말이 끄는 수레를 타고 단체로 시내에 나가 옷이나 신발을 사거나, 영화구경도 했다. 그러나 우리는 감시하는 사람이 없어도 도망갈 생각을 못했다. 도대체 여기에서는 달아날 데가 없었던 것이다.

같이 있던 사람 중에서는 김계화와 대구에서부터 같이 간 후미코의 이름이 기억난다. 위안부 생활을 거의 10년이나 5년을 했다고 하는 사람들도 많았다. 나는 헌병에게 잡히기 전부터 이미 '후미하라'라는 성씨를 쓰고 있었는데 여기에서는 그때 당시 유명한 영화를 본 후 거기 나오는 배우 다케오토 나미코의 이름을 따서 '나미코'라고 지었다.

사실 말이 나왔으니 말이지 우리는 당시 유행하던 노래를 참 많이 불렀다. 괴로움 중에서도 웃을 일이 있거나, 외롭고 가슴 답답할 때 우리끼리 모여 앉아 때로는 혼자서 유행가를 흥얼거렸다.

생활에 어느 정도 익숙해지면서 나는 물건을 관리하는 장교를 사귀었다. 나는 정당하게 노력해서는 고향으로 돌아가기가 힘들다고 판단했다. 그래서 군인들 가운데 힘있는 사람과 친해 놓으면 힘이 되겠지 싶었던 것이다. 나는 갖은 아양을 다 떨며 이 물품 담당자에게 각반도 준비했다가 자주 쳐주기도 하고 때로는 한번씩 시내에 나갈 때마다 맛있는 것을 사다 주기도 하고 아예 음식거리를 사다가 우리가 식사하는 곳에서 장만하여 대접도 했다.

온 지 한 일년쯤 지난 9월이었다. 이때 물품 담당자는 나보고 위안소 밖에서 살림을 차리고 같이 살 것을 제안해 왔다. 그러자 나는 그에게 "내가 끌려올 때 우리 어머니가 아파 돌아가시려 하는 것을 보고 왔다. 그러니 당신이랑 같이 살기 전에 먼저 조선에 다녀오게 해달라. 갔다 와서 꼭 같이 살겠다"라고 하였다. 이런 말을 하면서 애걸하는 나에게 그는 정말 돌아오겠느냐고 몇 번이나 다짐하듯 묻더니 조선을 다녀올 수 있는 증서를 떼주었다.

고향에 다니러 왔으나

중국 동북부 도안성을 떠나올 때 내 주머니 안에는 군인들이 준 돈이 조금 있었다. 우선 나는 대구로 가기 전에 금천역에서 내려 아버지가 돌아가시면서 일러준 우리 혈육의 가장 맏이인 호점이 언니를 찾아가보기로 했다. 지금도 머릿속에 생생한 언니 주소는 함경남도 금천군 서북면 하암리 내동이고 형부 이름은 김영찬 씨였다. 나는 금천에 내려 선물을 산 후 무조건 택시를 대절하여 언니집으로 향했다.

내동까지 가서 나는 동네사람에게 형부 이름을 밝히면서 우리 언니에게 알려 주기를 청했다. 동네사람은 밭일나간 언니를 부르러 갔고 그후 언니는 멀리서부터 한참이나 손을 흔들며 뛰어와 네가 옥주냐며 부등켜안고 울었다. 처음에는 이게 우리 언니인가 싶어 머뭇거리던 나도 펑펑 울음을 쏟았다. 비록 처음 본 언니였지만 그리 반가울 수가 없었다. 그러나 중국 이야기는 차마 할 수 없어 언니가 보고 싶어 대구에서 온 거라고 속여 말하였다.

나는 언니네 집에서 편안하게 지냈다. 아무리 누가 무어라 해도 이 세상에서 믿을 것이라고는 피붙이뿐이라고 생각한다. 그러나 그 만남이 지금까지 나와 언니의 처음이자 마지막 만남이 되고 말았다.

이렇게 언니집에서 한 열흘쯤 지낸 후 대구 집으로 돌아온 나는 때로는 남의 집살이도 하면서 일 년쯤 지냈다.

다시 남방으로

대명동 집 근처에는 우연히 알게된 친구 한 명이 있었다. 1942년 7월초 그 친구는 "돈을 많이 주는 식당에 가려는 데 너도 안 가겠느냐?" 하고 물었다. 나는 이미 버린 몸이라 생각하고 있던 터라 어찌됐든 돈이라도 많이 벌자 다짐하며 곧장 수락했다. 그 친구는 "그럼 내일 보자"고 했다. 다음날 나는 식구들 모르게 집을 빠져 나와 그 친구와 같이 부산행 기차에 몸을 실었다. 나는 어떻게든 돈을 꼭 벌어 우리 때문에 고생하시는 어머니를 도와드리고 싶었다.

부산에 갔더니 역전에는 두 남녀가 나와 기다리고 있었다. 둘다 조선인이었는데 남자는 마츠모토(松本)라고 하는 사람으로 나중에 보니 우리를 관리하는 사람이었다. 그리고 여자는 우리와 같은 위안부로 그저 남자를 따라 나왔던 것 같다. 이 둘은 어리둥절해 하는 우리를 어느 여관으로 데리고 들어갔다. 그곳에는 이미 열대여섯 명의 여자들이 와 있었다. 여기서 나는 만주에서 같이 지낸 김계화를 다시 만났다. 나는 한편으로는 반갑기도 하면서도 정말 놀랬다. 그래서 그에게 대체 어찌된 거냐고 물었더니 그 애는 팔자가 나빠서라며 울었다. 하룻밤을 지새우고 아침에 나오면서 보니 그 여관 이름이 '갑을여관'이었다.

우리 18명은 1942년 7월10일 부산항에서 배를 탔다. 배는 군용으로 예닐곱 척이 함께 떴는데 우리가 탄 배는 맨 마지막에 위치했다. 내 기억으로는 나와 같은 여자들이 3, 4백여 명도 넘게 배 안에 가득 있었던 것 같다. 우리 일행 18명은 한 조가 되어 같이 생활했는데 이런 조들이 수많이 있었다.

우리가 탄 배는 한 두어 달 항해했다. 많은 여자들은 처음부터 배멀미를 하면서 정신을 못추스렸다. 하지만 나는 돈 벌겠다는 각오가 단단해서였는지 천성이 그랬는지 가는 동안 건강에는 전혀 문제가 없었다. 그래서 나는 항해 동안 우리 조원들의 식사준비를 도와주거나 여자들의 토사물을 치우고, 정신 잃은 여자들을 돌보아주었다. 나는 다른 조 여자들을 만나면 어디 가느냐고 물어보기도 했다. 그러면 여자들은 식당에 돈 벌러 간다고 대답을 하였는데, 그들은 미구에 닥칠 그들의 운명을 전혀 모르고 있는 것 같았다. 우리는 여러 우여곡절끝에 대만, 싱가포르를 거쳐 버마(미안마)의 랑군에 도착하였다.

남방에서의 위안부 시절

랑군에 도착하자 배는 닻을 내렸다. 관리자들은 우리에게 이제 다 왔다면서 배에서 내려 각 조별로 행동하라고 지시하였다. 배에서 내리자 저편에 많은 트럭들이 길게 줄을 지어 서 있었다. 우리들은 각 조별로 모이고 관리자들은 그들끼리 모였다. 그들은 제비

뽑기를 하는 모양이었다. 제비뽑기가 끝나자 우리 조 관리자는 만다레로 가기로 결정되었다고 알려 주었다.

그후 저편의 트럭 한 대가 우리 곁으로 왔다. 우리가 다 타자 트럭은 만다레를 향해 내닫기 시작했다. 트럭은 외딴 2층집 앞에서 멈추었다. 관리자는 우리가 다 내리자 모두 2층으로 들어가라고 말했다. 나무로 된 계단을 따라 올라가자 2층은 가운데 빈 공간을 제외하고는 모두가 다 방이었다. 방의 수는 열두어 개는 되어 보였다. 이 집은 전체가 다 나무로 지어진 집이었는데 좀 낡아 보였다. 이후 우리 여자들은 2층을 사용했다. 1층에는 사무실이 있었는데 거기서 관리자가 생활했다. 그리고 우리들은 버마 여자가 만들어 주는 식사를 하기 위해 1층에 내려가곤 했다.

하루 쉬고나자 다음날 10여 명의 군인들이 나무들을 트럭에 가득 싣고와서 집을 수리하기 시작했다. 이 공사로 2층은 개조되었다. 말하자면 우리가 처음 갔을 때 2층은 가운데 공간을 사이에 두고 양쪽으로 열두어 개 방들이 두 줄로 길게 있었던 것인데, 그 수가 우리 여자들보다 부족하자 중간에 방 한줄을 더 만들었던 것이다.

군인들은 하룻만에 2층공사를 하고 갔다. 그들이 간 후 관리자는 우리에게 각각 방 하나씩을 주었다. 그리고 이곳에 온 지 3일째부터 군인들이 떼거리로 몰려왔다. 나는 식당에 간다고 나설 때부터 이미 버린 몸이라 돈이나 벌어야겠다고 각오했지만 설마 그일일까라고 생각했으나 막상 이곳에 와서 군인들을 받게 되자 내가 또다시 이리 되는구나 싶은 생각으로 가슴이 미어져 왔다.

만다레에는 우리 외에 다른 위안소는 없었다. 그곳 부대는 내 기억으로 '버마 파견 8400부대 사단 사령부'였다.

정말이지 군인들이 많이 왔다. 또 이곳에는 우리에게 배속된 부대 외에도 마루사[1]라는 부대가 있었는데 이들도 가끔 우리에게 오곤 했다. 어느날인가는 한 군인이 내 방에 들어와 눈물을 그렁거리

1) 이들은 ち 표시를 어깨에 달고 있었다고 한다.

며 울고 있었다. 왜 그러냐니깐 자기도 조선인이라면서 마루사 부대에 있는데 이 부대에는 50명 중에서 3,40명은 조선인이라고 말했다. 이 조선의 군인들도 일본군인들과 마찬가지로 군표나 삿쿠를 가져와 사용했다.

대개 아침을 먹고 아홉 시경부터 군인을 받았는데 때로는 군인들이 새벽부터 줄을 서서 기다리기도 했다. 졸병들이 오후 네 시경에 부대로 돌아가면 그후 장교들이 와서 열 시 정도까지 있다가 갔다. 그 이후는 긴밤 손님이 들어왔다.

군표는 갈색으로 된 표로 군인들 계급에 따라 가격이 달랐는데, 졸병은 1원 50전, 하사관은 2원, 장교는 2원 50원이었다. 긴밤은 장교들만 자고 갔는데 이때는 아마 3,4원이었던 것 같다. 그러나 군표는 모두 다 관리인이 직접 관리했다.

세면장은 공동으로 사용했다. 날씨가 따뜻한 곳이어서 우리는 요와 담요만을 가지고 생활을 했다. 옷은 블라우스, 원피스 같은 양장이나 몸뻬를 입고 살았다. 관리인은 버마 사람들을 두고 우리에게 식사를 해주었는데 밥은 안남미로 지은 것이다. 가끔씩 고기국을 먹기도 했으나 산에서 캐온 풀로 국을 끓여 먹기도 했다.

나는 창씨성인 '후미하라'를 그대로 사용하고 이름은 '요시코'라고 지었다. 만다레에서부터 나는 물품을 관리하는 혼다미네오와 차츰 가까워졌다. 중국에서부터 이런 사람과 사귀면 여러 가지로 이로운 점이 많다는 사실을 알고 있었기 때문에 내가 애를 써서 가까워질 수 있었던 것이다.

이곳에서는 7~8개월 정도 머물렀었던 것 같다. 사단사령부가 아끼아부로 이동을 하자 우리도 따라가야 했다. 아끼아부로 가면서 처음에 우리는 군용트럭을 탔다. 그후 섬이 많은 뿌연 황토색의 바다를 건널 때는 다이하츠라는 배를 타고 건넜다. 도중에 미군 비행기가 자주 폭격을 했는데 그럴 때마다 우리는 폭격을 피해 아무 섬에나 내려서 몸을 피하곤 했다.

섬에 내리면 낯선 부대의 군인들이 우리 주위를 에워싸고 좋아했다. 그리고 그들은 자신들도 위안해 달라고 요구했는데, 상부에서 허가가 나면 우리는 이들을 위해 일주일이든 보름이든 머물러 있어야 했다. 머물 때는 그들 초소 곁에 있었으며, 그들과 같이 식사도 하고 잠도 잤다. 또 폭격이 있을 때는 그들과 같이 정글에 숨기도 했다.

아끼아부에 도착하여 우리는 일년 정도를 3층집에서 살았다. 이곳에는 일본인과 중국인 위안부들도 있었는데 기거하는 데는 각기 멀리 떨어져 있었다. 조선인 위안부들만 살았던 우리집에는 병사들이나 하사관이 주로 드나들고 일본인 위안부들은 장교들을 상대했다. 일본인 위안부들 중에는 기생 출신들이 많았는데 나이가 서른 살쯤 돼 보이는 여자도 있었다. 하지만 중국인 위안부에 대해서는 전혀 아는 바가 없다.

생활은 장교를 상대하지 않는 것 외에는 만다레와 마찬가지였다. 이후 남방에서의 생활은 거의가 다 비슷비슷 했었다. 우리가 아끼아부에 온 후 얼마 있다가 다시 혼다미네오도 왔는데 그를 보자 반가웠다. 그는 계속 우리가 있는 부대에 속해 전쟁이 끝날 때까지 항상 우리와 같이 있었다.

이후 우리는 아끼아부에서 '다이하츠'를 타고 랑군 쪽으로 들어가는 뿌로무로 가서, 그곳에서 한 4~5개월 있었던 것 같다. 이곳에서는 조선인 위안부들만 있었다. 뿌로무에 와서 지금까지 조선에서부터 같이 와 있었던 관리인 남자가 말도 없이 어디로 가버렸다. 이에 대해서 우리는 갈수록 전쟁이 위험해지니까 도망간 것이라고 추측만 할 뿐이었다. 그때부터 군인들이 우리를 직접 관리하였다. 여기에서는 밥도 군인이 해줬고, 군표도 군인들이 직접 받았다.

뿌로무에서의 생활을 마친 후 우리는 군트럭을 타고 랑군으로 갔다. 그곳에 도착하여 우리는 군인들이 직접 알선해 준 '랑군 가이칸(會館)'이라는 이름의 위안소에서 생활하였다. 이곳은 일본인 남자가 관리하고 있었는데, 우리보다 먼저 온 조선인 위안부들이 있어 우리까지 합해 30명 정도가 같이 있었다. 위안부들이 많아져서 생활은 좀 쉬워졌으나 짓궂은 군인들은 더 많았던 것 같다. 술 먹고 와서 한 시간도 넘게 추군대어 배 창자가 나오도록 아프게 하는 군인도 있었다.

한번은 술에 취한 군인이 들어와서 칼을 빼어 죽이려 했다. 처음에는 '너희들을 위안하려고 온 우리에게 그럴 수 있느냐?' 며 달랬으나 그는 무슨 일인지 살기 등등하여 나를 죽이려고 했다. 그래서 나는 죽기 아니면 살기로 그에게 달려 들었다. 그 순간 놀란 그가 쥐었던 칼을 놓자 나는 그 칼을 들어 엉겁결에 가슴을 찔러 버렸다. 그 군인은 피를 흘리면서 차에 실려 나갔고, 나는 헌병대에 불려가 군정재판을 받았다. 이때는 어느 정도 하던 일본말도 나오지 않아 우리말로 울면서 자초지종을 말하였다. 그후 일주일 만에 풀려나와 군인들을 다시 상대했다.

이런 일들이 있고 나서 나는 그곳에서 사귄 쯔바메라는 친구와 중국에서부터 알았던 김계화와 같이 귀국을 하려고 노력해 봤으나 허사로 돌아가고 말았다.

랑군 가이칸에서 서너 달 머문 후 우리는 기차를 타고 태국으로 이동했다. 여기에서 우리는 특별한 일도 하지 않은 채 대기소에서 한달 보름 동안 있었다. 그러다가 다시 군용트럭을 타고서 아유타야라는 곳으로 갔다.

도착하자마자 우리는 부상병들을 간호해야 했다. 처음에는 하루 두세 시간씩 맥박재기, 주사놓기, 얼음찜질 등의 간호교육을 받았다. 부상병간호를 넉 달쯤 하다 해방을 맞았다. 그 이후에도 서너 달은 더 머무르며 환자들을 돌보았다. 이 기간 동안 나는 조장으로 지냈다.

이때 우리는 위안부 노릇을 하지 않았다. 아무 보수도 없었으나 우리는 매우 열심히 간호를 했던 것으로 기억난다.

그외 생각나는 일들

3년 4개월 정도 있으면서 우리는 1년 정도 머문 아끼아부에서의 생활 외에 만다레, 뿌로무, 랑군, 태국, 아유타야 등을 몇 개월씩 전전하였다. 하지만 어디를 가든지 우리는 위안부 생활 내내 조센삐, 조센징이라고 놀림을 받았다.

위안부 생활을 하면서 성병검사는 일주일마다 있었고 군인들은 삿쿠를 사용했다. 나는 군인이 삿쿠를 하지 않으면 그 군인의 사타구니를 발로 걷어 차 버리면서 거부하거나 그래도 말을 안 들으면 헌병에게 신고해 버렸다.

당시 아이를 낳은 동료도 있다. 나는 지금도 그가 어디 사는지 알고는 있지만 신고를 하지 않는 이유가 무엇인지 몰라 신고를 권유하지도 못하고 있다.

아끼아부에서의 일들이 몇 가지 기억난다. 한번은 술을 먹고 내 신세가 처량하여 3층에 올라가 투신한 적도 있다. 팔로 머리를 감싸쥔 채 떨어졌는지 왼쪽 팔과 어깻죽지뼈를 심하게 다쳤다. 군인들이 와서 치료한다고 왼손을 잡아당겨 버려 나는 기절했는데 이후 병원에서 기부스한 채로 3개월이나 있기도 했다.

또 집에 있는 어머니랑 식구들이 몹시 보고 싶고 궁금한 적이 있었다. 그래서 나는 군부대에 찾아가서는 떠나올 때 어머니가 아팠었다며 편지라도 할 수 있으면 좋겠다고 호소했다. 그러자 군에서는 편지를 할 수 있도록 허락해 주어 나는 야전 우체국에 가서 집에다가 편지를 써보냈다. 그후 집에서 '어머니가 아파 죽어간다'라는 전보가 왔다. 조금 더 있다가는 아예 '어머니가 죽었다'는 전보가 왔다. 그래서 나는 다시 군부대에 들어가 어머니가 돌아가셨다는데 장사비용으로 돈을 부치겠다고 부탁하여 돈 얼마인가를 집에다가 부치기도 했다. 그후 태국의 대기소에 있을 때도 나는 우리집에다 돈을 부쳐 주었다. 그렇게 하고도 내 통장에는 돈이 상당히 많았는데 버마 어디에선가 잃어버리고 말았다. 그 당시 돈을 부칠 때 어느 군인이 다 부치라고 말을 했지만, 나도 고향에 돌아가면 내 살 궁리 해야지 싶어 놔두었던 돈이었다.

사실 돈에 대한 말이 나왔으니 하는 이야기이지만 나는 돈을 모으기 위해 정말 노력했다. 아끼아부에 있을 때 장교들은 내게 일본말도 잘하고 노래도 잘한다고 칭찬해 주었다. 그리고 생일파티나 송별연을 할 때는 조선 사람 중에서는 후미하라 요시코밖에 없다면서 나를 일본인 위안부들과 함께 부르곤 했다. 그러면 우리는 정해진 장소로 가서 술도 따라 주고, 춤도 추고, 노래도 불렀는데 일주일에 두세 번은 이런 일이 있었고 그럴 때마다 불려갔다. 잘 상대해 주면 이들은 팁을 꼭 주었고, 나는 이 돈을 쓰지 않고 모았다.

나는 그리 예쁜 편은 아니었으나 '귀엽게 생겼다'며 단골 장교들이 가끔 내 방에 들어와 자고 갔는데 이들이 오면 병사들은 들어오지 않았다. 이때 장교들이 주는 돈도 쓰지 않고 모았다. 이렇게 모은 돈 외에도 술이나 담배도 공짜로 얻는 경우가 많아 나는 돈이 있을 때마다 꼬박꼬박 야전우체국에 저축을 했다. 그리고 그후에도 나는 돈만 생기면 통장에다가 넣곤 했던 것이다. 시모노세키가 발행지였던 그 통장을 잃어버리고 나서 얼마나 속이 상했는지 모른다.

이런 일 외에도 만다레에서 아끼아부로 가던 도중에서 일어났던 일도 잊을 수 없다. 한 언니가 폐병이 들어서 어느 섬에 머무를 수밖에 없었는데 다른 조원들이 아끼아부를 향해서 떠난 후 내가 자원하여 언니를 돌보았다. 그러나 그는 열흘이 지나 숨을 거두었다. 군인들이 가까이하기 꺼려해서 내가 직접 이 언니를 화장시켜 뼈를 가까운 바다에 띄워 주었다. 그리고 언젠가는 고향에 전할 수 있겠거니 싶어 머리 부근의 연한 뼈 몇 개를 빻아 보관했다. 그런데 그후 계속 이동하면서 이 뺏가루를 넣은 주머니는 잃어버리고 말았다.

해방을 맞이하여

아유타야에서의 생활을 끝낸 후 우리는 군용트럭을 타고 태국에 있는 수용소로 갔다. 수용소로 가기 전, 정이든 혼다미네오는 같이 일본으로 갈 것을 바랐지만 나는 하루라도 빨리 집으로 가고 싶은 마음밖에 없었다.

수용소에는 사람들이 무척 많이 있었다. 건물은 큰 학교 같아 보였는데 한복판에 공터가 있고 큰 건물들이 많았다. 여기에 가끔씩 미군들이 지프차를 타고 왔다. 우리는 수용소에서 모두 같이 생활했다.

얼마 지나 우리는 배를 타고 인천에 내렸다. 배 안에서는 내릴 때를 준비하며 태극기를 만들기도 하면서 참으로 분주하게 지냈다. 그러나 호열자가 발생했다는 소문 속에 배가 묶여 인천바다 한복판에서 보름 정도 머물러 있었다. 그후 우리는 온몸을 소독한 후 내렸다. 이때 우리는 짧은 머리에 몸뻬를 입고 일본식 게다를 신고 있었다.

우리가 준비된 태극기를 흔들며 나오자 사람들이 북, 꽹과리를 치면서 반겨 주었다. 확성기에서는 '조선 사람 조선으로 길이 보전하세' 라는 노래가 흘러나왔다. 가슴이 뭉클하였다.

우리는 배에서 내리면서 1,000원을 받았다. 나는 배에서 내리자마자 곧장 고향으로 갔다. 집에 가보니 돌아가셨다던 어머니가 살아계셨다. 어머니는 내가 연락을 했을 때에 자신이 죽었다고 전보를 치면 돌아오겠거니 싶어서 그런 소식을 전하셨다고 한다.

조국에 돌아와서

고향에 돌아온 지 얼마 안되어 하루는 외숙모가 집에 와서 양반집에서 너 같은 아이가 있을 수 없다면서 야단을 했다. 어찌됐건 나는 이후 일가 친척들에게 인간취급을 받지 못하고 살았다. 이것이 하도 서러워 울기도 많이 했으나, 이제는 네 것은 네가 먹고 내 것은 내가 먹는데 무슨 상관이냐 하는 배짱으로 이런 일에는 아예 신경을 안 쓰기로 했다.

돌아온 지 일년 후에 어머니는 나를 달성 권번으로 보내주었다. 내 나이 스물두 살이었다. 나는 이곳에서 3년 동안 교육을 받으면서 틈틈이 기생질도 했다.

권번을 졸업하고 유곽에 있던 나는 대구에서 조선공작주식회사를 경영하던 김씨를 만나 결혼했다. 김씨는 나보다 여섯 살이 많았는데 부인은 이미 세상을 뜨고 딸 하나를 출가시킨 후 아들 하나 딸 하나를 데리고 살고 있었다. 나는 전처의 아이들 둘을 기르면서 6년쯤 살았다. 그러나 남편은 사업이 망해 버리자 아무 대책 없이 자살을 해버렸다. 그래서 나는 다시 기생질을 해 아이들과 친정어머니를 모셨다.

이때가 내 나이 서른두 살이었나보다. 기생 노릇을 하면서 나는 제과공장을 하는 남자를 만났다. 이 남자는 처음에 나와 나이가 같다고 속였는데 나중에 살다보니 나보다 세 살 연하였다. 그리고 부인도 있고 딸 하나에 아들이 넷이나 되었다.

그러나 그는 누구보다도 나를 잘 이해해 주었고 내가 하는 일에 군말이 없었다. 그와 살면서 친정어머니도 계속 모셨고, 전남편의 아이들이 자립할 수 있을 때까지 보살피고 그전 시부모 제사도 전남편 아들이 자립할 때까지 지내주었다. 그리고 사십이 넘으면서 나는 이 남자의 아들을 데려다가 키웠는데, 지금도 이 아이는 내 아들노릇을 하고 있다.

정말 나는 온몸이 성한 데가 없이 아프다. 그리고 한때는 불면증으로 제대로 자지도 못했었다. 하지만 요즘은 이렇게라도 내 살아온 것을 다 풀어버려 맘이 놓여진 것인지, 잠을 자기도 하고 조금씩 먹기도 한다.

작년에 젊은 시절 권번에서 알았던 이씨가 권하여 맨 처음 이 사실을 신고할 때만 해도 중국 이야기는 밝히지 않았다. 그때는 창피스러운 일을 뭐 전부 다 이야기하랴 싶어 남방 갔다온 이야기만 했었다. 하지만 내 이야기가 다 알려질 대로 알려진 지금 무엇을 더 숨길 게 있나 싶어 기억나는 대로 모두 다 이야기했다. 이제 이야기를 다하고 보니 가슴이 후련하다.

(정리: 조혜란)

자식을 못 낳는 것이 한이다

이순옥(가명)

1921년 경북 영덕 출생. 같은 동네에 사는
독립운동하던 친척 아저씨 때문에 감시가 심하였다. 그래서
17세쯤 될 무렵 처녀공출의 소문을 듣고 한 남자와 서류상으로
혼인신고를 했다. 그러나 처녀의 몸으로 새색시
흉내를 내는 것이 고통스러워 돈을 벌 생각으로 일본공장에
취직시켜 준다는 사람의 말을 듣고 따라나섰다가
중국 관동군부대 위안소로 끌려가게 되었다.

독립운동 집안이라 찍혀서

나는 1921년, 경상북도 영덕에서 장녀로 태어났다. 내 밑으로는 여동생 둘과 남동생이 있다. 아버지는 농사를 지었는데, 경주와 영천 등지의 금광에서 금을 캐는 일을 하러 나가기도 했다. 나는 맏이인데다 몸이 약한 편이어서 부모님은 나를 곱게 키워 좋은데 시집보낸다고 아껴 주셨다. 그래서 농사일은 하지 않고 어머니가 하는 집안일을 돕는 정도였다. 열대여섯 살 쯤 되었을 때 야학에 다녀 한글을 배웠다. 이 야학은 마을의 동 회관으로 쓰여지는 초가집에서 열렸고, 가르치는 선생은 기독교를 믿는 조선인 총각이었다.

그 무렵, 우리집 바로 뒤에는 먼 친척 아저씨의 가족이 살고 있었다. 이 아저씨는 일본에서 공부하다가 독립운동을 했다는 죄목으로 징역을 살았고, 처음에는 경주에서 살다가 우리가 있는 영덕으로 이사를 왔다. 아버지는 아저씨가 아는 것도 많고 똑똑하다며 대우를 잘 해주었다.

그런데 집안에 그런 사람이 있었기 때문에 당국의 감시가 심했다. 아저씨 집에 순경이 오면 우리집에도 들려서 집안을 뒤졌고 아버지도 가끔 경찰서에 끌려가 조사를 받았다. 내가 열일곱 살쯤 될 무렵에는 여러 가지 명목의 훈련이 자주 있었다. 훈련은 조선인 동장이 시켰고 일본 노래를 자주 부르게 했다. 또 처녀를 공출한다는 유언비어도 떠돌게 되었다. 아버지는 나를 공출로 빼앗기게 될까봐 매우 걱정을 하셨는데, 친척 아저씨와 의논하여 나를 청하면에 사는 박씨라는 사람과 서류상으로 혼인신고를 내도록 하였다. 그것이 1937년 10월이었다. 박씨는 아저씨가 유학시절에 일본에서 안 사람이고 아저씨가 독립운동을 할 때 연락 등의 심부름을 해준 사람이었다고 한다. 박씨는 아내와 아들이 있었는데, 생각이 서로 맞지 않는다고 이혼을 한 사람이었고, 나보다 훨씬 나이가 많았다.

나는 박씨와 살림을 차린 일도 없고 얼굴을 본적도 없다. 내가 정말 시집을 가게 되면 혼인신고를 당장 취소하기로 약속이 되어 있었다. 서류상의 형식적인 혼인신고를 하고난 후 나는 머리를 올리고 수건을 쓰며 시집간 여자처럼 하고 다녔다. 주변사람들에게도 누가 물으면 그 애는 시집간 애라고 말하도록 했다.

그런데 친척 아저씨는 얼마 안 있다가 갑자기 돌아가셨다. 그래서 그후 박씨가 어떻게 되었는지는 전혀 알 수 없게 되었다. 그후 우리 가족은 영천에 시집가서 살고 있던 고모를 따라 영천군 야사동으로 이사를 하게 되었다. 그때 우리 식구는 할머니, 부모님, 그리고 여동생 둘과 막내 남동생 등 모두 일곱 명이었다. 내 바로 밑의 장남은 출생 후 얼마 안되어 죽고 없었다.

비단공장이라는데 속아서

영천에서 우리집 식구는 고모가 아는 모리타(森田)라는 일본인 노부부가 살고 있던 큰 집의 바깥채에서 살았다. 이 노부부는 아들을 전쟁으로 잃었다고 했고, 둘다 술을 많이 마시기는 했으나 인심은 좋은 사람들이었다. 조선에 나온 지가 오래됐는지 이 부부는 조선말을 잘 했다. 나는 나이 많은 그들을 위해 빨래도 거들어 주고 물도 길어다 주었는데 노부부도 우리 식구에게 잘 대해 주었다.

나는 모리타 부인에게 일본에 관해서 이것저것 물어보았다. 그랬더니 모리타 부인은 일본에는 공장이 많아서 아가씨들이 가면 돈을 많이 벌 수 있다고 했다. 또 내 나이의 여자들은 노는 사람이 없고 다 일을 하며 돈을 번다고 말했다. 나는 실제로는 처녀인데도 머리를 올리고 살아야 하는 것이 고통스러웠고, 고향이 아닌 낯선 데서 살아야 하는 것도 힘들고 해서, 나도 일본에 가서 돈을 벌고 싶다고 했다. 모리타 부부는 그러다가 아버지한테 맞으면 어떻게 하느냐고 하면서 그런 말 하지 말라고 타일르기도 했다.

이런 이야기가 오고가던 어느날 마흔 살쯤 되는 오씨라고 하는 남자가 모리타 집에 왔다. 그때 나는 모리타와 오씨가 마루에 앉아서 술을 마시면서 이런저런 이야기를 하는 것을 옆에서 듣고 있었다. 그는 공장에 갈 아가씨를 모집하러 온 사람이었다. 내가 돈을 벌고 싶어 하는 것을 알고 있었던 모리타는 오씨에게 이 아가씨가 돈을 벌고 싶어하고 집안도 곤란하니 정말 좋은 공장이 있느냐고 물어보았다. 오씨는 일본에 있는 비단 짜는 공장이라고 하면서 공장을 새로 지었기 때문에 아가씨들이 많이 필요하고, 나이만 젊으면 이 공장에 들어갈 수 있다고 했다. 또 가는 여비는 저쪽에서 대주고, 일을 하기 싫으면 자기 마음대로 언제든지 나올 수 있다고 했다. 오씨는 갈 생각이 있는지 물었고 나는 그런 조건이면 가고 싶다고 했다. 처녀인데 시집간 여자처럼 머리올리고 수건을 쓰고 다녀야 하는 것도 고통스러웠고 살림도 어렵고 해서 나는 반대하는 부모님을 설득하였다. 이렇게 해서 나는 오씨를 따라 고향을 떠나게 되었다. 그때 옥색의 여름 옷을 입고 있었던 것과 오이를 먹었던 걸 생각해보면 1938년 만 열일곱 살의 초여름이었던 것 같다.

화물칸에 실려서 중국으로

나는 며칠 후에 오씨를 따라 영천에서 기차를 타고 대구로 갔다. 대구에서 대구 출신의 '요시코'와 경주 출신의 '이치마루', 그리고 '사다코'와 '마사코'가 합류했다. 이 이름들은 나중에 위안소에서 지어 준 이름인데 나는 '다키코'라고 불렸다. 요시코는 대구 권번 출신인데 양어머니가 일본공장에서 일하는 것을 자원하라고 해서 왔다고 했다. 우리는 대구의 미장원에서 머리를 자르고 오씨와 함께 기차를 탔다. 오씨는 우리를 화물칸에 태우고는 다른 칸으로 갔다. 화물칸 안에는 많은 사람들이 있었다. 아직도 약속한 날짜가 남았던지, 우리는 평양에 내려 일주일 가량 머물렀다.

우리가 머물던 곳은 평양역에서 한참 걸어 들어가는 어떤 집이었다. 밤이면 오씨는 볼일을 보러 나갔고 우리는 씻거나 빨래를 했다. 쉰 살 정도 되는 아주머니가 밥을 해 주었다. 반찬은 감자볶음, 오이무침 등이었고 식사 후 큰 방에서 우리 모두가 같이 잤다. 여기에서 '나미코', '미츠코', '유리코', 그리고 전라도 출신의 '에이코'가 합류했다.

일주일을 이 집에서 머문 후 우리들은 평양에서 다시 기차를 탔다. 우리가 탄 기차에는 중국사람들이 많이 탔다. 우리는 어떤 곳에 내려 머물렀다. 조선 사람이 밥을 해주었는데 김치가 너무 맛이 없었다.

다시 포장으로 둘러쳐진 국방색 차를 타고 갔는데, 운전수는 군복을 입은 일본인이었다. 오씨는 운전수 옆에 타고, 우리는 뒤에 탔다. 차는 얼마 가지 않아 멈추었다. 일본은 깨끗하다는 말을 들었는데 그렇지 않아 이상했다. 그때서야 우리가 온 곳이 일본이 아니라 중국 관동(關東) 이라는 것을 알았다. 그때부터 우리들의 처참한 생활이 시작된 것이다.

술취한 군인한테 맞아

차에서 내리니 바람이 쌩쌩 불고 추운데, 빨간 벽돌로 된 2층집이 있었다. 밖에서 보니 문이 아주 높고 컸는데, 안에 들어가니까 사람도, 물건도, 아무것도 없는 빈 집이었다. 집 안에는 칸을 쳐서 만든 똑같은 방이 여럿 있었다. 집앞 골목에는 판자로 울타리가 쳐져 있었고 그 너머로 바로 부대가 보였다. 근처에 중국 사람은 별로 없었다. 일본인도 여자는 보이지 않고 전부 군인들 뿐이었다. 오씨는 우리 일행이 집안으로 다 들어가자 일본군인들과 이야기한 후에 어디론가 가버렸다. 그리고 집을 소독했다.

오씨가 가고 나자 우리 곁에는 전라도 출신의 쉰 살 넘은 여자가 왔다. 그는 아주 뚱뚱했고 오랫동안 일본에서 살다가 온 사람이었다. 우리에게 늘 깨끗이 하라고 주의를 주었다. 우리는 그 사람을 오바상(할머니) 이라고 불렀다. 오바상은 이제 오씨는 기다리지 말라고 했다.

도착한 첫날에는 우리에게 방에서 쉬라고 했다. 이튿날이 되자 주인은 우리에게 목욕을 하라고 했다. 그날 계급이 높은 군인들이 들어와 하룻밤 자고 갔다. 처음 당할 때에는 너무너무 싫어서 막 울었다. 처음 상대한 군인은 삼십대 정도 되는 사람이었는데 그후도 가끔 와서 '몸 조심해라' '삿쿠를 꼭 써라' 고 말해 주는 등 나를 아껴 주었다. 반지까지 주어서 위안부생활을 할 때에는 끼고 다녔는데 나중에 고향에 나올 때, 반지가 무슨 소용이 있냐고 바다에 던져 버렸다.

계급높은 군인은 거의 안 오고 주로 졸병들이 왔다. 하루에 스물다섯 명 정도 왔고, 토요일과 일요일에는 아침 아홉 시쯤부터 더 많은 군인들이 왔다. 우리는 일층 홀에서 손님을 기다렸다. 손님이 홀에 들어오면 기다리던 여자 중 하나를 골라서 방에 들어가게 되어 있었다.

방에는 소지품들을 넣는 상자를 하나 두었고 시멘트로 된 신발 벗는 곳이 있었다. 내 방은 이층에 있었는데 넓이는 한 평 정도이며 바닥 위에 마루를 깔고, 그 위에 돗자리를 깔았다. 엉성하게 만들어서 밟으면 마루판이 삐그덕거렸다. 그 위에 자리를 펴고 담요를 깔았다. 담요 네 장을 주었는데 두 장은 깔고 두 장은 덮었다. 문에는 내 이름과 사진을 붙여 놓았다. 또 광목으로 만든 커튼이 문앞에 쳐져 있었고 손님이 들어오면 커튼을 내렸다.

보수는 받지 못했고, 군인이 가끔씩 용돈을 줄 때가 있었다. 나는 빚은 없었지만 술먹는 애들은 오바상한테 빚을 지고 있었다. 헌병이 자주 위안소를 둘러 보고 주인 오바상과 이야기를 했다. 오바상은 칼과 권총을 자기 방에 두고 있었다. 또 나중에는 군인모자를 쓰고 나오기도 했다. 여자들이 말을 안 들으면 심하게 때렸다. 나도 아랫도리를 많이 맞았다. 이불이 더러울 때나 손님을 안 받는다고 할 때면 오바상이 이불을 밖으로 던져 버렸다.

군인들 중에는 허리에 찬 물통에 술을 넣고 다니면서 취해 난동을 부리는 이가 있었다. 관동에 간 지 얼마 안돼서 그러한 군인 중의 하나에게 나는 허벅다리를 칼에 찔렸다. 몇 번이나 달려드는 것을 내가 거부하자 그렇게 된 것이다. 칼에 찔려 비명을 지르자 위안소에 있던 여자와 군인들이 놀라서 내가 있는 방으로 뛰어왔다. 나는 군인병원에 다니며 치료를 받으면서도 손님은 계속 받아야 했다.

다리의 상처가 겨우 나았을 때, 이번에는 다른 군인이 내가 반기지 않는다고 미는 바람에 엉덩이를 심하게 다쳐 그 충격으로 아랫배가 붓게 되었다. 너무 붓고 아파 수술을 했다. 일주일 정도 병원에 입원하고 있었는데 침대가 모자라니까 집에서 쉬라며 퇴원을 시켰다. 병원은 군의가 두 명밖에 없는 작은 병원이었고 침대는 서너 개밖에 없었다. 퇴원하고는 인력거를 타고 병원에 치료를 받으러 다녔다. 그후 얼마 동안은 문앞에 손님을 못받는다는 표시를 해놓았다. 방에서 손님을 안 받고 누워 있는 동안에는 따뜻한 밥은 주지 않고 찬밥과 단무지만 주었다.

식사는 일층에서 다같이 했다. 나무로 만든 길다란 식탁과 의자가 있었다. 밥은 안남미였고 반찬은 늘 단무지였다. 특히 손님을 많이 받았을 때, 주인이 부대에서 나누어 준 돼지 장조림을 조금씩 식탁에 올려준 것이 특별한 반찬이었다. 난방은 전혀 되어 있지 않았다. 아주 추울 때는 유탄포를 주기도 했는데 그나마 주인 오바상의 말을 잘 듣고 손님을 많이 받는 사람만 받을 수 있었다.

조금 큰 방은 포장을 쳐서 두 개를 만들었다. 그 집에는 조선여자만 이십 명 정도 있었고, 중국 여자들이 청소, 밥 짓기, 설거지, 간호, 빨래 등을 했다. 노란색 속옷과 긴소매 곤색 원피스 같은 것을 줘서 입었다. 곤색 몸뻬도 배급받았다. 또 나중에는 기모노와 하오리도 받았다. 옷은 방에 걸어놓았다. 머리는 항상 단발이었다. 오바상이 잘라 주었다.

일주일에 한 번씩 군인병원에 가서 성병검사를 받았다. 삿쿠와 생리대용 솜은 아침에 주인이 상자에다가 가득 갖다 주었다. 생리 때도 소독물로 씻고 솜을 질 속에 넣고 손님을 받아야 했다.

관동에서 싱가포르로

3년 후 우리들은 주인 오바상과 함께 싱가포르로 갔다. 간다는 소문도 없이 어느날 밤, 갑자기 짐을 싸라고 하면서 광목 보따리를 주었다. 거기에 남은 여자들도 있었고 싱가포르라도 구경해 볼까 해서 자원하는 애도 있었다. 우리와 교대로 여자들이 온다고 했다. 나는 가만히 있었는데 주인이 가자고 했다.

군인들도 어디론가 이동하는 모양이었는데 우리는 그들과 함께 갔다. 트럭과 군용 열차, 그리고 배를 타고 갔다. 트럭에는 우리들과 군인 두 명 정도가 타고, 포장을 해서 밖을 못보게 했다. 작은 배를 이용하여 큰 배로 옮겨졌다. 배가 떠날 때 서너 척이 함께 있었는데 모든 배에 우리와 같은 여자들이 타고 있었다. 배가 떠나갈 때 다른 배에 탄 여자들에게 수건을 흔들면서 이렇게 멀리가서 어떻게 살아가나 생각하니 눈물이 마구 흘렀다. 어떤 배는 섬으로 가고 또 어떤 배는 다른 데로 간다고 했다.

우리가 탄 배에는 주로 일본 군인들이 있었고, 중국 사람들이 짐을 나르고 있었다. 배에서는 자기 방 밖으로 못 나가게 해서 조그만 봉창을 뚫어 놓은 곳을 통해 바다를 내다보기만 했다. 식사는 배 안의 작은 식당에서 했다. 우메보시, 단무지와 밥을 주었다. 식사할 때 우리들 외의 다른 사람은 식당 안에 들어오지 못하게 했다. 배 안의 방에는 다다미가 깔려 있었는데 푹신하고 춥지는 않았다. 배를 얼마 동안 타고 갔는지 기억이 잘 안 난다. 내릴 때는 작은 배를 이용하여 내렸다.

관동의 위안소는 차도 잘 안 다니는 산골에 있었는데 비해 싱가포르는 차가 다니는 도시였다. 위안소는 판자로 만든 단층의 길다란 집이었고 주위에는 판자 울타리가 쳐져 있었다. 특별히 위안소로 지은 것 같았다. 저쪽에 다른 위안소도 보였지만 거기에는 못 가봤다. 내가 들어간 위안소에는 서른 칸쯤으로 나뉘어 있었다. 방 두 칸에 하나씩 천장에 작은 선풍기가 달려 있었다.

여기에 있는 여자들도 모두 조선인 여자들이었고, 우리를 데리고 간 오바상이 관리를 했다. 우리 중에는 임신한 여자도 있었고, 딸을 낳았다는 전라도 여자도 있었다. 또 섬으로 간다고 해서 따라온 애도 있었고, 다른 섬에서 일하다 왔다는 애도 있었다. 오바상과 같은 관리자들이 드나들면서 자기들끼리 이야기하는 소리를 들으니 '이 아이들은 말 잘 듣네', '어디 아이들은 말 안 듣더라'라든지 또 '어디 아이들은 어떻더라' '경상도내기들은 부려먹기가 쉽더라'고 말하곤 했다. 술을 마시는 여자가 있으면 오바상이 군인에게 이야기를 했는데, 그러면 그 군인은 그 여자에게 매를 때렸다.

아침에 일어나 방청소하고 씻고 식사하고 나면 군인들이 왔다. 건물 바깥에 의자가 죽 놓여 있어서 거기에 앉아 있으면 군인들이 와서 마음에 드는 여자를 골라서 방에 들어가게 되어 있었다. 여기서는 여자들이 많아 관동에 비해 손님을 적게 받았다. 될 수 있는 대로 손님을 적게 받으려고 꾀를 쓰기도 했다. 들어갈 때 군인은 오바상이 있는 방에 들렀다. 거기서 돈을 지불했는지 어떤지 잘 모른다. 나는 군인이 가끔 주는 용돈 이외에는 돈을 받은 기억이 없다. 돈을 벌려고 고향을 떠나기는 했지만 이런 데에까지 끌려와서 돈 벌 생각은 하지도 못했다. 저녁에는 계급이 높은 군인이 자고 새벽에 나갔다. 또 계급이 높은 군인들이 와서 저희들끼리 술먹을 때는 넓고 좋은 방을 사용했다. 군인 중에는 히라가나나 카타카나를 가르쳐 주는 사람도 있었다.

싱가포르에서는 날이 아주 더웠고 매일 소나기가 왔다. 위안소 뒷문으로 나가면 목욕하는 데가 있었는데 더워서 하루에 한번 물을 덮어썼다. 아랫도리를 씻으라고 포장을 쳐서 만들어 놓은 곳이 몇 칸에 하나씩 있었다. 삿쿠는 관동에서와 마찬가지로 상자대로 배급 받았고 일주일에 한 번씩 성병검사를 했다. 검사는 위안소에서 오바상이 할 때도 있었고 오바상 방에 군인이 와서 주사를 놓아 줄 때도 있었다. 심하게 아프면 군인병원에 가서 치료를 받았다.

여기서의 식사도 역시 안남미에다가 매일 단무지 반찬이었다. 위안부 생활을 하는 동안 매운 것을 안 먹어서 나는 지금까지도 매운 음식을 못먹는다. 위안소 주변에는 과일나무, 고무나무가 많이 있었다. 달고 맛있는 대추 비슷한 빨간 과일, 호박같이 생긴 도랑이라는 과일도 있어 많이 먹었다.

병원선을 타고 일본으로

단골 손님 중에 전라도 광주 출신의 조선인 후지와라(藤原)라는 사람이 있었다. 이 사람은 목공기술자로 군속이었다. 나는 후지와라에게 죽어도 조선에 나가고 싶다고 사정을 했더니 도와주었다. 위안부 중에는 이미 조선에 가기 위해 위안소를 떠난 사람도 있었다. 그러나 귀국길에 오른 배가 공격을 받아 침몰하여 죽는 일이 많다고 했다. 그래도 고향에 가고 싶은 마음이 간절하여 후지와라에게 이야기를 했다. 한참 후에 후지와라가 몇명과 같이 계급이 높은 군인을 만나러 가자고 했다. 후지와라는 목공일의 관계로 계급이 높은 군인들을 잘 아는 모양이었다. 우리 여섯 명은 그를 만나기 위해 몰래 위안소를 빠져나왔다. 혹시 오바상이 찾으면 위안소 뒤의 고무나무 숲에 산책하러 갔다고 말해 달라고 동료들한테 부탁해 놓았다.

병영에 도착해서 후지와라가 보초에게 무슨 말을 하니 통과시켜 주었다. 안에 들어가서 계급이 높은 사람을 만났다. 몇년째냐고 해서 육년째라고 하고 조선에 가고 싶다고 말했다. 그랬더니 병원선에 간호원이 부족한데 그 일을 하며 가겠느냐고, 잘 할 수 있겠느냐고 물었다. 우리는 그러겠다고 대답했다. 보름 후에 일본에 가는 적십자사 배가 나가니 그것을 타라고 했다. 이렇게 해서 여섯 명이 같이 싱가포르를 떠나게 되었다. 그것이 1944년 겨울이었다. 군에서 위안소에 사람이 오고 주인 오바상에게 우리들을 보내라고 말하자 오바상은 구스렁거리며 싫어했다. 우리가 떠나기 전에 새로온 조선인 여자들이 보충되어 왔다.

단골 중에 하나메라고 하는 일본인 군인이 있었다. 그는 내가 싱가포르를 떠나기 전에 청혼까지 했지만 나는 고향에 가고 싶어서 그럴 수 없다고 거절했다. 그는 나에게 제일 갖고 싶은 것을 사주겠다고 하면서 어느날 차를 타고 같이 시내에 나갔다. 내가 마음에 드는 가방을 고르자 그것을 사주었다. 하나메는 우리가 떠나던 날 '잘 가라'고 바나나를 한 아름 안겨 주었다. 그러나 뱃멀미도 나고 환자를 보느라고 정신이 없어 못 먹었다.

같이 나온 동료 가운데 '사다코' '이치마루' '마사코' '후지코' 등의 이름이 기억난다. '요시코' 와 '미도리' '에이코' 는 나보다 일찍 떠났는데 배가 폭격당해 죽었다고 한다.

병원선에서, 환자는 1층, 간호원은 3층에서 잤다. 정식 간호원은 몇 명 없었고, 우리 같은 사람들이 많았다. 환자에게는 냄새도 나고, 눈이 먼 사람, 팔이 없는 사람, 다리가 없는 사람, 폭격으로 엉덩이가 떨어져 나간 사람 등 별의별 사람이 다 있었다. 그들 중에는 죽어도 가족과 같이 있겠다고 가족사진을 꼭 쥐고 있는 사람도 있었다. 우리는 그런 환자들을 돌보는 일을 했다. 환자들에게는 한 끼에 우메보시 한 개와 미음 한 공기씩을 갖다 주었으며, 입이 다쳐 못먹는 환자에게는 누운 채 입을 벌리라고 해서 떠넣어 주곤 했다. 처음 며칠 동안은 환자에게서 나는 지독한 냄새와 흉악한 몰골 때문에 밥을 먹지 못했다. 배 안의 공기 또한 나빴다. 그래서 간호하는 사람들은 갑판 위에 올라가서 바람을 쐬라는 허락이 있었다. 갑판에 올라가서 보니 배 주위에는 적십자기가 많이 꽂혀 있었다. 그래도 미군 비행기가 가까이 날아 다녔고 어뢰가 접근하곤 했다. 하루 저녁에도 몇 번이고 공습 경보가 내리는 날이 있었다. 그럴 때에는 몸빼 차림에다가 발에는 빨간 양말을 신고 손에도 뭔가를 쥐었다. 배 가장자리에 작은 배들이 많이 매달려 있었는데 폭격이 심하면 이 배를 타고 뛰어내리라고 했다.

20일 만에 일본 '오시마'에 도착했다. 작은 배로 육지에 내리자마자 또 폭격이 있다고 하여 방공호로 들어갔다. 들어가 보니 사람들이 꽉 들어차 있었다. 공습이 끝나고 사람들한테 우리는 병원선에서 환자들을 간호하다가 나왔는데 잠을 어디가서 자야 되느냐고 물었더니 그들은 우리를 오시마 여관으로 안내해 주었다. 여관 2층에 가서 잘때 지진이 났던 기억이 난다. 우리들은 또 공습인 줄 알았더니 주인이 올라와서 지진이라고 알려 주었다. 다음날 여관 주인에게 조선에 나가려면 어떻게 하여야 하느냐고 물었다. 그는 시모노세키가 여기서 얼마 안된다고 하면서 거기에 부산가는 배가 있다고 했다. 기차 타는 곳도 알려 주었다. 싱가포르에서 나올 때 높은 사람의 도장이 찍힌 증명서를 받았는데 그것을 보여주면 기차는 그냥 탈 수 있었다. 그렇게 해서 경주까지 왔다. 경주에서 부모님이 사는 영덕군 달산면까지 걸어갔다. 부모님에게는 위안부 생활을 했다는 사실을 말하지는 못했다.

남은 인생만이라도 편안하게 살아봤으면

조선에 돌아온 지 약 반 년 후에 해방을 맞았다. 해방 후 나는 어렸을 때의 친구가 포항에서 하는 식당에서 일 년쯤 일했다. 식당이 잘 되지가 않아서 각자 다른 은행의 식당에 들어가서 육 년쯤 일하게 되었다. 셋방을 하나 얻어서 그 친구와 함께 살았다. 사다코와 마사코는 당시 자주 찾아와는데 마사코는 몸이 안 좋아서 수술한 후에 죽었다. 나보다 한 살 덜 먹었는데 혹시 살아 있었다면 나하고 같이 신고를 했을 것이다. 그 당시 같이 위안부생활을 한 사람 중에 경주에 살고 있는 사람도 몇이 있는데 신고를 안하고 있는 모양이다. 사다코는 지금은 어디서 어떻게 사는지 모른다.

은행 식당을 그만둔 후 포항에서 옷감장사를 했다. 비단을 보따리에 싸서 팔고 다녔다. 그러고 나서 고향에 돌아가, 농사 짓는 어머니와 함께 살기로 했다. 박씨와는 60년에 협의 이혼이라는 형식으로 호적을 정리했다. 내가 마흔두 살 때(62년), 마을 사람의 중매로 아들 셋, 딸 둘 있는 나이 많은 영감의 후처가 되기로 했는데, 그러고도 약 15년 동안이나 그 집에 들어가지 않고 여동생이 사는 동네에서 살았다. 그 동안은 잡화를 파는 작은 가게를 하고 살았다. 어머니가 돌아가시고 그 영감집에 들어갔는데 영감하고는 마음이 안 맞아 현재는 대개 내 남동생 집에서 지낸다.

동생들의 권유로 신고를 했는데 창피하다. 아직도 사회에서는 우리의 흉을 본다. 보상받아도 창피스러운 일인데 보상도 못 받는다면 너무나도 억울하다. 옛일을 생각하면 가슴이 두근거리고 온몸이 괴롭다.

지금은 친정 동생들의 신세를 지고 살아가고 있다. 남은 인생만이라도 혼자서 편안하게 살아 봤으면 한다. 그리고 위안부생활로 애를 못낳게 된 것이 가장 깊은 한이다.

(정리: 야마시다 영애)

고향에 돌아왔으나 가족은 간 곳 없고

이상옥

1922년 경북 달성 출생. 가정형편은 유복한 편이었다. 그러나 오빠의 극심한 반대로 학교를 그만두게 되었는데 공부가 너무 하고 싶어서 경성 고모집으로 부모 몰래 나왔다. 4학년까지 다녔으나 고모의 성화에 못 이겨 집을 나와 소개소로 갔다. 그곳에서 돈벌러 일본공장에 간다는 다른 여자들을 따라나섰다가 파라오로 끌려가 위안부생활을 하게 되었다.

학교에 다니고 싶어서

경북 달성군 달성면 조야동에서 1922년[1]에 2남 3녀 중 장녀로 태어났다. 나의 호적 이름은 상옥이지만 어릴 때는 얌전하다고 음전이라고 불렀다. 나는 개띠인데 할아버지께서는 '얘는 팔자가 세니 재취로 보내야겠다'고 말씀하시곤 했다. 당시 아버지는 면장으로 있었고, 집에서는 머슴을 두고 농사를 지어 유복하게 사는 편이었다. 내 동생들을 위해 유모를 둘 정도였다.

학교에 들어가기 전에 야학에 다녔는데, 밤에 짐승을 만나 놀란 후로는 다시 안 갔다. 아홉 살에 학교에 들어갔는데 금방 1학년 책을 다 읽을 수 있게 되었다. 그러자 세 살 위인 오빠가 계집애를 가르쳐서 어디다 쓰느냐면서 학교를 못 다니게 했다. 오빠는 학교를 못 가게 책을 모두 아궁이에 넣어 태워 버리면서 계집애는 공부 가르치면 바람난다고 했다. 그래도 내가 학교에 가고 싶다고 하자 오빠는 집에서는 할아버지가 계셔서 나를 때리지 못하니까 서당으로 끌고 가서 낫으로 찔러 죽인다고까지 했다. 나는 옆집의 키가 큰 언니가 학교를 다니는 것이 무척 부러웠다.

학교에 못 가게 했기 때문에 그해 늦은 봄에 엄마에게도 말을 안 하고 고모가 사는 서울로 도망쳤다. 집을 나와서 기차를 탔다. 어린애니까 차비가 없어 그냥 탔다. 서울역에서 내려서 전차를 타고 입정정에서 내려서 고모네까지 걸어갔다. 고모네 집은 경성부 입정정(笠井町)에 있었다.

과부였던 고모는 포목장사를 했지만 사는 형편이 그리 좋지는 않았다. 그래서 고모는 나보고 집에 내려가라면서 일만 시켰다. 고모 집에는 나보다 나이가 많은 사촌언니와 오빠가 있었는데 그들이

1) 주민등록상에는 1920년으로 되어 있다.

음전이를 일만 시키고 학교는 안 보낼거냐, 학교에 가고 싶어서 올라온 애인데 하며 편을 들어줘서 그 이듬해 열 살 때 학교에 다시 입학하게 되었다. 다니던 학교 이름은 잘 기억이 나지 않는다. 학비는 고모가 대주었다. 학교를 다니면서 고모네 집의 청소와 바느질도 해야 했으므로 공부도 제대로 못했다. 학교가 멀었기 때문에 아침밥을 먹고 일찌감치 집을 나서서 학교에 갔다.

일본애들도 다니는 학교였는데 선생님이 내 긴 머리를 쓰다듬어 주시며 나에게 머리가 좋다고 했던 것이 기억에 남는다. 여자애들은 별로 없었고 남자애들이 많았다. 어떤 때는 학교에서 돌아오다가 애들이랑 공기놀이도 하고, 줄넘기도 하고 해서 저녁밥을 먹을 때쯤 오기도 했는데 그러면 늦게 왔다고 야단을 맞았다.

방은 사촌언니들과 같이 썼다. 사촌언니 중 한 명은 학교를 졸업하고 직장에 다녔다. 용돈이 없어서 고모가 담배 사오라는 돈을 가지고 5전짜리 사탕을 사 먹은 일이 있다. 고모는 꾸중은 안 하시고 담배 사오라고 다시 돈을 주셨다.

내가 고모집에 온 이후에 고모가 달성에 가면 오빠는 나를 학교 보내준다고 고모를 보고 야단하면서 나를 학교 보내지 말라고 성화를 했다고 한다. 또 오빠는 나를 없는 자식 셈 치자고 하며 부모가 나를 찾으러 오는 것도 말렸다고 한다. 나는 집으로 편지도 하지 않았다. 나는 공부에 재미를 붙혀서 교과서는 물론 그밖에도 닥치는 대로 읽었다.

고모집을 나와서

4학년까지 학비를 대주던 고모가 더 이상 학비를 못 대주겠으니 집으로 내려가라고 했다. 그간에도 고모는 나보고 여러 번 집으로 내려가라고 말했었다. 그러면 나는 울면서 집에 가면 공부를 안 시켜주니까 안 간다고 했다. 그때마다 고모는 내 고집을 꺾지 못하고 그냥 있으라고 했다. 나는 공부도 더 하고 싶고 집에 가면 오빠가 공부 못하게 할테니까 집에는 못간다고 했다. 결국 6년제 학교였는데 4학년까지 밖에 다니지 못했다.

고모가 하도 성화를 해서 고모네 집을 나왔다. 열네 살 때였다. 고향집에 내려가면 오빠한테 맞아 죽을까 봐 무서워서 못갔다. 고모집을 나와 돌아다니다가 어떤 집에서 사람소리도 나고 노래 부르는 소리도 나서 고개를 돌려보니 대문이 활짝 열려 있었는데 대문 옆에 소개소라는 간판과 김문식이라는 문패가 걸려 있었다. 그 집 주소는 경성부 입정정 123번지였다. 고모네 집과 가까이 있었다. 나는 처음에 소개소가 무슨 뜻인지를 몰라 노랫소리가 나길래 노래를 배울까 하고 들어갔다. 나는 겁이 없었다. 들어가 보니 여자들이 마루에서 장고를 치고 있었고 남자들은 듣고 있었다. 나중에 보니 소개소에서는 여자들을 불러서 노래를 시켜봐서 잘하면 인력거를 태워 어딘가로 내보내곤 했다.

내가 들어가니 아주머니가 "어디서 왔니?"라고 물어서 "집은 달성인데 경성 고모집에 있다가 일을 저질러서 쫓겨났다"고 거짓말을 했다. 그 아줌마가 자기 집에 있겠느냐고 물어서 그러겠다고 했더니 그러면 수양딸을 삼아야겠다고 했다. 그 집에서 밥 하고 빨래하면서 1년 정도 보냈다. 소개소에 들어간 것은 겨울이었다. 그 집에서 나에게 밥 먹여주고 옷을 해주고 용돈으로 가끔 10전이나 20전씩 주었다. 그러면 옷 한 귀퉁이를 뜯어서 그 돈을 집어넣고 다녔다. 소개소 주인 아주머니 이름이 김문식인데 과부로 살고 있었다. 나이는 사십이 넘었고, 얼굴이 희고 남자처럼 머리가 하나도 없었다. 소개소에 있으면서 언니들이 장고 치고 노래하는 것을 자꾸 들어서 나도 많은 노래를 흥얼거리게 되었다.

어느날부터인가 여자들을 계속 집으로 끌어들였다. 한두 명씩 들어왔는데 아버지에게 팔려서 온 애들도 있었다. 소개소에 있던 늙은 조선인 남자 한 명과 일본인 군속 한 명이 지방을 돌아다니며 여자들을 모아온다고 했다. 일본인 군속은 누런 국방색 군복을 입고 있었고 군복 어깨에 빨건 것과 퍼런 것이 붙어 있었다. 견장에는 빨건 갈매기 모양의 것이 한 개 있었다.

내가 언니들에게 어디로 가느냐고 물으니까 자기들을 모아온 일본인 군속을 따라서 일본 공장으로 간다고 했다. "나도 갈까?" 하고 물었더니 언니들이 가자고 해서 일본인 군속에게 말했더니 그는 좋다고 하면서 내 이름을 적었다. 내가 주인 아주머니에게 일본에 가겠다고 말을 하니 가고 싶으면 가라고 했다. 달성집이나 고모에게 연락은 하지 않았다.

일본인 군속은 여자들이 나까지 합쳐 열 명이 되자 길을 나섰다. 여자들은 경상도, 전라도 등 여러 지방에서 온 사람들이었다. 나이는 열여섯 살, 열일곱 살, 열여덟 살이었는데 내 나이가 제일 어린 열다섯 살(1936년)이었다. 봄이었던 것 같다. 겹저고리에 검정 치마를 입고 있었다. 서울에서 부산까지 기차를 탔다. 부산에서 곧바로 연락선을 타고 시모노세키로 갔다. 거기서 치렁치렁 길었던 머리를 단발머리로 잘랐다. 머리가 길면 조선 사람인 줄 안다고 했다. 여관에서 다른 여자들이 배가 고프다고 하면 과자와 계란 등을 사다 주는 심부름을 내가 했다. 일본말을 조금 할 줄 알았으니까.

거기서 일주일쯤 있다가 또 배를 타라고 해서 여기가 일본 땅인데 또 어디로 가느냐고 했다. 배는 아주 큰 연락선인데 배 안에 술집도 있고 목욕탕도 있었다. 여자라고는 우리 열 명뿐이었다. 많은 여자들이 멀미를 해서 식당에 가 우메보시와 된장국 국물을 얻어다가 먹였더니 멀미가 멈췄다.

몇 날을 갔는지 몰라도 배 위에 올라가 물결치는 것을 보며 소개소에서 배운 노래를 부르다가 나도 모르게 눈물을 흘렸다. 그때 뱃사람들이 너희들이 가는 곳은 뻘거벗은 시커먼 토인이 옷도 안 입고 나무껍데기로 몸을 가리고 사는 곳인데 가면 죽는다고 했다. 거기 가서 무엇을 하게 되느냐고 물으니 '다와시(수세미)' 공장에서 일하게 된다고 했다.

파라오에 도착하여

배를 타고 섬을 지나칠 때 뱃사람들이 저기가 사이판이고 그 밑의 섬이 야프이고 우리가 내릴 섬이 파라오[2)]라고 했다. 파라오에 도착했는데 부두시설이 제대로 되어 있지 않아서 배를 섬에 바짝 대지를 못했다. 배가 뚜우 하고 소리를 내니까 저쪽에서 '덴마'(傳馬)를 타고 시커먼 원주민 한 명이 왔다. 그는 옷은 입지 않고 시뻘건 천으로 아래만 대강 가리고 있었다. 배에서 사다리가 내려져서 막 내리려고 하는데 뱃사람들이 "거기 토인들은 옛날에 사람을 잡아먹은 일도 있다"고 우리를 겁주었으므로 울면서 안 내리겠다고 했더니 빨리 내리라고 야단을 했다. 덴마는 아주 작아서 겨우 두 명 정도가 탈 수 있었기 때문에 여러 번 왕래를 해야 했다.

내려서 보니 개발이 제대로 안된 자연 그대로의 섬이었다. 그곳 사람들은 옷을 입지 않고 있었고 여자들도 야자 잎파리로 허리만 가리고 다녔다. 걸어서 도착한 곳은 판자로 기다랗게 기역자로 지은 집이었다. 그 집은 단층이었는데 터가 넓었고, 한쪽 옆에 화초밭이 있었다. 넓은 마당 주위에 나무들이 있어서 울타리 구실을 했다.

거기까지 따라온 일본인 군속이 우리들을 주인에게 넘겼다. 그 주인은 조선인 부부였는데 전라도말을 쓰고 있었다. 남자의 이름은 모르고 성은 하야시라고 했다. 남자는 일자무식이었고 뚱뚱한 부인은 일본말을 잘했다. 주인은 우리들이 어디서 왔는지, 부모들은 알고 있는지 등을 물었으나 우리들은 배도 고프고 우느라고 정신이 없었다.

---

2) 서태평양 캐롤라인제도 서부의 섬무리 약 200개로 이루어진 파라오는 1914년 일본이 점령, 1919년에 일본의 위임통치령이 되었다. 당시 수도 코롤에는 남양청이 설치되었고 인구 약 2만인의 정(町, 일본의 행정단위)이 건설되었다.(渡邊光외 편, 『世界地名大事典 5』, 朝倉書店, 1973).

주인은 우리들을 데리고 온 군속에게 돈을 지불했는데 이 돈의 액수에 따라 각자 1년 반, 2년, 3년 등으로 기한이 정해졌다. 나는 1년 반이 기한이었다. 내가 미리 돈을 받은 것은 하나도 없었다.

처음에는 빠빠야, 파인애플, 바나나 등을 먹었다. 일주일쯤 지나자 쌀이 와서 밥과 된장국을 먹었다. 식당에는 밥을 해주는 30대 조선 여자가 있었다. 주인의 친척이었다. 이때는 군인들을 받기 전이라 언니들과 얘기하며 지냈다. 비가 오면 빗물을 받아서 식수로 사용하고 빨래도 했다. 날씨는 조선의 5월쯤 되는 날씨였고 비가 오면 선선했다.[3]

그 집에는 한자로 쓰여진 간판이 붙어 있었는데 우느라고 눈여겨보지 않았다.[4] 그 집 입구에 있는 미닫이 문을 열고 들어가면 현관이 있었고 현관에 붙은 방이 주인 방이었다. 주인 방 옆에 주방과 사무실이 있었다. 서로 마주보는 방이 무척 많았다. 지붕 추녀에 통을 연결해서 비가 오면 땅 속에 묻은 저장탱크로 물이 들어가게 해서 그 물을 소독해서 먹었다. 이 물을 수도로 연결해 화장실에서 쓸 수 있었다. 주인방 앞에는 자기네들만 쓰는 조그만 탱크가 있었다.

주인이 허가를 내야 손님을 받는 장사를 할 수 있다고 했다. 한 보름 정도 있다가 허가가 나왔다.

거기 도착한 지 보름쯤 지난 어느날 저녁 주인이 우리에게 현관에 나와 앉아 있으라고 했다. 조금 있으니 군인들이 와서 신발을

3) *Worldmark Encyclopedia of the Nations Asia & Oceania*, 1984. 파라오의 날씨는 열대성 기후로 계절에 따른 변화는 거의 없다. 연중 기온이 21~29도이고 습도가 높다.

4) 전쟁중에 일본군은 파라오에 보급창을 두어 남양 각 전선으로 군수물자를 보냈다. 파라오는 군사기지이면서 일본군 휴양지이기도 해서 전쟁 당시 남양식 원두막으로 된 '고난소'라는 요정이 코롤 시내에 있었고 군위안부가 백여 명있었는데 일본 창녀와 함께 군인들의 노리갯감이 되었다고 한다. 해외희생동포위령사업회 편, 『해외희생동포위령사업 10년사;하늘이여 땅이여 조국이여』, 대구대출판부, 1987.

벗어 들고는 자기 마음에 드는 사람을 방으로 데리고 들어갔다. 처음 군인을 받을 때는 정말 무서웠다. 비명을 지르며 난리를 쳤다. 그 군인은 내가 운다고 때렸다.

그 집에서는 오후 서너 시쯤에 군인이 오기 시작했다. 주인은 계급이 높은 군인에게는 나이가 좀 들고 철이 난 여자를 소개해 주고 나이 어린 나에게는 무식한 졸병들만 소개했다. 졸병은 내가 말을 잘 안 듣는다고 인정사정 없이 때렸다. 어떤 때는 군인이 신발을 벗고 올라와서 마음에 드는 여자를 지적하면 그 여자가 그 군인의 신발을 받아들고 방으로 따라 들어가기도 했다.

나는 많아야 하루에 두세 명밖에 받지 않았다. 군인 두 명만 받아도 지쳐서 드러누웠다. 내가 현관에 있다가 주인이 손님을 모시라고 하면 벌벌 떨고 하도 울어서 주인은 다른 여자보고 데리고 들어가라고 했다. 다른 언니들은 20명 정도를 받아야 했다. 하얀색 군복을 입은 군인과 국방색 군복을 입은 군인들이 왔다. 조선인 군인은 보지 못했다. 부대는 어디 있는지는 모르지만 바닷가에 있다고 했다.

군인을 받을 때 한번이라고 하면 보통 한 시간을 의미하는데, 한 번 하고 옷도 안 입고 있다가 또 달려드는 군인도 있었다. 이렇게 몇 번씩 덤벼들려고 하면 나는 싫다고 거절했다. 나는 소리를 꽥꽥 지르고 악을 쓰면서 그 요구를 들어주지 않았다. 그러면 때리고 칼로 찌르기도 했다. 군인을 받다가 못견디어 도망가다 붙잡혀서 매도 숱하게 맞았다. 그때 하도 맞아서 오른쪽 귀가 잘 안 들리고 몸뚱이에 성한 곳이 없다. 도망가면 목을 옭아매서 끌고 다니고 별짓을 다 했다. 월경을 할 때도 군인들은 상관하지 않았다. 주인에게 월경 때문에 군인을 못 받는다고 하면 더 야단을 했다. 나를 자주 찾아오거나 잘해 주는 군인은 없었다. 내가 쌀쌀맞게 대하고 상대하지 않으려 한다고 군인들은 때리기만 했다.

주인은 여자들에게 일본식 이름을 지어 주었는데 내 이름은 '노부코'였다. 다른 언니들 이름은 부른 적이 별로 없어 기억이 나지 않는다. 하나코라는 언니만 기억이 나는데 전라도가 고향인 그 언니는 얼굴이 예뻐 군인들한테 제일 많이 시달렸다.

돈은 군인들이 직접 사무실에 내기도 하고, 방에 들어와 여자들에게 주기도 했다. 돈을 받은 여자는 이것을 주인에게 갖다 줬다. 요금은 보통이 1원, 밤새 자는 사람이 3원이었다. 일본돈이었다.

여자들은 방 하나에 한 명씩 들어갔고 방에는 조그만 옷장이 있었다. 이불도 있었는데 이불과 옷장 값은 나중에 우리들의 수입에서 제했다. 방은 다다미가 깔렸고 두 평쯤 되는 크기였다.

나의 한 달 수입은 30원이라고 했다. 그런데 옷, 화장품, 거울 같은 것을 가져다 주고는 수입에서 제하였으므로 나는 손에 돈을 쥐어본 적이 없다. 주인은 손님을 받으려면 깨끗이 해야 되고 옷도 잘 입어야 된다면서 한복, 기모노, 원피스 등 옷을 갖다 주었다. 반찬도 값비싼 것을 만들어 주고는 수입에서 제했다.

반찬으로는 김치도 있었고 밥도 세 끼를 먹기는 했으나 조금밖에 안 주어 배가 고팠다. 그래서 파인애플 같은 것도 따 먹었다. 문 앞에는 감시하는 남자가 있었다. 꾀가 많은 언니들은 감시하는 남자에게 돈을 좀 집어 주고 잠깐 물건 사러 나갔다 오기도 했다.

그 집에 있는 여자들은 일주일에 한번씩 검사를 하러 병원에 갔다. 병원은 군병원이었고 일본인 군의관 한 명과 일본인 간호부 두 명이 있었다. 우리는 매독 검사를 받았는데 군인을 많이 받은 언니는 매독이 있었다. 삿쿠를 끼는 군인도 있고 안 하는 군인도 있기 때문이다. 병에 걸리면 병원에 입원하여 치료를 받았다. 나는 성병에 걸린 적이 없었다. 군인을 받고 나서는 곧 화장실로 달려가서 씻었다. 더럽다고 생각했기 때문이다. 내가 씻으러 간 사이에 방에 있던 물건을 집어가는 군인도 있었다. 그러면 주인이 또 물건을 사서 방에 가져가라고 했다. 그러면 "난 안 사요. 가져가 봐야 군인들이 다 훔쳐가는데 죽 쒀서 개 줘요?" 하고 거절했다. 주인은 그래도 갖다놓아야 한다면서 “다른 여자들은 다 사는데 너만 왜 그러냐?”면서 때렸다.

병에 걸려 입원하면 주인은 펄펄 뛰고 난리가 났다. 이렇게 한 달, 두 달 동안을 병원에 있으면 어떻게 빚을 갚으려고 그러느냐고 야단이었다. 빚을 갚지 못하면 기한이 자꾸 늦어졌다.

처음의 조선인 주인 부부는 몇 개월 뒤에 위안소를 일본인 부부에게 넘겼다. 이 주인들은 나이가 4, 50대였다. 주인이 바뀌자 밥해주는 여자, 관리하는 사람도 다 바뀌었다. 주인이 바뀌어도 대우는 똑 같았다.

처음에는 나와 같이 간 여자 열 명뿐이었는데 그 뒤에 여자들이 계속 더 왔다. 그 기생들도 왔는데 그 중에는 평양에서 유명했던 기생도 있었다. 나이가 좀 들어보이는 그 기생이 사람을 얼마나 많이 끌었는지 모른다. 그 기생이 온 뒤로는 일본 기모노를 입고 오는 남자가 많았다. 와서는 기생들을 불러서 노래를 하게 했다. 일본 사람 중에는 조선말을 할 줄 아는 사람도 있었다. 기생 중에는 춤 추는 사람도 있고, 가야금을 뜯는 기생도 있었다. 전라도 육자배기를 하는 기생도 있었다. 기생들도 손님을 받았다.

전쟁으로 많은 사람이 죽기는 했지만 자살한 여자들은 없었다.

나는 스물한 살에 월경을 했다. 자고 나니 요가 빨갛게 물들어서 내가 아픈 데도 없는데 죽으려나 보다라는 생각에 울고 있었다. 옆방 언니가 와서 그 얘기를 했더니 ‘웬 여자애가 이리 어리석냐?’고 했다. 그 언니가 뛰어 나가서 전화로 가게에다 가제를 주문하여, 그걸 잘라서 쓰는 방법을 알려 주었다.

파라오에서 전쟁이 나기 전에 한번은 일본인 군인들로부터 배운 아리랑 무용을 무대에 올라가서 공연한 적이 있다. 일본인 군인들은 평소에도 아리랑아리랑 하며 그 노래를 부르고 다녔다.

어느 때는 날을 잡아서 그 집에 있던 4, 50명 되는 여자들이 군복을 입고 모자를 쓰고 훈련을 받으러 나갔다. 훈련은 일본 군인이 나와서 시켰다. 국방색 옷을 맞춰 주었다. 모자를 잘못 쓰거나 단추를 제대로 못 끼워도 지적을 받았다. 배도 고프고 햇빛을 많이 쬐여서 몇 번 쓰러지기도 했다. 그래서 매도 맞았다.

손님이 없을 때는 사무 보는 남자가 여자들을 불러서 일본말과 글을 가르쳤다. 나는 일본말을 알기 때문에 일본어로 대답하면 "넌 저리가"라고 하며 다른 여자들을 중심으로 가르쳤다.

파라오에 들어가서 얼마 있으니까 조선인 개척자들이 들어오기 시작했다.[5] 그들이 농사도 짓고, 길도 내고, 집도 짓고 해서 섬이 많이 나아졌다. 한번은 밖에 나갔는데 조선에서 온 사람들이 밭에서 일을 하고 있었다. 이민온 사람은 전라도 사람이 제일 많았는데 조선 여자들이 유곽에 많이 있다니까 찾아왔다. 주인은 조선 사람도 받으라고 했지만 나는 상대하지 않았다.

한번은 못된 육군 졸병이 내 가슴, 팔, 발을 칼로 찔러서 병원에 입원하여 치료했는데 그 상처자국은 지금도 있다. 그곳에는 병원이 하나밖에 없었는데 병원은 내가 있던 집보다도 작았다. 내가 입원해서 엄마, 엄마하고 울었더니 일본인 군의관은 엄마가 어디 있느냐고 물었다. 그래서 조선에 있다고 했다. 내가 일본말을 조금 할 줄 아니까 그 군의관이 상관에게 얘기를 해서 병원에서 일하게 되었다.

그후 병원에서 의사가 가르쳐 주는 대로 오리주둥이 같은 기구로 여자들 성기를 검사하는 일을 했다. 일주일에 한 번씩 이 여자들을 검사할 때가 제일 바빴다. 왜냐하면 100명이 넘는 여자들이 검사를 받으러 왔기 때문이다. 그중에 조선인 여자가 약 50명 정도 되었다. 병원에 있으면서 파라오에는 일본 유곽과 조선 유곽이 각기 하나씩 있다는 것을 알게 되었다.

병이 있는 여자들은 나팔관에 고름이 생겨서 잘 빠지지 않았다.

5) 1939년 1월 남양청으로부터 조선총독부로 조선인 개척부대 5백 명을 보내 달라는 요청이 처음으로 있었다. 每日新報 1939년 1월 18일.

10명 이상이 늘 입원해서 치료를 받았다. 치료는 자궁 안에 새알 같은 약을 넣고 솜으로 막은 후 24시간이 지난 다음에 다시 검사를 하는 것이다. 증세가 덜한 여자는 2, 3일 만에 나가고 심한 여자들은 한 달 정도 있었다. 검사를 하면서 보니 끌려온 여자 중에는 애기를 낳은 경험이 있는 사람도 있었다.

병원에서 한달 월급은 50전이었다. 월급으로 담배를 사 피우면 남는 것이 별로 없었다. 담배는 몰래 피웠다. 평소 입던 한복을 입고 일했다. 병원에서도 '노부코'라고 불렀다.

병원에서 일한 지 얼마 되지 않아 의사와 간호부들 몇 명과 함께 비행기를 타고 싱가포르로 갔다. 소화 17년(1942년)이라고 기억된다.[6] 싱가포르에서는 야전병원에서 일했다.

싱가포르에 몇 달 있다가 파라오로 되돌아왔다. 돌아와서 다시 그 병원에서 일하기 시작했는데 전쟁이 나자[7] 폭격이 심해서 여기저기 뛰어다니며 일했다. 급하면 경운기 같은 오토바이를 타고 다녔다. 의사와 간호부를 도와서 부상당한 군인들을 치료했다. 전쟁 초기에 군의관은 내가 파라오에 오래 있어서 풍토병이 생길 수 있다고 진단서를 써주면서 조선에 가라고 했다. 그 진단서를 가지고 경찰서에 가서 수속을 하고, 짐을 꾸려서 배에 싣고 다음날 떠나려 했는데 그 배가 폭격을 맞았다. 그래서 전쟁이 끝나서야 나올 수 있었다.

내가 있었던 그 집은 허허벌판에 있었기 때문에 잘 보여서 폭격을 당했다. 폭탄을 맞아 집에 구멍이 숭숭 나 있었다. 그 집에서 죽은 여자들이 많았다. 나는 그 집에서 좀 떨어진 시골에 있다가 폭탄소리에 놀라 어느 집 2층에서 뛰어내리다가 다리를 다쳤다.

6) 일본은 1942년 2월 15일 싱가포르를 함락했다.

7) 미군의 파라오 공습은 1944년 3월 31일, 4월 1일, 8월 8일, 그리고 8월 25일부터 9월 9일까지는 계속되었다. 근처 섬인 마리아나제도에 대한 공습은 1944년 2월 23일에 있었고 미군의 사이판섬 상륙작전은 1944년 6월 15일에 시작되어 7월 10일에 끝났다.

폭격이 심해 의사와 간호부와 헤어져 이와야마로 피난갔다. 먹을 게 없어서 냇가에 있는 커다란 달팽이를 먹었다. 그곳 사람들은 독이 있다고 먹지 않았다. 나중에는 도마뱀과 쥐도 산 채로 잡아먹었다.

어느날 밤에는 군인이 준 항고(일종의 취사 도구)에 쌀을 몇 줌 꺼내서 주위를 더듬거려 물을 붓고 불빛이 안 보이게 밥을 하다가 폭격을 당했다. 그 밥을 들고 정신없이 도망다니다 아침에 보니 밥이 덜 되어 시뻘갰다. 사람이 죽은 핏물을 받은 것이었다. 그래서 같이 있던 여자 여섯 명이 의논하였지만 이거라도 안 먹으면 죽는다는 생각에 눈을 감고 먹을 수밖에 없었다. 그렇게 같이 다녔던 여섯 명은 어디서 다 죽었는지 나 혼자만 살아 남았다.

나는 피난 다닐 때 총알을 피하려고 담요를 뒤집어 쓰고 산의 나무 사이로 돌아다녔다. 더운데 이불을 쓰고 다닌다고 보는 사람마다 야단을 했지만 그래도 계속 쓰고 다녔다.

그런 가운데서도 강간하는 군인이 있었다. 그때 어떤 군인이 입술을 깨물어서 입술이 부르텄다. 현재도 아랫입술에 자국이 거무스름하게 남아 있다.

고향에 돌아왔으나 가족은 간 곳 없고

전쟁이 끝나갈 무렵 미국 비행기가 와서 삐라를 뿌렸다.[8] 조선 사람은 손 들고 나오라고 한글로 쓰여 있었다. 일본 군인이 뭐라고 써 있냐고 총을 들이대고 묻는 것을 글을 못 배워서 못 읽는다고 거짓말했다.

일본이 패하자 어떤 일본 군인은 병을 깨뜨려 거꾸로 꽂아 놓고 머리를 박아 자살을 하는 사람도 있었다. 미군이 와서 조선인과 일본인을 나뉘어 세웠다. 조선인들은 자기들이 탄 배로 가라고 했는

8) 1944년 9월 15일에 연합군이 파라오의 한 섬인 페리류에 상륙했다.

데 나는 겁이 나서 머뭇거리다가 따라갔다. 미군은 담배를 주면서 일본제 시계와 바꾸어오라고 했다. 그래서 담배를 가져다가 일본인 군인들의 시계와 교환했는데 시계가 없는 군인들은 돈을 내기도 해서 돈을 조금 벌 수 있었다.

밤에는 담요를 덮고 아무 데서나 잤다. 그러다 가족 이민온 사람들과 함께 1946년 조선으로 나오는 배를 탔다. 추운 섣달에 부산에 내렸다. 내려서 고향인 달성으로 갔다. 집에 가 보니 아무도 없었는데, 가족들이 어머니 친정인 상주로 떠난 지가 오래됐다고 동네 사람들이 이야기해 주었다. 상주로 찾아갔으나 아무도 찾을 수 없었고 그후 전국을 다 돌아다녔어도 가족을 만나지 못했다.

6·25 때는 충남 당진에 있었는데 내가 파라오에서 겪은 것보다 더한 일이 생기겠나싶어 피난도 가지 않았다. 이후 대천에서도 살았고 남한산성의 공사장에서 밥을 해주기도 했다.

그러다가 남양에서 알게 된 사람이 사는 당진으로 갔다. 그 집에 가니 젊은 사람이 왜 시집을 안 가느냐고 했다. 그 집에서 중매를 해서 부인과 사별하고 아이가 셋 있는 남자의 집으로 시집갔다. 사실 그 남자는 아무것도 가진 것이 없어서 살고 싶지 않았는데 애들이 불쌍해서 살아보기로 했다. 내가 그 집에 들어간 것이 서른여섯 살 되던 1957년이었다. 영감은 결혼식을 하자고 했지만 애가 셋이나 되는데 뭘 하느냐고 그냥 살았다.

시집가서 한번은 임신한 지 7개월이 되었는데 유산되었다. 이후에는 다시 애가 생기지 않았다.

영감이 중풍으로 죽은 후 큰아들 내외와 같이 살았다. 그런데 큰아들은 바람을 심하게 피워서 본처와는 이혼하고 첩과 살았다. 첩이 내 머리를 잡는 등 행패를 부려서 영감의 먼 친척이 되는 이 집으로 왔다. 이 집에 온 지 칠년째이다. 내가 들어온 이후 이집 살림이 좋아져서 먹고 사는 걱정은 없다. 그러나 생활보호대상자로 나오는 배급은 타 먹는다.

그때 일을 생각하거나 얘기를 하고 나면 머리가 아파서 며칠 동안 잠을 제대로 자지 못한다. 다리를 뻗고 울어도 시원치 않다. 남양에서의 일 때문에 나는 홧병이 걸렸다. 울화가 치밀어 올라 겨울에도 방문을 열어놓고 자야 잠을 잘 수 있다. 자주 가는 병원에서는 신경을 쓰지 말라고 했다. 그리고 이 오른쪽 종아리가 밤에 자다가 쥐가 나서 고생이다. 남양에서 도망가다가 칼등에 찍혀서 피를 많이 쏟아서 그렇다. 요즘은 정말 몸이 고단하고 귀찮다. 명랑이라는 두통약을 20대 초반부터 파라오에서 먹기 시작한 것을 지금도 하루에 두 개씩 먹는 중독자가 되었다. 요즘에는 두통도 두통이지만 숨이 차서 병원에 치료받으러 다닌다.

(정리: 여순주)」

만주, 한구, 그리고 고도라지아를 전전하며

이득남(가명)

1918년 경남 거창 출생. 술과 노름으로 날을
보내는 아버지의 행패가 심하여 집 떠날 기회를 엿보았다.
그러다가 고모를 따라 만주에 가 고모네 카페에서 잔심부름을
하며 지냈다. 1939년 22세에 카페에서 일하는 언니들을
따라 나섰다가 한구로 끌려가 그곳에서 위안부생활을 하게 되었다.

집에 있기가 죽기보다 싫어서

나는 1918년 10월 5일, 경상남도 거창에서 농부의 맏딸로 태어났다. 내 밑으로 남동생 둘, 여동생 둘이 있었는데, 집안 형편이 넉넉치 않아 언제나 쪼들리는 생활을 했다. 게다가 아버지는 노름판에 빠져서 식구들의 입에 풀칠하기도 모자라는 식량을 다 노름판에 밀어넣었다. 어머니랑 내가 밤늦도록 졸린 눈을 비비며 아버지 오기를 기다리고 있으면, 아버지는 술을 잔뜩 먹고 들어와서는 자는 동생들까지 깨우고 행패를 부렸다.

내가 아홉 살 때, 어머니는 아버지 몰래 나를 보통학교에 넣었는데, 하루는 학교에 가다가 아버지한테 들켰다. 아버지는 눈을 부라리고 "기집애가 공부는 무슨 공부냐" 하면서 내가 들고 있던 책보자기를 빼앗아서 아궁이에 처넣어 버렸다. 여러 번 그런 일이 있었지만, 어머니는 여자도 세상 사는 데 눈을 떠야 한다면서 나를 학교에 계속 다니게 해주었다. 하지만 나는 아버지 눈치 보랴 집안일 하랴 수업진도를 따라가기에 힘이 부쳐서 학교는 2년쯤 다니다가 그만두었다.

아버지는 날이 갈수록 술을 많이 드셨고 나만 보면 언제나 이유 없이 야단을 치곤 했다. 그래서 나는 집에 있는 것이 죽기보다 싫었다. 하루는 내가 동생들을 데리고 동네 아이들과 강에서 물고기를 잡아 가지고 집으로 오는데, 길 저쪽에서 아버지가 "이년아, 사내애같이 고기나 잡으러 싸다니느냐, 때려 죽일 년!"이라고 마구 소리지르며 나를 잡으러 쫓아왔다. 나는 얼마나 놀랐던지 고기 담은 소쿠리를 내팽개치고 다리 건너에 있는 큰집 쪽으로 정신없이 달려갔다. 다리 위를 뛰어가는데 아버지가 던진 큰 돌멩이가 내 뒤통수에 맞았다. 나는 피가 흐르는 것도 모른 채, 큰집으로 달려갔다. 뜨락에서 일하고 있던 큰어머니는 나를 보고는 기겁을 하며 뛰어나오셨다. 나는 큰어머니 뒤에 숨어서 정신없이 울었다. 아버지가 나를 따라들어오자, 뜨락에 계시던 큰아버지는 아버지를 야단쳐서 돌려보내고는 내 뒤통수에 된장을 발라 주었다. 며칠 동안 큰집에 있다가 어머니가 데리러 와서 나는 집으로 왔다.

내가 열일곱 살이 되던 해에 집에서는 옆 마을 포목점집 아들에게 나를 시집보낸다는 이야기가 오고갔다. 나는 아버지가 먹는 입 하나 줄이려고 맏딸인 나를 시집보내려는 것 같아서 나는 팔려가는 것처럼 느껴졌다. 그래서 집에서 몰래 빠져 나와서 동네 친구와 함께 돈 벌러 함께 떠났다. 우리는 기차를 타고 인천에 있는 방직공장으로 갔다. 그러나 낯선 인천 바닥에서 취직하는 것이 쉬운 일이 아니고 처음 집을 떠나와서 두렵기도 해서 며칠 후에 그냥 거창으로 내려왔다. 아버지에게는 친구집에 있었다고 둘러댔다.

얼마 후, 만주 목단강 근처에 사는 고모가 우리집에 찾아왔다. 나는 고모를 따라가고 싶다고 하였지만 고모는 안된다고 하였다. 고모가 가고 나서 며칠 후, 나는 모두가 자는 새벽에 어머니 허리춤에 있는 주머니에서 돈을 꺼내어 집을 나와서 만주로 가는 기차를 탔다.

고모는 만주에서 '신천지'라는 카페를 운영하고 있었다. 내가 그곳에 가니 고모는 놀라면서 어떻게 왔느냐고 했다. 내가 집에서 몰래 나왔다고 하니까 고모는 기왕 왔으니 며칠 있다가 가라고 했다. 그곳에서 나는 고모에게 가끔씩 용돈을 받으며 부엌일도 도와주고 잔심부름도 하며 지냈다. 고모는 나를 집으로 돌려 보내려 했으나 내가 안 간다고 우기니까 나중에는 고모도 나를 그냥 놔두었다.

만주에 1년쯤 있다가 고향에 다니러 갔더니 아버지는 여전히 술을 마시고 외박을 하곤 했다. 하루는 밖이 시끌시끌하여 내다보니 집 마당에 아저씨 몇 명이 와 있었다. 아버지가 빌려간 노름빚을 내놓라고 욕을 하고 야단이었다. 어머니는 당황해서 어쩔 줄을 몰라 하고 동생들은 울고 있었다. 나는 기가 죽은 어머니를 보면서 내가 돈을 벌어 그 빚을 갚아야 되겠다고 결심하였다. 그래서 집에 며칠 머물다가 다시 만주로 갔다.

돈 벌게 해준다는 말에 속아

신천지 카페에는 나보다 나이 많은 언니 두 명이 일하고 있었는데 그 언니들은 나에게 무척 잘 해주었다. 나는 여기저기 취직자리를 알아보며 그 언니들의 심부름을 해주었다. 카페에는 일본인과 장사 온 조선사람들이 많이 찾아왔다. 자주 들리는 일본인[1]이 있었는데 그는 서른한 살 정도로 얼굴이 하얗고 도수가 높은 금테안경을 쓰고 있었다.

어느날 그가 와서 언니들에게 돈을 더 많이 벌 수 있는 카페를 소개해 주겠다고 했다. 그리고 부엌에서 잔심부름하는 나를 보며 예쁘다고 하면서 누구냐고 물었다. 언니들이 주인 질녀라고 하니까 그애도 같이 가자고 했다. 언니들은 저애는 카페 같은 데서 일하는 아이가 아니지만 일자리를 구하고 있으니 일단 물어보겠다고 했다. 언니들은 나에게 자기들은 돈을 더 많이 버는 데로 옮겨가는데 내가 따라가서 지금처럼 빨래해 주고 잔심부름하면 봉급을 많이 주겠으니 같이 가자고 했다.

나는 언니들을 따라 나서기로 했다. 그때가 1939년, 내 나이 스물두 살 때였다. 우리는 기차를 타고 목단강에서 멀리 떨어진 여관에 당도하여 일주일 정도를 머물었다. 그 일본인은 우리에게 옷도 사주고 먹을 것도 사 주었다. 그는 우리를 그곳에 머무르게 하고 한 사흘쯤 어디를 갔다오더니 세 명의 조선인 여자를 더 데리고 왔다. 한 아이는 돈 벌게 해준다고 해서 조선에서 만주까지 따라왔다고 했다.

1) 이득남 씨는 이 일본인이 카페에 올 때는 민간인 복장을 하고 왔고, 한구에 갈 때는 국민복 같은 것을 입었다고 한다.

나는 조금씩 불안해지기 시작했다. 그리고 고모 몰래 나온 것도 마음에 걸렸다. 그 남자가 다시 돌아왔을 때 나는 그에게 집에 보내 달라고 하였다. 그랬더니 그는 "네게 들어간 돈이 얼마나 되는데 그래, 데려올 때 든 기차비, 여관비 다 내놔라" 하며 주먹으로 내 얼굴을 때려서 나는 기절을 하였다. 그날 저녁에 누워있는데 옆에서 이야기하는 소리가 들렸다.

"그곳이 어디라고 우리가 가자고 했노, 우리는 이미 버린 몸이지만 기누에는 처년데 우리 때문에……" 같이 온 도키코 언니의 목소리였다. 나중에 알고 보니 언니들은 신천지 카페에서도 몰래 밖에 나가 남자를 상대한 적이 있었다고 한다. 그러나 군인을 상대하는 위안부로 가는 줄은 꿈에도 몰랐다고 했다. 그냥 좀더 좋은 카페에 가나보다 하면서 그 일본인에게 돈을 받았다고 했다. 나는 계속 울면서 집에 보내달라고 떼를 썼다. 그때마다 그 일본인은 우악스럽게 나를 때렸는데 지금도 이마에 그때의 흉터가 남아 있다. 우리가 여관을 나서는 날에 그는 일본인 여자 두 명을 더 데리고 왔다. 그래서 모두 여덟 명이 그와 함께 기차를 타고 한구로 갔다. 자리가 없어 내내 서서 갔기 때문에 발이 퉁퉁 부었다.

만신창이가 된 몸, 자포자기하여

한구에 도착해서 그 일본인은 가네야마(金씨)라는 30대 후반으로 보이는 조선인 남자에게 우리를 넘겼다. 가네야마는 일본군 부대에서 10미터 정도 떨어져 있는 중국인이 살던 집으로 우리를 데리고 갔다. 그는 경상도 사람인 듯했는데 스물여섯 살쯤 먹은 처남과 함께 있었다. 가네야마의 처남은 매형의 일을 돕다가 우리가 도착하고 얼마 안 있다가 조선으로 돌아갔다. 가네야마는 군인들과 친했는데, 그곳에 있는 군부대에 자주 다녔다. 부대 주위에는 위안소들이 무척 많이 있었다.

방에는 판대기를 짜서 만든 나무침대가 놓여 있었다. 그곳에는 조선인 여자가 새로 간 우리를 포함하여 모두 20명이 있었다. 우리 중에는 통영 출신의 여자들이 열 명이나 되었다. 히데코, 아사코, 스미코, 마사코, 도키코, 우메코, 미도리…… 그외에는 가물가물하다. 가장 어린 여자는 열다섯 살이었고 나보다 나이가 많은 사람은 네 명 정도있었다. 대부분이 내 나이 또래였다. 일본인 여자 두 명도 우리와 같이 있었는데 그들은 우리들보다 나이가 무척 많았다. 나는 집으로 보내달라고 가네야마에게 애원했지만, 그는 내게 든 몸값을 치러야 보내준다고 하였다. 그러면서 이왕 일이 이렇게 되었으니 마음 굳게 먹고 열심히 돈을 벌어 보라고 했다.

며칠을 먹지도 않고 울고 앉아 있는데 어느날 군인 한 명이 들어왔다. 나는 놀라 도망가려고 했으나 그 군인은 나를 잡아서 강간하였다. 나는 당하지 않으려고 떼를 쓰다가 나중에는 거의 자포자기한 상태로 그냥 당하고 말았다. 그날, 밑이 다 찢어져서 한 일주일간은 군인을 상대하지 못했다.

위안소에서 성병검사는 일주일에 한 번씩 부대의 군의에게 가서 받았다. 식사는 부대에서 가져다 주어서 먹었다. 비누 같은 생활용품은 군인들에게 부탁을 하여 얻는 것 외에는 구하기가 힘들었다. 삿쿠는 군인들이 가져오기도 하였고 내가 모아 놓은 것을 쓰기도 하였다. 군인과 관계를 할 때에는 크기가 5센티 정도 되는 연고를 짜서 삿쿠에 발랐다. 많이 받는 날은 하루에 20명도 넘는 군인을 상대했다. 보통 아침 아홉 시에서 오후 다섯 시까지는 졸병들이 왔고 다섯 시부터 저녁 여덟 시까지는 하사관들이 왔다. 밤 열 시부터 열두 시 사이에는 장교들이 왔었는데 자고 갈 때도 있었다.

군인들은 집 입구의 가네야마가 앉아 있는 곳에 돈을 내고 자기가 원하는 위안부 방의 표를 받아 들어왔다. 높은 군인들은 그냥 자기가 원하는 위안부 방에 들어왔는데, 그럴 때에는 우리가 그 군인에게 돈을 받아 가네야마에게 가서 표를 사가지고 왔다. 아침이면 매일 표가 몇 장인지 계산했는데 1장에 2원 정도 한 것 같다.

가네야마는 전체 수익 중의 7할은 자기 몫으로 가지고 우리에게는 3할씩 준다고 했다. 그는 우리가 위안소를 떠날 때, 일시불로 돈을 지급한다고 하면서 장부에다가 기록하고 있다고 하였다. 간혹, 우리가 그에게 입을 옷이 필요해서 사야 한다고 말하면 20원 정도를 주었던 것 같은데 그 돈은 장부에 적힌 각자의 몫에서 제하고 주었다. 그러나 옷 사입게 돈을 내어 주는 경우는 몇 달에 한 번 있을까말까 했다. 내 수중에 있는 돈은 군인들이 간간이 주고 간 것이 다였는데 그 돈으로 무엇을 사려고 해도 좀처럼 외출하기가 힘들었다. 옷이나 생필품을 사러 위안소에서 조금 떨어진 곳의 상인들에게 가는 것도, 가네야마는 손님을 놓친다고 하면서 우리들을 못 나가게 했다.

한구에 있은 지 3년째 접어들었을 때, 가네야마는 수마트라의 고도라지아라는 곳에 색시가 필요하다고 하면서 우리 위안소가 그곳으로 간다고 했다.

낮에는 간호부, 밤에는 위안부로

1942년, 내 나이가 스물다섯 살 되던 해에 남방으로 향하였다. 가네야마와 우리 22명은 배를 타고 가다가 싱가포르에서 이틀을 머문 후, 다시 배를 타고 수마트라로 갔다. 수마트라로 갈 때는 큰 군용선을 탔다. 싱가포르에서 많은 여자들이 함께 수마트라의 메단으로 갔는데 거기에서 많은 여자들이 머물고 우리와 나머지 여자들은 기차를 타고 고도라지아(쿠타라자)로 들어갔다.

고도라지아는 시골이었다. 가네야마는 '오란다인'[2]이 기거했다는 ㄱ 자 모양의 붉은 기와집으로 우리를 데리고 갔다. 우리와 함께 한구에 있었던 일본인 여자 두 명과 가네야마가 어디서 데리고 온

2) 일본인들이 네덜란드 사람들을 그렇게 부름.

동남아인같이 보이는 여자 여섯 명은 우리 옆집에 기거하게 했다. 가네야마는 이곳에서 우리 28명을 데리고 다시 영업을 시작했는데, 영업방식은 한구에서와 같았다. 고도라지아의 내 방은 한구에 있을 때와 비슷했다. 약 1.7평 크기의 방에 나무판으로 대충 만든 침대와, 옷가지들을 담는 광주리를 두고 지냈다. 그러나 이곳은 한구와는 달리 무척 더운 날씨라서인지 큰 선풍기가 있었고 목욕탕도 있었다. 고도라지아에는 물이 풍부해서 거의 매일 물을 떠다가 목욕을 할 수가 있었다. 위안부로 있는 동안, 나는 군인들이 가끔씩 주고 가는 돈을 푼푼이 모아서 종종 조선의 고향집으로 부쳤다.

위안소 주위에는 경비대, 야전병원, 헌병대 등 여러 부대들이 있었다. 우리 위안소에는 야전병원에 있는 군인들이 많이 왔다. 우리는 병원 부대에서 밥을 가져다 주어서 먹었다. 그러나 군대에서 지어 주는 밥은 맛이 없어서 가끔은 우리가 직접 쌀을 받아다가 밥을 지어 먹기도 했다.

우리들의 잔심부름을 하는 중국인 아이 하나가 있었다. 그 지역에 사는 아이였는데 열일곱 살 난 소년이다. 그 아이는 무척 나를 따랐는데 방청소도 가끔 해주고 필요한 물건도 부탁하면 사다 주었다. 나는 가네야마의 허락을 받고 몇 번 그 아이의 집에 간 적이 있다. 그 집은 농사를 지었는데 그의 부모는 내가 가면 맛있는 음식을 해주었다. 그 아이의 어머니는 불쌍하다며 나에게 무척 잘해 주었다.

고도라지아에서도 우리는 일주일에 한 번씩 성병검사를 하였다. 나는 매우 철저히 몸 관리를 하였는데 군인를 상대한 후에는 반드시 부대에서 주는 소독약으로 열심히 씻어내었다. 그래서 성병에는 걸리지 않았다. 군의 조교도 관리를 잘 한다고 나를 칭찬해 주었다. 그러나 나는 질이 얇고 자궁이 약하여 몸이 자주 아팠다.

한번은 질이 빠져나가는 듯 퉁퉁 부어 움직일 수 없을 만큼 심하게 아팠던 적이 있다. 나를 진료하던 군의 조교가 '이 여자는 몸이 나쁘니 좀 쉬게 하라'고 가네야마에게 말해서 일주일 동안 쉴 수 있었다. 그는 친절한 사람이었는데 나는 그에게 주사 놓는 방법도 배우고 진료할 때의 허드렛일도 가끔씩 도와주었다.

우리는 군에서 삿쿠를 아끼라고 하여 그것을 두서너 번씩 씻어서 다시 사용했는데, 삿쿠를 씻을 때면 씻은 만큼 또 군인들을 받아야 된다는 생각이 들어 몸서리가 처졌다. 또 군인들 중에는 삿쿠를 끼지 않고 관계를 하려고 하는 놈도 많았는데 그럴 때면 나는 "끼지 않으면 안하겠다"고 버티었다.

별별 놈이 다 있었다. 몸이 아프다고 해도 마구 달려들어 하는 놈, 상대 못하겠다고 하면 지랄하는 놈, 이상한 행위를 요구하는 놈, 먼저 들어온 군인이 빨리 안 나온다고 행패를 부리는 놈 등 말을 다 할 수가 없다. 한구에서나 여기서나 포악한 놈들은 이루 말을 할 수가 없었다. 서른 살쯤 되어 보이는 '사카이'라는 대위가 있었는데 그는 성격이 매우 괴팍하였다. 그는 나의 단골이었는데 툭하면 칼을 휘두르고 때리고 했다. 못 오게 할 수도 없고…… 그래서 살아 남으려면 매우 조심스럽게 그의 비위를 맞추어야 했다.

그러나 나를 무척 아껴주고 나도 좋아한 군인도 있었다. 그는 비행기 조종사였는데 '하라'라는 하사관이었다. 고도라지아에서 만난 군인인데 우리는 서로 헤어지기 싫어서 가네야마한테 표를 더 사서 함께 있는 시간을 연장하기도 했다. 어느날 그는 '사반토'라는 일선에 전투를 하러 떠난다고 하고는 영영 소식이 없었다. 그외에도 나를 좋아했던 군인이 몇 명 더 있었다. 오사카가 고향인 한 군인은 전쟁이 끝나면 일본에 가서 함께 살자고 이야기도 하고 나에게 설탕을 자주 구해다 주고 몸도 주물러 주곤 하였다.

우리는 고도라지아 옆에 있는 메단에 옷과 생필품을 구하러 나가곤 했다. 기차를 타고 두 시간이 넘도록 갔는데, 그곳은 매우 번화한 도시로 위안소도 고도라지아에 비해 몇 배로 많았다. 메단에는 석 달에 한 번 외출할까말까 했는데, 가네야마는 여전히 우리를 못 나가게 하면서 마구 지랄을 했다. 한번은 그와 대판 싸우고 몰래 나갔다가 온 적도 있었다. 하지만 외출 하더라도 다녀오기에 바빴고, 섬이 온통 바다로 둘러싸인데다가 군인들의 감시까지 심해서 멀리는 나가지 못했다. 또한 도망자는 바로 총살이었고 우리에게는 그 지역 원주민들도 위협적인 존재였다.

고도라지아에서의 위안부 생활은 해를 거듭할수록 힘들어지고 모두들 신경이 날카로워졌다. 하루는 옆 위안소의 일본 여자와 목욕하러 같이 갔는데, 일본여자들이 자기네끼리 이야기하다가 "조센징은 할 수 없다"며 우리를 욕했다. 나는 그 말을 듣고 화를 내면서 "조센징이 어떻다는 말이냐?"며 싸웠다. 그녀는 내가 이판사판으로 덤비니까 겁에 질려 미안하다며 사과하였다.

우리는 그곳에서 성병과 말라리아 때문에 고생을 많이 하였다. 나와 만주 목단강에서 함께 온 두 살 위의 평양 여자는 군인한테서 성병을 옮아 시름시름 앓다가 죽었다. 우리는 군의한테 정기적인 검사를 받았지만 별로 소용이 없었다. 나보다 두 살 아래인 미도리는 아기를 배었는데 배가 불러오기 전까지는 임신한 것도 모르는 채로 군인을 상대하였다. 그녀는 유산하기에는 너무 늦어서 아이를 낳아야 했는데 계속 군인을 받아야 했으므로 아이 돌볼 사람을 사서 길렀다. 그 아이는 태어난 지 여덟 달 만에 병으로 죽고 말았다.

위안소 주위의 부대들은 날이 갈수록 이동이 잦아졌다. 우리들은 계속 그곳에 머물렀는데 시간이 지날수록 폭격이 심해졌다. 하루는 방공호로 피하다가 폭탄에 맞아 죽을 뻔한 여자도 있었다. 위안소를 찾는 군인들은 날로 포악해지고 위안부 생활은 진저리가 났다. 특히 일본의 명절이라고 군에서 간단한 식을 할 때면, 나는 고향 생각이 나고 '내 팔자가 왜 이럴까?' 하며 울었는데, 한번은 죽으려고 머리에 물들이는 약을 마시려고 했다. 그러나 어머니 얼굴이 자꾸만 떠올라 죽을 수도 없었다. 나와 같이 있던 통영 여자도 자살하려고 약을 먹었는데 급하게 군의에게 데리고 가서 겨우 살렸다.

전쟁이 과열되어 군인들이 많이 죽어나가자 군에서는 위안소의 여자들을 간호원으로 썼다. 우리 위안소에서는 우메코와 나를 포함한 다섯 명 정도가 위안소에서 차로 15분 거리의 큰 야전병원에 파견되었다. 나는 내가 진료받던 군의에게서 주사놓는 법을 배운 터라 그중에 속하게 되었다. 매일 병원에 가서 부상당한 군인들을 치료해 주고 빨래도 했다. 그리고는 저녁에 돌아와서 또 군인들을 상대해야 했다.

하루는 위안소에 군인이 찾아와서 조선으로 가는 배가 폭격을 당해서 모두 죽었다고 했다. 가네야마는 몇 달 전에 우리 중에 그와 친했던 한 여자에게 위안소 일을 맡기고 잠시 조선에 다녀온다고 그 배를 탔었다. 가네야마 소식을 듣고 얼마 있다가 나는 병원에서 일본 군인에게 전쟁이 끝났다는 말을 들었다. 군인들은 급하게 병원을 떠났고 위안소에도 그후로는 오지 않았다.

며칠 후 미군이 들어와서 우리들은 내가 파견나가던 야전병원에 수용되었다. 그곳에서는 미군옷을 입은 조선 사람이 우리를 통솔했는데 아침이면 줄을 세워서 체조를 시켰고 우리들에게 한 서너 달 있어야 조선에 갈 수 있다면서 배에 오를 때에 지켜야 할 사항을 일러주었다. 수용소 안에는 남자와 여자가 각각 따로 수용되었는데 여자만 해도 한 5백 명은 되었다. 매일 싸움이 일어나고 야단이었다. 배를 타기 전에 미군옷을 입은 조선 사람은 나이가 몇이냐 고향이 어디냐고 물으며 조사를 하였다.

우리는 수용소에 머문 지 석 달 조금 넘어서 귀향선을 탈 수 있었다. 위안소에 있었던 여자들과 함께 탔다. 배는 무척 큰 군용배였다. 부두에는 우리 수용소에서 온 사람들 외에도 다른 사람들이 배를 타기 위해 빽빽히 모여들었다. 한 천 명은 되는 것 같았다. 배를 타고서도 며칠을 있다가 출발하였는데 도중에 대만에서 한 일주일을 머물고 다른 곳에도 간간이 배가 머물렀다.

우리는 배가 잠시 쉬면 소금도 구하고 들에 나가 나무열매와 풀을 뜯어 먹기도 했다. 배가 부두에 정착해 있으면 그 지역 사람들이 장사를 하러 나왔다. 그들은 고구마, 담배 등을 가지고 왔는데 우리들은 배가 너무 고파서 돈이나 몸에 지닌 작은 물건으로 바꿔 먹었다. 배를 타고 한 달쯤 지나서야 조선에 도착했다.

부산항에는 호열자가 돈다고 하여 며칠을 바다 위에 있어야 했다. 항구에 내려서는 간단한 입국절차를 밟았는데, 물건을 조사하는 직원이 내가 가지고 들어온 돈 5백 엔에서 4백 엔은 빼앗고 백 엔만 돌려주었다. 나는 왜 돈을 압수하는지 영문도 모르는 채, 부산항을 걸어 나와서 같이 온 여자들과 헤어졌다.

남의 옥살이까지 대신하여

조선에 돌아왔을 때 나는 스물여덟 살이었다. 집에 갈 용기가 나지 않았다. 한달을 부산에서 머물면서 고도라지아에서 가지고 나온 돈을 까먹으며 전전하다가, 일자리를 구해 돈을 벌어서 집에 가야겠다고 결심했다. 남포동을 돌아다녔으나 일자리를 구하기가 쉽지 않았다. 그러다가 나는 여염집에서 일을 봐주고 남포동에 있는 카페에도 나가게 되었다. 얼마를 그렇게 보내고 있었는데 하루는 남포동 거리에서 고향 사람을 만나 아버지가 얼마 전에 돌아가셨다는 말을 전해 들었다.

나는 그 길로 고향인 거창으로 갔다. 어머니는 내가 집에 들어서자 마냥 울기만 했다. 어머니는 눈치가 빠른 편이라서 내가 보낸 편지를 받고 나서 내가 어떤 곳에 있었는지를 짐작하고 계신 듯했다. 어머니는 매일같이 내가 무사히 돌아오도록 부처님께 불공을 드렸다고 했다. 동생들은 나에게 어디서 어떻게 지냈느냐고 물었다. 집안 꼴은 엉망이었다. 모두가 식량이 없어서 매일 굶다시피하고 있었다.

나는 돈을 벌어서 가족을 부양해야 된다는 생각에 다시 부산으로 내려갔다. 부산에서 '송죽'이라는 음식점에 나갔다. 다른 음식점에서도 오라고 해서 다니면서 악착같이 돈을 벌었다. 그렇게 지내다가 이듬해 음력 정월 열 사흘 날에 어머니가 돌아가셨다는 전갈을 받았다.

부산에서 한 3년 일을 하고 서른한 살이 되니까 항상 젊을 줄만 알았던 몸이 말이 아니라 일을 그만두었다. 그리고는 부산에서 인쇄소하는 남자에게 시집간 여동생 집에 잠시 다니러 갔다가 그냥 거기 눌러 앉아 그 집안일을 도맡다시피 하였다. 동생의 자식들은 거의 내가 키웠다. 정도 들고 해서 계속 부산에 있다가 23년이 지나서 합천으로 왔다. 여동생이 합천에서 여관을 개업했는데 나에게 관리를 부탁하였다. 여동생은 재산이 제법 있었다. 한 몇 년간 여관은 무척 잘되었다. 그런데 일이 잘못되어 동생이 부도를 냈다. 그 여관의 명의가 명목상 내 이름으로 되어 있기 때문에 나는 감옥살이를 하게 되었다.

감옥에서 나와서 동생이 집을 얻어 주어 지금은 혼자 산다. 합천에 있는 빈 집을 60만원에 샀다. 땅세는 따로 주인에게 한 달에 만원씩 내고 있다. 샘이 없어 옆집에서 물을 길어다 먹는데 물이 안 좋아 언제나 끓여 먹는다. 요즘은 면사무소에서 보리와 쌀이 나온다. 작년까지만 해도 내 명의의 재산이 많다고 나오지 않다가 요즘은 내 형편을 알고 보내준다. 몸이 많이 아프다. 위장도 나쁘고 몸이 금방 더워졌다가 식고 언제나 마음도 불안하다. 그때의 후유증으로 지금은 좀 덜하지만 자궁이 빠져나갈듯 배도 무척 많이 아팠다.

개를 자식 삼아

사람은 자기가 타고 난 팔자에 순응하며 살아야 한다. 그 이상 크게 바라면 가진 복도 달아난다. 나는 이제 크게 바라는 게 없다. 옛날에는 성격도 무척 괄괄했는데 젊은 인생을 그렇게 보내고 나니 사람 만나는 것도 두렵고 그저 조용히 혼자서 살고 싶다. 아플 때는 외롭기도 하지만 개 두 마리를 자식 삼아 키우며 하루하루를 보낸다. 몸만 안 아팠으면…….

요즘은 이상하게 자꾸 살이 빠진다. 몸무게가 45킬로그램은 나갔는데 지금은 32킬로그램밖에 나가지 않는다.

(정리: 서은경)

이제 여기서 죽는가보다

이용녀

1926년 경기도 여주 출생. 집이 무척 가난하여
8세부터 남의집살이 생활을 하였다. 11세 때 서울로 올라와 공장도
다니고 남의집살이도 하다가 14세에 영업집으로 팔려가게
되었는데 거기서 잔심부름과 술시중을 들다가 1942년 만 16세 때
주인여자의 속임수에 걸려 부산, 대만, 싱가포르를 거쳐 버마
랑군에 도착, 버마의 산중에서 위안부생활을 하게 되었다.

나는 1926년 2월 10일, 경기도 여주군 북내면에서 태어났다.

5남매 중 둘째였는데, 위로 다섯 살 터울의 오빠가 하나 있고, 딸로는 장녀였다. 우리 식구는 원래는 양평에서 살았다고 한다. 거기에서는 농토가 있었는데 아버지가 노름을 해서 다 날려 버렸다는 것이다. 무척 가난하게 살았다. 그래서 나는 학교 문턱에도 못 가봤다.

여덟 살부터 남의집살이를 시작하여

여덟 살부터 남의집살이를 했다. 살기가 어려워 그렇게 어린 나이였지만 남의집살이를 해야 했다. 처음 간 집은 여주읍에 있는 부잣집이었는데, 거기 가서 매일 걸레를 빨았던 일이 잊혀지지 않는다.

여주에서는 땅이 없어서 농사는 못 지었다. 장리쌀을 꿔다 먹었는데, 장리쌀이 자꾸 늘어나서 갚을 도리가 없어 하는 수 없이 집을 모두 정리하여 서울로 올라왔다. 나도 그때 식구들을 따라 함께 올라왔다. 서울 아현동에 고모네 집이 있었다. 처음에는 고모네 집에서 조그만 방 하나를 빌려줬는데, 여섯 식구가 지내기에는 비좁은 방이었다. 그래서 나도 남의집살이로 나가고, 우리 오빠도 남의집에 보내졌다.

나는 큰 포목상을 하는 임씨댁에 들어갔다. 날마다 애를 업고 돌아다녔는데, 아이가 등에다 오줌을 싸서 땀띠가 났고 추운 겨울에는 기저귀를 매일 빠느라 손이 갈라져 피가 나곤 했다.

우리집은 남의 셋방으로 돌아다니다가 지금의 아현국민학교 뒤쪽에다가 움막을 짓고 살게 되었다. 그때는 먹을 게 없어서 우리 식구는 굶기를 밥먹듯 했다. 어머니가 막내를 낳았는데 먹지를 못하고 낳아서 아이가 무척 작았다. 할머니는 "네가 밥을 얻어서라도 먹여야지, 아기 낳은 사람은 속이 비면 미친다"고 말씀하셨다. 그래서 6개월 동안 계속 내가 밥을 얻어 식구들을 먹여 살렸다. 자루 하나와 바구니 하나를 가지고 문 안으로 돌아다니며 구걸을 했다. 사직동 같은 부자동네로 다니면 그 집에서 살라고 하면서 붙잡기도 했다. 그러면 나는 "우리 어머니가 애기를 낳았는데 먹을 게 없어요. 할머니 말씀이 산모가 굶으면 미친다고 그래서 내가 얻어다 먹이고 있어요. 붙잡지 마세요. 난 남의집 살 사람이 못 돼요" 하며 뿌리쳤다. 그러면 어떤 집에서는 밥을 주기도 했고, 또 어떤 집에서는 돈을 주기도 했다. 그때 설탕 한 봉지에 5전이었다. 얻어온 밥을 끓여서 암죽을 만든 다음 거기다 설탕을 넣어서 아이에게 먹였다.

우리들은 양조장에 가서 술찌끼미를 사다가 끓여 먹기도 했다. 또 당면공장에 가서 만들다가 땅에 떨어져 검부지기 투성이인 것을 싸게 사다가 삶아서 무쳐먹곤 했다.

한때 아버지가 채소장사를 했는데 그때는 주로 채소를 버무려 먹었다. 그러다 나는 채독이 들었다. 얼굴이 누렇게 되고 다 죽게 되었다. 아버지는 일본 사람집에 가면 먹는 게 좋아서 채독이 낫는다고 했다. 그래서 일본인 집에 남의집살이로 들어간 적도 있다.

다시 집에 돌아와 밥을 얻어다 식구들 먹이고, 산꼭대기집까지 물초롱으로 물을 길어 올렸다. '물 길어 와라' '설탕 사와라' '아이 암죽 해먹여라' 하며 아버지는 나에게만 일을 시켰다. 어린 나이에 고생을 얼마나 했는지 말로 다 못한다.

그러다가 만 열네 살 때 홍제동 화장터 근처에 있는 조그만 과자공장에 다녔다. 일년쯤 다녔는데 어느날 아버지가 동생을 시켜서 빨리 오라고 하여 집으로 갔다. 집에는 금붙이를 달고 두루마기를 입은 뚱뚱한 부잣집 할머니가 와 있었다. 자기네 집에 가면 아버지 어머니도 잘 살 수 있고, 너도 잘 먹고 잘 입고 할테니까 가자고 했다. 어머니는 옆으로 돌아앉아 아무 말도 하지 않았는데 아버지는 가라고 했다. 그러니 갈 수밖에. 그 집에서 아버지가 돈을 받았다는 이야기를 나중에 들었다. 그 돈은 한달에 얼마씩 해서 일년이면 깐다고 했다.

우리 아버지가 나를 그 집에 보낸 사정은 이렇다. 그때 아현동 움집에 사는 사람들에게 홍은동 산꼭대기에다 집터를 내주었다. 그 당시 홍은동은 집도 없고 무덤뿐이었다. 무덤를 파헤쳐 화장해 버리고 우리더러 그 자리에 집을 지으라고 하는 것이었다. 그래서 아현동의 움집을 뜯어다 홍은동에 다시 집을 지었는데 모자라는 목재를 외상으로 얻어다 지었다. 그런데 외상을 못 갚으니까 집을 내놓던지 목재값을 내든지 하라는 독촉을 받았다. 그래서 우리 아버지가 선금을 받고 나를 그 집으로 보낸 것이었다.

주인 꾐에 속아서

내가 따라간 집은 서대문 감옥소 앞의 '영천옥'이라는 큰 영업집이었다. 식탁을 치우고 술상을 갖다주고 손님들 심부름도 했다. 그 집에서 일한 지 일년 정도 지난 어느날이었다.

영천옥 주인 여자는 돈 많이 벌고 좋은 데가 있는데 가지 않겠느냐고 했다. 혼자 가는 것이 아니고 여럿이 가는 것이니까 마음놓고 가라고 했다. 어디로 가느냐고 했더니 일본으로 간다고 했다. 일본의 어디를 어떻게 가는건지 그런 것은 전혀 몰랐다. 돈 많이 벌고 잘 먹고 좋은 옷 입고 좋은 구경하는 데를 간다니까 간 것이다. 배고프고 못 살고 하니까 잘 먹고 잘 입고 돈 벌자는 생각만 했다. 영천옥 주인 여자는 약을 한 재 지어 주면서 "이제 집으로 가서 이걸 먹어야 배를 타고 일본 가는 데 배멀미 안 한다. 집에 가서 쉬면서 기별할 때까지 이 돈으로 용돈 써라" 하며 돈을 주었다. 그 때 그 집에서 돈을 얼마 줬는지 기억이 잘 나지 않는다. 그 돈으로 여동생, 남동생에게 옷을 한 벌씩 해준 것은 기억나는데.

홍은동 집에 와서 한 보름 가량 쉬고 있었다. 그 동안에 동네 친구들에게 '나 좋은 데 간다' 하면서 이야기를 했다. 그래서 공장에 같이 다니던 친구 김덕술, 김학근이도 함께 가기로 했다. 덕술이는 나보다 두 살 더 먹었고, 학근이는 한 살 위였다.

그러다가 모이라는 통지가 왔다. 그때가 1942년, 내 나이 만 열여섯 살 때였다. 영천옥에서 받은 하얀 반소매 원피스를 입고, 하얀 뾰족구두를 신고 갔다. 남산 아래 명동에 있는 청요리집에 도착하니 이미 수십 명의 여자들이 와 있었다. 아버지는 나를 거기까지 데려다주고 갔다. 덕술이와 학근이도 함께 갔다. 거기서 점심으로 탕수육, 볶음밥 등을 먹었다. 해삼이 든 요리를 생전 처음 먹었던 기억이 난다. 그날 점심 먹고 바로 기차를 타고 부산으로 갔다.

부산에는 밤에 내려서 처음엔 어디가 어딘지 잘 몰랐다. 동래온천에 있는 여관에 일주일인가 열흘쯤 있었다. 도착한 다음날 어디가 바다인지 보러 간다고 했더니 마당에서 신작로로 곧장 나가면 바다라고 하면서 못 나가게 했다. 조선인 남자와 여자 여러 명이 인솔을 했다. 동래에서는 저녁마다 온천 목욕을 했고 먹는 것도 잘 해줬다. 그러나 밖에는 일절 나가지 못하게 했다.

부산에서는 낮에 배를 탔다. 배 타는 데에서 인솔자 중 몇 명이 빠졌다. 타고 간 배는 아주 큰 배였다. 연락선인지 군함인지 그건 잘 모르겠다. 그날 해가 넘어갈 무렵 저 건너가 일본이라고 했다. 그 배에는 수백 명의 여자들이 타고 갔다. 배에서 일본 군인들이 하는 말을 듣고 위안부로 가는 것인 줄 알았지만 위안부가 뭐하는 것인지도 몰랐다. 일본인 집에서도 일을 했기 때문에 일본어를 알아들을 수 있었다.

일본으로 간다고 하더니 일본에는 들르지도 않고 남쪽으로 갔다. 나는 배멀미가 심해서 밥도 못 먹고 드러누워 지냈다. 중간에 대만에서 배를 세워놓고 쉬었다. 그러나 내리지는 못하게 했다. 그때 모자를 줄에 매달아 내려서 과일을 사먹은 것이 기억난다. 또 해가 바닷속에서 뜨고 바닷속으로 지는 그런 바다 한가운데에서 쉬기도 했다. 가는 데 한달이 넘게 걸렸다. 하나같이 다들 죽은 듯이 있었다. 배가 출렁거리면 속이 뒤집혀 죽는다고들 했다. 가다가 또 중간에 배를 댄 곳이 싱가포르라고 했는데 거기서도 역시 내리지는 않았다.

이제 여기서 죽는가보다

한달이 넘어 배는 버마 랑군에 도착했다. 배에서 내려 기차를 타고 들어가 조그마한 마을에 도착했다. 거기에서 위안부 생활이 시작되었다. 이때부터 나는 '하라타 요오죠'(原田用女)라고 불렸다. 거기로 끌려 갔을 때는 '아, 이제 여기서 죽는가 보다' 했다. 다른 생각은 할 수도 없었다. 위안소는 길가에 서 있는 2층집이었다. 내 방은 2층에 있었다. 방바닥은 회바닥이었다. 밑에 지하실이 있는데, 공습경보가 울리면 그곳으로 내려갔다.

그 위안소는 원주민들이 사는 마을에서 좀 떨어져 있었다. 부대는 어디 있는지 모르는데 밤이 되면 어디서 오는지 군인들이 왔다. 그 부락에 있으면서 일본 군속 다케우치와 친했다. 다케우치는 쌀과 식료품, 옷이나 여자들이 쓰는 물품등을 배급해 주는 사람이었다. 그의 집은 군부대는 아니고 개인 집같이 생긴 곳이었다. 그는 주로 하얀 와이셔츠에 평복을 입고 다녔는데 나에게 와이셔츠에 풀을 먹이거나 다림질을 해 달라고 했다.

그 위안소 동료 중에는 소주와 아편을 먹고 자살한 여자가 있었다. 죽은 여자의 시체는 군인들이 장작에 불을 지펴 그 위에 올려놓고 태웠다. 군인들은 우리에게 모이라고 하여 그것을 보여주었다.

그곳에서 1년 정도 머물다가 트럭을 타고 다시 이동했다. 가는 도중 쉴때, 넓은 벌판에서 뜨거운 물이 나오는 것을 보았다. 아무런 설비도 없는데 땅에서 그냥 뜨거운 물이 나오는 것이었다. 온천이었다. 일본인 군인들은 드럼통에 물을 퍼서 그 속에 들어가 앉아 목욕을 했으나 여자들은 하지 않았다.

고향에 가고싶어 미쳐 버렸다

날이 저물도록 트럭을 타고 들어가서 작은 마을에 도착했다. 버마 산골짜기인데 큰 군병원만 하나 있었다. 우리 위안소는 바로 병원 옆에 있는 작은 도랑 하나만 건너가면 되었다. 군인들도 그 병원에 관계되는 사람들만 오는 것 같았다. 처음에 병원에 가서 자궁에 기계를 집어넣고 검사를 했다.

그 위안소 건물은 오래된 집으로 비어 있던 곳이어서 우리가 들어갈 때 청소를 했다. ㅁ 자 집으로 가운데에 마당이 있고, 1층과 2층에 방들이 나란히 붙어 있었다. 지붕이 높고 양쪽으로 계단이 있는 아주 잘 지은 집이었는데 2층에만도 방이 20개는 되었다. 집 앞에 '위안소'라고 써붙여 놓았다. 내 방은 2층에 있었다. 그 집 대문 앞면엔 부처님상이 매우 많았다.

우리 50여 명을 데리고 간 조선인 부부가 있었는데 우리에게 방을 배정해준 뒤 사라져 버렸다. 방문에는 번호표와 이름을 붙였는데 바보 병신으로 살아서 번호가 몇번이었는지 기억나지도 않는다. 방의 크기는 여섯자 일곱자 정도 되었다. 방바닥은 마루였고, 침대, 물양동이 등이 있었다. 물 버리는 데가 따로 없어서, 물을 쓰고는 그냥 2층에서 아래마당으로 쏟아 버렸다. 아래층에 식당이 있었는데 더럽고 지지분했다. 중국 남자 세 명이 밥을 해주었다. 쌀은 군대에서 나왔다. 옷은 주로 양장을 줘서 입었다.

밥을 제대로 못 먹어서 몸이 약해졌다. 위안부 생활을 시작한 지 2년쯤 지나서 학질에 걸렸을때 키니네를 많이 먹었더니 얼굴이 붓고 황달이 되었다. 그런데도 동료들 중 누구 하나 나를 돌봐주지 않았다. 고향 생각만 났다. 그래서 정신이 돌아 6개월쯤을 미쳐서 돌아다녔다. 헛소리를 하면서 밤중에 달만 쳐다보고 다니다 굴러서 다쳤는데 그 상처가 아직도 남아 있다.

어느날은 내 방에 와서 자고 있는 군의의 옷을 입고 밤중에 군병원으로 들어가려고 하기도 했다. 그래서 경비 서는 군인들이 총을 쏘려고 하다가 자세히 보니까 나였다고 한다. 군인들이 나를 병원에 데리고 가서 진정제 주사를 놓고 내 방에 데려다놓고 가기도 했다. 또 밤중이면 물이 고여 있는 곳으로 찾아가 나무조각을 타고서 조선으로 배 타고 나간다고 하면서 허우적거리곤 했다고 한다. 그래서 사람들이 찾아다 놓으면 또 나가고 또 나가고 했다고 한다. 정신이 들은 다음에 들으니 그랬다고 한다.

그때 나를 치료해 주던 군의 소위와 친하게 지냈다. 정신 날 때쯤 해서 그가 포도당 주사를 놔주고, 뜨거운 물수건으로 찜질을 해줬다. 코를 막고 입을 벌리고는 약을 억지로 입 속에 넣어 주기도 했다. 그 소위는 일주일에 두서너 번 와서 치료도 해주고,병이 나았을 때는 밤이면 와서 자고 가곤 했다.

일주일에 한 번씩 병원에 가서 성병검사를 했다. 병이 있으면 문밖에다 '휴가'라고 써붙여 놓았다. 그걸 써붙이면 군인들이 들어오지 않았다. 군 병원에서 소독약을 주었다. 그 약은 물에 조금만 타도 물이 빨갛게 된다. 너무 진하면 검게 보이고 연하게 타면 분홍색이다. 그걸 먹으면 죽기도 한다. 그걸로 뒷물을 했다. 삿쿠는 군인들이 가지고 오기도 하고 나도 가지고 있어서 들어오는 사람들은 모두 했다. 안 가지고 온 사람은 내가 하라고 했다. 내가 내 손으로 다 껴야 했다. 그러나 군의는 사용하지 않았다. 그 군의는 전쟁이 끝날 때까지 일년 넘게 내게 오곤 했다.

군인이 들어올 때는 나에게 표를 냈다. 크기는 명함만 했다. 표를 모으면 보통 하루에 10장에서 15장, 많으면 20장 정도 되었다. 많이 상대한 여자는 30장도 모았다. 일주일에 한번씩 표를 모아 사무실에 가져다주고 계산을 했다. 저금한다는 소리는 들었지만, 통장이 있는지 없는지도 모르고 알아볼 생각도 못했다. 소위는 나에게 표를 내지는 않았다.

아래층에 사무실이 있었는데 그곳에 누가 있었는지 기억이 잘 안 난다. 우리들을 데려간 조선 사람들은 온다간다 말없이 어느날 싹 없어져 버렸고, 나중에는 일본 군인들이 있었던 것 같다.

군인들은 다른 군인이 들어가 있지 않으면 아무 여자 방이나 들어갔다. 일하는 시간이 일정하게 있었는지는 기억나지 않는다. 휴가받은 군인들은 낮에 왔다.

나는 화장품은 전혀 안 바르고 살았다. 일용품은 병원에서 줬다. 조그만 옷 고리짝, 박스, 거울 등 세간이 있었는데 정신이 나갔을 땐 그걸 방 안에 주욱 늘어놓았다고 한다.

동료들 중 서너 명은 자살을 했다. 장교들이 데리고 나가 살림을 차린 경우도 있고, 병으로 죽은 여자도 있고, 도망간 여자도 있어서 나중엔 20명 정도 되었다. 앓고 일어나 보니까 여자들이 많이 줄어 있었다. 외출은 여러명이 함께 허가를 받고 나갔다. 그렇지만 잘 내보내진 않았다. 산이 험하고 인종이 다른 사람들뿐이니 나가 봤자 죽을 것이 뻔해서 도망갈 엄두도 못 냈다.

추락한 미군 정찰비행기에서 꺼낸 백인의 시체가 있으니 와서 구경하라고 해서 병원 뒤 야산으로 간 적이 있었다. 거기서 넓적다리, 궁둥이만 있고 머리와 손이 없는 그런 시체를 보았다.

그걸 본 뒤 얼마 지나지 않은 어느날 군인들이 하나도 오지 않았다. 이상해서 알아보니까 누군가 군인들이 모두 갔다고 했다.

패전하자 소위도 사라지고

전쟁이 끝난 것이었다. 정신이 돌아온 후 일년쯤 뒤였다. 소위도 온다간다 말없이 없어져 버렸다. 거기선 총소리 하나 듣지 못했다. 먼저 있던 곳에서도 공습이 있다고 하면 지하실로 피하기는 했지만 폭격을 하는 것을 보지는 못했다. 어디에서 왔는지 조선 남자들이 와서 가자고 하며 여자들을 모두 데리고 나갔다.

비행기가 폭격은 하지 않았지만 낮게 떠다녔다. 우리는 비행기가 보이면 숨었다. 비올 때도 걷고 땡볕에도 걷고, 하도 걸어서 발이 퉁퉁 부었다. 물을 건널 때는 쌀과 고춧가루와 소금만을 머리에 이고 서로 붙잡고 목까지 차는 물을 건넜다. 어떤 곳에서는 빨건 흙탕물로 밥을 지어 먹기도 했다. 밤이고 낮이고 한 시간씩 앉았다가 또 걷고 또 걷고 해서 랑군으로 나온 것이다. 조선으로 나간다고 하니까 좋아서 어쩔 줄을 몰랐다. 열흘쯤을 그렇게 걸어서 나왔다.

랑군의 수용소에서 조선인들-징용온 남자들과 군위안부들-이 모여서 함께 생활했다. 각지에서 온 여자들이 50명쯤 되었다. 랑군에 오니까 밥도 해주고 반찬도 해주었다. 돼지고기 기름이 둥둥 뜨는 국도 주었다. 수용소는 학교같이 마당이 넓은 큰 집이었다. 여자들을 양쪽으로 세워놓고 신작로 건너는 법을 가르쳐 주고 뛰뛰기도 했다. '애국가'도 불렀다. 어느날 저녁에는 무대를 만들어 놓고 모여서 연극도 하고, 마이크 대고 노래도 했다. 거기서 나도 노래를 불렀다. 아마 '문패도 번지수도 없는……' 하는 그 노래를 불렀던 것 같다. 거기는 늘 더웠다. 수용소는 전부 마루 방인데 바닥에 뭘 깔고 여럿이 주욱 누워서 잤다. 거기에서는 이를 빼주고 치료해 주는 사람도 있었다. 나는 거기서 어금니를 뺐다. 수용소에 있을 때는 출입이 자유로웠다. 외출했다가도 정해진 시간까지 들어가기만 하면 되었다.

조선에 나오는 배도 역시 큰 배였다. 해방 이듬해인 1946년 음력 3월에 부산항에 닿았다. 그런데 배 안에 호열자 환자가 있다고 해서 내리지 못하고 며칠을 지냈다. 인천항으로 가니 거기서도 상륙시키지 않았다. 그런데 누군가 여자들이 가지고 있던 돈과 반지들을 뒤져서 주어야 내려놓는다고 했다. 여자들은 지니고 있던 것들을 전부 꺼내서 바쳤다. 상륙할 때는 한사람당 천원씩 줘서 그것을 받아 가지고 내렸다.

덕술이는 인천에서 같이 내렸다. 어떻게 알았는지 그 아이의 어머니와 오빠들이 마중나와 있었다. 나는 아무도 나와 있지 않았다. 혼자 홍은동 집으로 찾아가니 식구들은 모두 이사가고 없었다. 그때는 얼마나 막막했던지. 다행히 이웃에 살던 아버지 친구분을 찾아갔더니 을지로로 이사가서 사는 오빠네 집에 데려다줬다.

돌아오니 아버지는 이미 돌아가셨다. 해방 되던 해 섣달 초이틀날 쉰 살의 나이에 돌아가셨다. 아버지는 채소장사도 하고 등짐장사도 해서 양식 한되 겨우 집에 팔아 주고는 남는 돈으로 놀음을 하고, 식구들을 빤빤이 굶기기 일쑤였다. 오죽했으면 내가 "아버지, 빨리 돌아가요" 했을까. 그래도 막상 돌아가시고 보니 이것저것 서러운 것뿐이고, 그 말이 가슴에 못을 박는다. 동생은 일본인이 경영하는 작업장에서 일하다 다리를 다쳐 병신이 되어 있었다.

그때가 만 스물한 살이었는데, 입에 풀칠을 하느라 식당으로 남의 집으로 돌아다니며 살았다.

마음이 괴로워 술도 많이 마셨다. 하루에 막걸리를 두세 병씩 마셨다. 술을 마시면 인생이 서러워 목놓아 울곤 했다. 지금은 이가 나빠서 뜨거운 것이나 찬 것은 못 먹는다. 위장도 나빠졌다.

제대로 시집 가서 사는 건 생각도 못했다. 1·4후퇴 때 청주에서 17년 연상의 할아버지를 만나 동거인으로 살았다. 남자가 싫어서 별로 의가 좋지 않았다. 자식은 물론 낳을 수 없었다. 그 할아버지는 5~6년 전 74세로 죽었다. 지금은 그 할아버지의 아들을 수양아들로 여기며 어렵게 살고 있다.

나는 일본 정부에 할 말이 있다

배상을 받아서 방 한칸이라도 얻어서 남은 여생을 편히 살고 싶다.

그때는 일본 사람들이 우리나라를 점령해 가지고 저희 맘대로 하고 살았는데, 내가 잘 살고 못 사는 것은 제쳐놓고, 우리 일생을 처녀 몸으로 가서 희생시킨 것만 배상하라 그 말이다. 그때는 저희 맘대로 우리를 주물렀으면서 이제 와서 자발적으로 했다 운운한다 해서 처녀공출이 변명되겠는가. 하여간 우리를 사지로 몰아넣은 것은 일본 제국의 정책이 아니었던가. 일본 정부는 더 이상 발뺌을 하지 마라.

(정리: 고혜정)

버마의 밀림에서 사선을 헤매며

김태선(가명)

1926년 전남 강진 출생. 아편을 복용하는 아버지와, 어머니가 이혼하여 큰아버지댁에서 자랐다. 그후 아버지는 행방불명되었고 어머니는 몇 해 후 돌아가셨다. 1944년 18세 되던 어느 날 일본인 한 명과 조선인 한 명이 큰아버지댁에 와서 일본공장에 취직시켜 주겠다고 꾀어, 그 말을 믿고 집을 떠났다가 부산수용소, 오사카, 사이공을 거쳐 버마의 군위안소에 끌려가게 되었다.

일찍 부모와 헤어져

나는 1926년 2월 20일에 전라남도 강진군 학명리에서 태어났다. 형제는 딸만 셋으로 내가 막내였다. 아버지는 자작농이었던 큰아버지와 같이 농사를 짓고 살았다. 신경통으로 다리가 아플때는 아버지는 아편을 했다. 아편은 몸에 나쁘니까 하지 말라고 어머니는 아버지한테 말했지만 아버지는 그때마다 어머니를 심하게 때렸다. 결국 어머니는 아버지와 같이 살 수 없어서 광주로 떠나 헤어져 살게 되었다. 아버지는 집을 팔고는 행방불명이 되었다. 내가 열 살 때였다. 나는 어머니를 따라 광주로 나가 광주의 복정 보통학교 1학년으로 입학하여 4학년까지 다녔다. 큰 언니는 시집을 가 작은 언니는 해남의 고모집으로 갔다.

내가 열두 살 때 정식으로 부모가 이혼했다. 나는 부모가 이혼한 후에 큰아버지 집으로 들어갔다. 큰아버지는 그 당시 광주로 나가 장사를 하고 있었는데 생활이 어려워져 다시 강진으로 이사갔다. 나도 큰아버지를 따라 강진으로 갔다. 어머니는 이혼한 지 몇 해 후 광주에서 돌아가셨다. 아버지는 언제 어디서 돌아가셨는지 아무도 모른다. 큰아버지는 나를 시집보내기 위하여 여러 번 선을 보였으나, 나는 마음에 드는 사람이 없어서 시집을 가지 않았다.

돈 벌러 일본 공장에 가자고

1944년 9월초쯤이었다. 이때 나는 열여덟 살이었다. 그때 큰아버지는 "요즈음 처녀를 끌고 가는 사람이 많다는 소문이 있다"고 말했다. 그러던 어느날 큰아버지는 밖에 나갔다 들어오시더니 나한테 빨리 숨으라고 했다. 그래서 다락방에 올라가 숨어 있었다. 한 일주일 동안은 아침밥을 먹고 다락방에 올라가서 오후 두세 시까지 숨어 있었다.

그날도 숨어 있다가 배가 너무 고파서 다락방에서 내려와 식구들과 함께 점심을 먹고 있었다. 그런데 바로 그때 국민복을 입은 30대 일본인 한 명과 양복을 입은 40대 조선인 한 명이 사립문을 차고 들어왔다. 처음에는 둘다 일본말을 잘 하니까 일본 사람인 줄 알았다. 조선인 남자는 최씨인데 창씨성을 이와오카(岩岡)라 했다. 나중에 내가 최씨한테 "아저씨는 일본 사람이 아니지요?" 하고 물어봤다. 그때 최씨는 고개를 끄덕끄덕 했다.

최씨는 나한테 밥을 빨리 먹으라고 독촉했다. 9월이니까 방문이 열려 있어서 내가 있는 방에서 마루에 걸터 앉아 있는 두 사람이 잘 보였다. 내가 점심을 다 먹자 최씨가 "너 돈벌이 하고 싶지? 일본에 가서 일년 동안만 공장에서 일하면 많은 돈을 벌 수 있으니까 가자" 하고 말했다. 그 길로 두 사람은 나의 양팔을 끼고 끌고 나갔다.

30분쯤 걸어서 버스 정류장까지 갔다. 거기서 버스를 타고 광주로 갔다. 그들은 광주의 간판이 없는 여인숙 비슷한 곳으로 데려갔다. 들어가보니 이미 네 명의 처녀가 와 있었다. 나주, 보성, 여수에서 온 처녀들이었다. 나와 같은 촌아가씨들이니까 금방 친하게 됐다. 거기에서 하룻밤을 잤다. 이튿날 광주역까지 걸어 나와서 그 일본인과 최씨를 따라 기차의 화물칸에 타고 서울로 갔다. 그리고 서울에서 또다시 인천으로 화물칸을 타고 갔다. 그 기차에는 일반 사람들과 군인들도 타고 있었다.

인천에서 합숙소 비슷한 곳에 들어갔다. 방이 두세 개 있었다. 한 방에 여자들이 20명 가량 있었던 것 같다. 처녀들도 있었고 애기 엄마도 있었다. 경기도와 경상도 처녀들도 있었는데 전라도 처녀들이 제일 많았다.

인천에 가서 미즈코(光仔)라고 이름을 직접 지었다. 광주에서 왔으니까 그렇게 지었다. 가네타니(金谷)란 성은 강진에서 살고 있었을 때부터 사용했었다.

그 사람들은 인천에서도 우리가 일본의 공장에 갈 것이라고 했다. 일본에 가면 여러 가지 공장이 많으니까 공장의 직공으로 일하러 간다고 했다.

인천에서 준비물을 받았다. 검정색 몸뻬 두 벌과 블라우스 두 벌, 그리고 속옷을 두 벌씩 받았다. 블라우스는 여러 가지 색깔이 있었는데 나는 원래 하얀 것을 좋아하기 때문에 하얀 것으로 달라고 했다. 집에서 끌려 갈 때는 검정 몸뻬와 긴 블라우스를 입고 갔다. 나는 고무신을 신고 갔는데 다른 여자들은 게다를 신고 있었다.

인천에서 일주일 정도 기다리고 있는 동안에 신체검사를 받았다. 일본인 의사와 조선인 의사가 우리들 가슴에 청진기를 대고 검사를 했다. 목도 보았다. 산부인과 검사는 받지 않았다. 몇 명이 폐가 나쁘다는 진단이 떨어졌다. 나는 키가 160센티미터이고 몸무게는 55킬로그램 정도였다.

인천에서 20명씩 작은 배를 타고 부산으로 갔다. 9월 20일경 부산에 도착했다. 어느 수용소로 들어가니까 또 다른 여자들이 많이 와 있었다. 수용소는 창고같이 보이는 콘세트 건물이었다. 부두에서 한참 떨어진 곳에 있었다.

부산 수용소에서는 일본 군대로부터 주먹밥 한 덩어리씩을 받았다. 거기에서도 우리들이 어디로 가느냐고 물으니까 "일본에 가야 공장이 있지, 부산에서 어떻게 조선 사람을 많이 쓰겠느냐?"고 했다.

감시는 일본 군인이 하지 않고 조선 사람이 했다. 우리가 화장실에 가도 따라오는 등 감시가 매우 심했다. 그 조선 사람도 군복을 입고 있었다. 일본 군인들과 그 조선 사람은 자기들끼리는 일본말을 했다.

부산에서는 한 일주일 정도 있었던 것 같다. 9월말경 수용소에서 트럭을 타고 부두로 나와서 배를 탔다. 약 40명의 여자들은 오사카

(大阪)로 가고 약 20명의 여자들은 시모노세키(下關)로 갔다.

나는 오사카로 가게 되었다. 오사카에서는 일본군 부대에 있는 수용소로 들어갔다.

우리들 40명 이외에 오사카에는 이미 50명 가량의 조선인 여자들이 와 있었다. 오사카에서 2주일 동안 있었는데도 공장에는 보내주지 않았다. 최씨는 또 다른 데로 가야 된다고 했다. 우리는 공장에 가려고 오사카까지 왔는데 공장에 안 보내주고 또 어디로 가느냐고 물었다. 언제까지 기다려야 되느냐고 하니까 일주일쯤 기다리면 배가 온다고 했다. 그런데 일주일이 아니라 이주일 가량을 기다렸다.

1944년 10월 초순이나 중순쯤 오사카에서 백 명 가량 되는 여자들이 아주 큰 5층 배를 탔다. 배 이름은 '아라비라마루'였다. '아라비라'는 가타카나로 쓰여져 있었다. 1,2,3층까지 여자들이 탔다. 나는 2층에 탔는지 3층에 탔는지 모르겠다. 도중에 오키나와(沖繩)에서 60명 가량의 여자들이 내렸다. 낮에는 폭격이 있었기 때문에 밤에만 이동했다. 육군 군인들이 같이 이 배를 타고 있었다.

사이공까지 갔다. 10월말이 된 것 같다. 사이공에 도착하니까 그곳 사이공 수용소에도 여자들이 한 20명 이미 와 있었다. 합해서 60여 명이 됐다.사이공에 와서야 비로소 위안소로 가는 것을 알게 되었다. 감시가 매우 심해졌다. 화장실에 가도 따라오고, 밥도 갖다주고, 잠잘 때도 와서 보고 갔다.

삿쿠를 씻는 일이 제일 싫었다

세 조로 나뉘어졌는데, 우리 20명은 버마(지금의 미얀마)의 랑군으로 갔다. 다른 두 조는 어디로 갔는지 모르겠다. 나를 강진에서 끌고 왔던 일본인과 최씨도 랑군으로 같이 갔다.

랑군에는 11월 초순인가 중순에 도착했다. 그곳은 아주 더웠다.

배에서 내리니까 트럭이 대기하고 있었다. 트럭에는 일본 군인들이 타고 있었다.

랑군에서 그 트럭을 타고 두세 시간 정도 계속 북쪽 산길로 가니까 위안소라는 간판이 붙어 있는 집이 있었다. 날이 어둑어둑했다. 아주 험한 산속이었다. 일본 부대에서는 군인들이 움직이는 소리가 났다. 대포 소리도 났다. 부대에서 여자들이 먹을 20명분의 밥을 한꺼번에 갖다 줬다. 부대는 위안소로부터 얼마 떨어져 있지 않은 것 같았다. 식당에는 버마 여자 두 명이 일하고 있었다.

위안소 건물은 두 줄로 늘어서 있었고, 그 가운데 길이 있었다. 한 줄에 방이 10개씩, 모두 20개가 있었다. 그 위안소는 새로 지어져 준비되어 있었다. 대문도 울타리도 없었기 때문에 사람들이 그냥 들어왔다. 식당과 세면소가 두 군데 있었다. 각 방은 다다미 한 장 정도의 크기로 벽과 바닥은 나무 판자로 되어 있었다. 방에는 담요 두 장이 있었다. 방 20개 중에서 나는 사무실에서 가까운(7~8미터 거리) 3호실로 들어갔다. 번호 밑에 미즈코라고 써놨다. 방 입구에는 커튼이 쳐져 있었다. 우리 여자들은 가진 것은 보따리 하나씩 밖에 없었다. 거기는 모기가 너무 많아서 밤낮으로 모기에 시달렸다. 감시가 하도 심해서 도망가고 싶어도 도망갈 수는 없었다.

그 이튿날부터 일을 시작해야 했는데, 나는 그때 처음 남자를 접했다. 최초로 맞은 사람은 스물다섯 살 정도의 병사였는데 오사카 말을 썼다. 들어오면서 반갑다고 악수를 청했다. 사람들이 많이 있으니까 빨리 해야 한다고 지퍼만 열고 간단히 일을 보았다. 갑자기 많은 남자들에게 당했기 때문에 배가 아프고, 피가 흘렀다. 다리를 들려고 할 때는 다리가 아팠다. 최씨는 "삿쿠를 끼고 하기 때문에 임신이 안 되고, 병을 옮지 않을테니까 걱정 말라. 아픈 것만 조금 참으면 된다"고 말했다. 젊은 병사들은 흥분하여 접하자 얼마 안 되어 일을 끝냈다. 그래서 그 수많은 병사들을 상대하고도 살아난 것이라고 생각한다.

처음 일주일 동안은 너무 시달려 견딜 수가 없었다. 우리는 일곱 시쯤에 아침밥을 먹고 아홉 시부터 일본 병사들을 맞기 시작했다. 오후 세 시까지는 병사, 세 시부터 일곱 시까지는 하사관, 일곱 시부터 열 시까지는 장교들이 왔다. 장교들 중에는 밤에 자고 아침 여섯 시 삼십 분쯤에 나가는 사람도 있었다. 식사는 하루에 세 번씩, 날아 갈 것 같은 안남미로 소금물을 뿌려 만든 주먹밥과 단무지와 된장국을 주었다. 더울 때에는 밖에 설치된 펌프에서 물을 받아 목욕을 했다.

병사들은 방 밖에서 줄을 서서 기다리고 있었다. 신을 벗고 하면 시간이 걸리니까 신도 안 벗고 그냥 바지만 내리고 했다. 나는 속내의만 내렸다. 많이 상대하는 날은 병사가 20명, 하사관이 5~6명, 장교가 3~4명이나 되었다. 적은 날은 병사들이 10명 정도 왔다.

병사들이 쓰는 오사카말이 아주 시끄럽고 경상도말같이 들렸다. 죽음을 눈앞에 두고 있어서 그런지 우리 위안부들한테는 불친절하였고 어떤 병사는 발로 차기도 하였다. 한편 우리를 위로해 주는 장교도 있었다. 관계를 안 하고 그냥 이야기만 하다가는 장교들도 있었다.

한 달쯤 지나자 좀 익숙해졌다. 전에 왔던 군인들도 다시 찾아왔다. 나는 옷이나 신을 벗겨 주고, 삿쿠를 끼워 주기도 했다. 그래야 빨리 끝내고 돌아가기 때문이었다. 장교나 하사관이 큰 딸기나 노랗게 익은 '자봉'(귤 종류, 남아시아 원산)을 종이에 싸가지고 와서 주기도 했다.

아프다고 하면 치료를 받았다. 나도 일주일 정도 아파서 약을 바르고 쉬었다. 방이 비어도 다른 여자들은 새로 들어오지 않았다.

나를 강진에서 끌고 온 일본인은 위안소 입구에서 군인들에게 표를 받고, 최씨가 이리저리 들어가라고 안내를 했다. 나를 찾는 하사관들이나 장교들이 올 때는 내 방에 사람이 없으면 최씨가 안내해 줬다. 최씨는 여자들이 상대하는 군인 수를 적었다. 나는 사이공에서 산 공책에 하루에 상대했던 병사 몇 명, 하사관 몇 명, 장교 몇 명이라고 적어 두었다. 그리고 최씨한테 보여줬다.

우리 여자들은 돈을 받지 않았다. 위안소는 산 속에 있었는데 돈을 쓸 데도 없었고 쓸 일도 없었다.

삿쿠는 우리에게 맡겼다. 그것을 안 가져오는 군인들한테 우리가 줬다. 그런데 삿쿠가 아주 귀했다. 그래서 한번 쓴 삿쿠를 병에 모두 모아 두었다가 시간이 있을 때 냇가에 가서 빨았다. 비누로 씻어서 햇볕에 말린 다음 하얀 가루로 된 소독제를 뿌려 다시 사용을 했다. 이 일을 할 때가 제일 싫고 죽고 싶었다. 삿쿠가 터졌을 때에는 자기 성기를 파란색 소독약으로 소독하는 군인도 있었다. 내가 월경이 있다고 해도 군인들은 아랑곳하지 않고 삿쿠를 끼고 했다.

우리를 관리하는 일본인과 최씨는 같은 방에서 잤다. 그 두 남자들은 우리와 성관계를 하지는 않았다.

나는 1944년 11월 중순부터 한달여 동안 일을 했다.

버마의 밀림에서 사선을 헤매며

12월 10일이 넘었을 때 랑군은 폭격이 아주 심해졌다. 부대에서 12월 20일경에 이동을 해야 하니까 준비를 하라고 했다. 이동하기 사흘 전에 우리가 저녁을 먹고 있는데 부대에서 장교가 나왔다. 그에게 어디로 가느냐고 물어보니까 부대가 다른 곳으로 옮기니까 따라가면 된다고 했다.

최씨가 도망가자고 제안을 했다. 경상도가 고향인 하루코, 전라도가 고향인 기미코, 그리고 나, 이렇게 셋이 제일 친하니까 트럭이 오면 제일 나중에 타라고 귀띔을 해줬다.

12월 20일경이 되니까 아침에 위안소를 싹 밀어 다 헐어 버렸다.

그리고 트럭이 왔다. 급하다고 하면서 보따리에 옷을 싸서 빨리 올라타라고 했다. 우리 네 명만 빼고 다른 여자들과 군인들은 훌쩍훌쩍 올라탔다. 셀 수도 없을 만큼 많은 트럭이 떠났다. 우리 네 명이 우물쭈물하는 사이에 모두 떠나버렸다.

그들이 떠난 뒤 나와 기미코, 하루코, 최씨는 그 자리에 한참 동안 앉아서 생각을 했다. 밤새 우리는 "부대가 일선으로 옮겨 가면 죽기가 쉽다. 일선에 가서 폭격을 맞아 죽으나, 도망을 하다가 총을 맞아 죽으나 마찬가지니 도망가는 데까지 한번 가보자. 빨리 도망을 안 가면 우리는 죽을거다" 하고 결심을 다졌다.

네 명은 남쪽으로 이동을 시작했다. 낮에는 폭격이 너무 심해서 밤에만 이동했다. 방공호에 들어가서 누울 자리를 만들어 낮에는 잠을 잤다.

버마 사람들의 마을에 가서 도움을 청했다. 밥과 과일을 조금씩 얻어 먹을 수 있었다. 최씨는 월급탄 돈이 조금 있었다. 최씨가 그 돈을 빨간색 버마돈으로 바꿔서 그 돈으로 네 명이 이동했다.

한 열흘 이동하니까 아주 큰 강을 건너게 되었다. 강을 건널 무렵 해가 1945년으로 바뀌었다. 해가 바뀌었는데도 아직 랑군 시내에 못 들어갔다.

하루는 버마 사람들과 작은 배를 타고 강을 건너가는데, 배가 뒤집혀 물에 빠지게 되었다. 물에 빠진 사람이 20명쯤 있었는데 뭍에서 줄을 던져줬다. 최씨가 먼저 나가서 우리들에게 줄을 던져 주며, 줄을 잡고 있으라고 했다. 깊은 곳이 아니니까, 줄만 꼭 잡고 있으면 산다고 했는데 기미코는 힘이 없어서 그 줄을 놓쳐 버리고 말았다. 그래서 그는 물에 빠져 죽었다. 나는 그 줄을 끝까지 붙잡고 있었다. 최씨가 버마 사람과 함께 나를 건져줬다. 위안소에서 나와 큰 강, 작은 강을 몇 차례 건넜다.

기미코는 죽고 최씨, 하루코, 그리고 나 셋이 되었다. 그런데 호열자가 유행했다. 그 병에 걸리면 죽는다고 했다. 당시엔 약도 없었다. 우리 셋은 꼭 살아서 나가자고 했는데 하루코는 호열자에 걸려 죽었다.

1945년 5월[1]에 폭격이 그쳤다. 그래서 최씨와 나는 걸어서 랑군 시내로 들어갔다. 일선에서 약 6개월 동안 헤맸던 것이다.

그저 운명이라고 생각한다

랑군 시내에는 영국군이 들어와 있었다. 인도군도 있었다. 나와 최씨는 영국군 수용소로 들어갔다. 조선 출신의 영국 군인이 통역을 했다. 우리는 위안소에서 도망해 온 것을 이야기했다. 그러나 개인적인 인적 사항을 조사하지는 않았다. 그 위안소에서 살아나온 여자는 나 혼자밖에 없었다. 나도 호열자에 걸렸는데 영국군 수용소에서 항생제를 얻어 먹고 살아났다. 수용소는 깨끗하고 방도 좋았다.

랑군 영국군 수용소에서 한 달 정도 있었던 것 같다. 그후에 기차를 타고 최씨와 방콕으로 갔다.

1945년 가을 방콕에서 최씨와 아주 큰 배를 타고 부산으로 왔다. 조선인 군인들과 미군들, 그리고 나와 같은 여자들이 20명 가량 타고 있었다. 어린 핏덩이를 안고 있는 여자도 두 명이 있었다. 배 안에서 전부 신체검사를 받았다. 그리고 다 소독을 했다. 일주일만에 배에서 내렸다. 열병을 옮길까봐 전부 수용소로 데리고 가서 다시 검사를 했다. 도착해 보니 날씨가 선들선들하고 조금 추웠다.

최씨는 서울사람이었다. 최씨는 나를 위안소로 끌고 간 사람이지만, 최씨도 그 당시 그렇게 할 수밖에 없었다고 나는 생각한다.

부산에서 인천으로 가 식당에서 3년 정도 일을 했다. 1948년 스물두 살 때 식당 주인이 중신을 섰다. 주인이 소개해 주는 남자를 만나서 그런 대로 잘 살았다. 그런데 딸 둘을 낳아 호적에 올리려

1) 1945년 5월 2일에 영국군 제26인도사단이 랑군을 점령했음.

고 하니 남편에게는 이미 본처가 있었다. 딸들은 본처 호적에 올렸다. 그래서 나는 호적에 처녀로 되어 있다. 딸들은 고등학교까지 나왔다.

남편이 위암으로 죽어서 나는 현재 살고 있는 이 집에 가정부로 들어왔다. 20년 동안 이집 식구와 살고 있다. 교회를 10년째 다니고 있다. 모든 일들은 선조들의 죄악으로 생각된다. 우리나라가 워낙 가난했었으니까. 내가 그 당시에 시집을 갔더라도 위안부가 되었을지도 모르겠고, 그때 태어난 게 나의 운명이라고 생각한다.

딸들은 나의 과거를 모른다. 알릴 필요도 없다고 생각한다.

날마다 하나님께 기도를 드리고 있다. 그래도 결코 잊지는 못한다. 말을 이렇게 다 하니까 속이 시원해서 좋다. 요즘엔 대장이 나빠서 병원에 다니고 있다.

(정리: 오쿠야마 요코)

과거의 볼모가 되어

박순애(가명)

1919년 전북 무주 출생. 16세에 가난한 집안에 모르고 시집갔다가 그 집을 도망나와 1936년 18세에 다시 부잣집 재취로 들어갔다. 1938년 아들을 낳았다. 1941년 23세 때 평소 의처증이 심하였던 남편에 의해 소개소로 팔아넘겨졌다. 소개소에서 위문단을 모집한다는 소리를 듣고 빨리 돈을 벌어 아들과 함께 살 욕심으로 자원하였다가 라바울까지 끌려가 위안부생활을 하게 되었다.

남편이 직업소개소 넘겨

나는 1919년 전라북도 무주군에서 태어났다. 가족으로는 부모와 딸 여섯이 있었는데 난 셋째딸이었다. 어머니가 원체 솜씨가 좋아 삼베, 무명베 길쌈을 해서 논 다섯 마지기를 마련하였다. 머슴을 하나 두고 아버지가 직접 농사지어 빠듯하게 먹고 살았다. 언니들은 농사일도 거들었는데 난 안하고 도망치곤 하던 철부지였지만, 부모님은 내 몸이 약하다고 별말하지 않았고 귀염도 많이 받았다.

학교는 보통학교 2학년까지 다녔다. 학교에 가라고 보내 놓으면 난 학교는 안 가고 산을 타곤 했다. 그래서 엉덩이에 붉은 흙을 잔뜩 묻혀 집에 돌아오곤 했는데, 어머니가 그러려면 학교 그만두라고 해서 '얼씨구 좋다' 하고 그만두었다. 학교에서는 일본말을 배우기는 했지만 잘하지 못했다. 그 후로는 야학에 다녀 한글을 배웠다.

열여섯 살에 결혼을 했다. 어머니는 시집될 집이 넉넉한 줄 알고 보냈으나, 실은 아홉 식구에 무척 가난하였고 신랑은 일자 무식꾼이었다. 매일 나물캐서 보리죽을 끓이는 것이 일이었다. 학대받지는 않았지만 난 그 집에서는 도저히 살 수가 없었다. 그래서 그 집에서 도망쳐 오촌이 살던 거창으로 갔다.

오촌집에서 얼마간 지냈지만 거기서 계속 있을 수 없어 이웃에 살던 김씨의 후처로 들어갔다. 그때가 열여덟 살(1936년)이었다. 남편은 전처가 이웃집 남자와 바람이 났기 때문에 나와 재혼하게 되었다. 시댁은 집안도 좋고 재산도 많았지만, 남편은 의처증이 심해 술만 먹으면 나를 잘 때렸다. 그러면 나는 시아버지에게로 도망가곤 했는데, 시아버지는 나를 귀여워해서 '날 보아서라도 참고 살아라' 고 위로했다. 난 시아버지가 마냥 살아 계실 줄만 알고 시아버지를 의존하여 살았다.

스무 살(1938년)에 아들을 낳았다. 남편은 서른이 넘어 아들을 얻은지라 좋아하며, 당시에는 구하기 어려운 미역도 어디서 구해 왔다. 그때 쌀이 뒤주 가득히 있었던 집은 거창에서 아마 우리집밖에 없었을 것이다. 그러던 중 남편이 병에 걸렸다. 영천에 용한 의사가 있다 하여 남편은 집을 팔아 영천으로 갔기 때문에 난 시댁과 살림을 합쳤다. 남편은 병을 곧 고쳤지만 집으로 안 돌아오고 일본으로 갔다. 애가 세 살이 되었을 때 남편은 고향으로 돌아와서 논 닷마지기를 사놓고는 다시 일본으로 갔다.

일본에서 돌아와서도 나를 또 때렸다. 의처증이 도진 것이다. 그때 나는 머리 숱이 많아 머리를 솎아내고 비녀를 찔렀는데, 남편은 내 머리를 보더니 트집을 잡았다. 그리고 아이를 빼앗고 나를 소개소로 팔아 넘겼다. 그때가 내가 스무세 살(1941년) 되던 음력 10월쯤이었다.

소개소에는 맨몸으로 도망나온 사람이 많았다. 소개소에서는 그들에게 먹이고 옷을 해 입히고 해서 가족이 찾으러 와도 많은 몸값을 요구하였다. 그러므로 일단 소개소에 가면 거의 집으로 돌아가지 못하고 서울로 만주로 팔려 갔다. 나는 서울의 소개소로 넘겨졌다.

위문단을 모집한다는 소리를 듣고

서울의 소개소는 아현동에 있었다. 초가였지만 방이 네 칸 정도 되는 꽤 큰 집이었다. 서울 소개소의 주인 이름은 임만준이었다. 그곳에 직업을 구하러 들리는 사람이 하루에 수십 명이었고 일본인 순사도 드나들었다. 그 직업소개소에서 일하는 사람도 많았다.

거기에서 염병을 앓아 머리털이 다 빠지고 누런 얼굴에 빼빼 마른 금순이란 여자를 만났다. 금순이와 사귀게 돼 취직되기를 기다리며 함께 머물렀다. 그는 어디서 들었는지 '총 소리 뺑뺑 나는데 가면 잠깐 동안에 돈을 많이 번단다'고 했다. 어느새 정이 들어 금순이와 나는 형제간보다 더 친하게 되어 금순이와 같은 곳으로 가기로 결심했다.

직업소개소에는 사람을 사러 각처에서 왔다. 그런데 직업소개소에서 하는 말이 내 빚이 하도 많아서 조선에 있으면 아무리 오래 있어도 그 빚을 다 못 갚는다고 했다. 나에게 빚이 있다는 것을 서울에 올라와서야 비로서 알았다. 올라오기 직전에 거창의 남편에게 돈이 건네진 걸 알고는 있었지만 그것이 내 빚인 줄은 몰랐다. 그때 논 다섯 마지기 값이 넘는 돈이었다고 했다. 어쨌든 빚이 있다는 것을 알고 나서는 나는 빚을 빨리 갚고 싶었다. 그저 빨리 돈벌어서 애와 같이 살고 싶었다.

그런데 좀 지나니까 위문단을 모집한다는 소문이 들렸다. '야전병원에서 군인들 옷 빨아 주고 군인들이 부상당하면 치료해 주면 된다'라고 하면서 한 3년 일하면 빚도 갚고 돈도 벌어 온다고 했다. 모집 인원은 스물다섯 명이라고 했다. 그래서 나는 금순이와 함께 지원을 했다. 그 소개소에서는 우리 둘만 지원하였는데, 소개소에서 너희들은 좋은 데로 간다고 말했다. 그때가 음력 섣달쯤이었다. 그후에도 소개소에서 얼마동안 배를 기다렸다.

우리를 모집한 박씨가 떠나기 전에 불그스름한 구두와 하늘색 원피스를 맞춰 주고 작은 트렁크도 하나씩 사 주었다. 우리가 서울역에 도착했을 때에는 여자들이 아주 많이 나와 있었다. 여자들이 떠날 때 서울역은 배웅 나온 가족들의 울음바다가 되었다. 스미코라는 여자는 무남독녀였는데 기차를 탈 때 부모들이 나와서 무척 울었다. 나와 금순이는 배웅해 주는 사람이 없었다. 기차를 타고 부산까지 갔다.

서울을 떠날 때 여자로는 박씨와 김씨, 조씨가 인솔하는 우리 스물다섯 명과 하야시가 인솔하는 스물다섯 명을 합하여 모두 쉰 명이었다. 밤에 부산에 도착하여 곧장 배를 탔다. 시모노세키에 도착하여 배 안에서 하루를 쉬었다. 배가 도착하자 배 근처로 상인들이 몰려 나왔다. 끈에다 돈을 잡아매 내려주면 오징어 같은 것을 그 끈에 매달아 주었다. 배는 시모노세키에서 다시 남쪽으로 향하여 도착할 때까지 우리는 배를 한번도 갈아 타지 않았다. 우리가 탔던 배는 군함으로 식당, 극장, 병원, 목욕탕도 있었고 심지어 말까지도 먹이고 있었다. 배에서는 식사 당번을 정해서 두 명씩 나무들통에다 밥과 된장국, 그릇을 날라와 식사했다. 어뢰를 피하느라 돌고 돌아 한달 반 정도 걸려 라바울에 도착했다.

라바울에서 시즈코가 되어

라바울에 도착[1]했을 때는 한 네 시쯤 되었을까 아직 밝은 오후였다. 그날 밤에는 원래 배 위에서 자려고 했는데, 비행기의 폭격이 있어 배가 출렁거려 있을 수가 없었다. 어두워지자 화물차가 와 우리를 태우고 갔다. 우리는 폭격하는 광경을 불꽃구경하듯이 보고 있었는데 어느 2층집 앞에 내려놓았다. 그 집은 피난간 지 얼마 안 된 백인이 살던 집 같았다. 상점하던 곳이었던지 책이고 비누고 다 내버리고 가서 그냥 그대로 남아 있었다.

도로에서 대문으로 들어서면 앞에 사무실이 있고 건물이 양쪽으로 나뉘어져 있었다. 오른쪽은 단층집이고 왼쪽은 2층집이었는데, 1층의 방들은 복도가 없이 각각 바깥에서 바로 들어갈 수 있도록 되어 있었다. 2층으로 올라가는 계단은 왼쪽 건물 끝에 있었다. 아래층엔 스물두 명이 있었으나, 2층에는 나를 합쳐 세 명이 있었다. 주방과 작은 창고는 계단 밑에 있었다. 큰 창고와 변소는 집 뒤쪽

---

1) 라바울은 파푸아뉴기니아의 오른쪽, 뉴브리튼 섬의 중심지이다. 1942년 1월 23일 일본군이 점령한 후, 라바울은 남태평양의 최대 전략기지가 되었다. 그러나 1943년 10월 이후부터 전세가 역전되어 비전투요원은 귀환 혹은 후퇴시켰다.

군인들이 쳐들어간 지 6개월이 되었다는 말을 들었던 것으로 미루어, 박순애 씨 일행이 도착한 시기는 1942년 5월경으로 추정된다.

길 건너에 있었다.

우리는 군인을 받으리라곤 꿈에도 상상하지 못했다. 그저 빨래하고 간호하는 일을 하게 되나보다 했다. 그런데 군인들이 방으로 마구 들어오니 우리는 크게 당황하였다. 그래서 군인이 처음 오던 날은 군인들과 싸우느라 아주 난리였다. 우리는 이런 일 하러 온 것이 아니라고 주인하고도 대판 싸웠다.

나는 주방에서 밥을 먹는 것 외엔 방 안에서 문도 잠그고 꼼짝을 하지 않았다. 그랬더니 주인이 나에게 그래 가지고 빚을 어떻게 갚으려고 그러느냐고 지랄했다. 열일곱 살이 될락말락한 스미코는 한 보름간 사람을 안 받고 버텼다. 그러나 주인이 패악을 하지, 전체가 군대이지 우리는 더 견뎌낼 수가 없었다. 도망가려고 해도 사방이 물이라 도망갈 수도 없었다.

위안소의 생활은 아침 일곱 시경부터 오후 네 시까지는 사병들을, 오후 네 시부터 일곱 시까지 하사관을, 오후 일곱 시에서 열 시까지 장교들을 상대했는데 장교들 중에는 자고 가는 사람도 있었다.

군인들은 차를 타고 왔기 때문에 우리는 부대가 어디에 있는지 알 수 없었다. 우리한테는 육군만 드나들었고, 어쩌다 조선인 군속들도 왔다. 그들은 옷이 초라했고, 못 오게 되어 있었지만 가끔 숨어 들어왔다.

군인들은 사무실에서 표를 사가지고 들어왔다. 졸병은 하얀 색, 하사관은 푸른 색, 장교는 붉은 색의 표였다. 사병 표는 2원, 하사관 표는 2원 50전, 장교는 3원이었다. 자고 가는 사람은 열두 시 이전에 오면 6원, 이후에 오면 얼마 그런 식으로 시간을 따져서 받았다. 표 없이 밤에 자고 가는 사람은 돈을 주기도 했는데 그러면 사무실에 꼬박꼬박 갖다 주었다. 사무실에는 처음 우리를 데리고 간 박씨, 김씨와 조씨가 있었다. 아침마다 표 계산을 했다. 다른 사람은 어떻게 했는지 모르지만 난 계산을 하거나 말거나 표만 갖다 주고 왔다. 하루에 한번씩 정산을 하였는데, 주인은 우리에게 돈을 조금 주고 나머지 돈은 저금했다고 했지만 얼마나 저금했는지는 기억할 수 없다.

처음에는 여자들이 사무실에 나와 있으면 군인들이 골라서 데리고 들어갔는데 나중에는 군인들이 알고는 그냥 방으로 들이닥쳤다. 방 앞에는 명패가 붙어 있어 사람들은 나를 '시즈코'라고 불렀다.

손님은 적은 날은 20명 정도 받았고, 많을 때는 30명도 넘었다. 한 사람 이용시간은 원래 한 시간 정도였는데 그렇게 있지 못했다. 워낙 사람이 많아서 2층 복도에 죽 줄을 서 있을 정도였기 때문이다. 특히 일요일에는 군인들이 불개미 끓듯이 들끓었다. 그때 옷은 원피스 같은 것을 입었는데 속곳은 입고 있을 수도 없었다. 밑은 아프고 많이 부었다. 하도 힘들어 좀 마음씨가 좋아 보이는 군인에게 비행기를 태워서 보내 달라고 애걸하면 여자가 탈 자리는 없다고 했다.

거기서는 성병을 아주 겁내 야전병원에서 일주일에 한 번씩 와서 우리를 검사했다. 의사는 서너 명씩 왔지만 여자 간호원이 오는 것은 못봤다. 침대에 누워 있으면 기계를 집어넣고 검사하였다. 아기가 생기든지 병이 생기면 안된다고 삿쿠는 꼭 끼게 했다. 삿쿠는 군인들도 가져오지만 사무실에서 주었고, 다 떨어지면 또 주곤 했다. 삿쿠는 우리가 씌워주는데 스무 명 중에 한 명쯤은 안 하려고 하는 경우도 있었다. 안 한 사람은 접촉을 거절하였는데 어떤 놈은 내 뺨을 때리기도 하고 생발광을 하는 놈도 있었다. 또 병원에서는 덩어리 약을 주었는데 그걸 물에 타서 나는 꼭 씻고 군인도 씻어 주었다. 2층에는 물탱크가 있었는데 물이 있을 때는 거기에서 씻었다. 나는 내 몸 관리를 철저히 해서 다행히 성병을 앓은 적은 없다. 다만 말라리아를 앓은 일이 있는데, 그때 야전병원 군의인 아베중위가 잘해 주었다.

자매가 같이 들어온 사람도 있었는데 동생이 눈이 멀었다. 화장실을 갈 때도 언니를 붙잡고 다녔다. 왜 그러냐고 물었더니 눈이 안 보여서 그렇다고 했다. 매독 때문에 그렇게 되었는지 모르겠다. 성병에 걸린 사람은 606호를 맞고 일주일쯤 치료를 받았는데, 문에는 '휴가'라고 적어 놓았다. 난 월경이 있을 때도 '휴가'라고 표시해 놓았다. 생리대로는 약솜에다 실을 단 것을 병원에서 주었다.

거기서는 군인한테 꼭 일본말을 쓰라며 간단한 일본말을 열심히 가르쳐 주었다. 난 일본말을 거의 못해 층계를 올라다니면서 '이랏샤이마세 이랏샤이마세(어서오세요)'라 하면서 열심히 외우고 다닌 기억이 난다. 주인은 양복을 입고 있었는데, 그들은 군인이 오면 그들에게 '이랏샤이마세'라고 하며 쩔쩔맸다.

식량과 부식은 돌아오는 날까지 군에서 보급해 주었다. 밥은 중국인 할아버지가 와서 해주었으나 반찬이 없어서 먹기 힘들었다. 물도 군에서 운반해 주었다. 우리들에게도 위문품 온 것을 두세 번 나누어 주었다.

체념하고 그런 대로 적응해 가니, 주위를 둘러 볼 마음의 여유를 조금 가지게 되었다. 혹 시간이 나면 2층에서 밖을 내다보기도 했다. 2층에서는 옆집 하야시네가 잘 보였다. 하야시네와 우리는 바로 붙어 있는데도 서로 다니지 않았다. 그 집에는 '시간되었습니다. 손님들 나오시오'라고 외치는 사람이 들락날락하는 것이 보였다. 때로는 그 집 여자들이 밖에 나와서 노래를 찢어지게 부르는 것도 보였는데, 그중에는 노래를 아주 잘 부르는 여자도 있었다. 그렇게 노래하는 것을 보면 내가 직접 부르지는 못해도 가슴에 맺힌 것이 조금이나마 내려가는 것 같았다.

그래도 꼭 감옥살이하는 것 같아 바깥에 바람쐬러 나가고 싶었다. 그러나 바로 집 앞에는 헌병초소가 있어 우리를 대문 밖으로 나가지 못하게 하였다. 밖에는 허가증이 있어야 나갔는데, 그것은 원주민들이 여자를 겁탈하고 죽이기 때문에 보호해 주기 위해서라며 은근히 겁을 주었다. 멀리는 못 갔지만 헌병의 눈을 속여 도로 건너편에 가까이 있는 상점에는 간혹 갔다. 그 상점은 옷이나 작은 우산 등을 팔았다. 아침 먹고 대개는 아홉 시 이후가 되어야 일이 시작되므로 그 틈을 타서 나간 적이 있다. 주인이 조금 떼 준 돈으로 특별히 살게 없어서 뾰족 구두나 빛깔 양산을 사기도 했다. 우리가 있던 곳은 라바울 시내로 2층으로 된 상점건물이 있었고 여러 나라 사람이 있었다. 원주민, 중국인, 일본인, 백인도 있었다. 집 근처에 공장인지 시끄러운 소리가 나는 데가 있었는데 거기에는 백인이 있었다.

바다는 가까이 보이지 않았다. 근처에 부대는 없었고 살림하고 사는 사람은 원주민밖에 없었다. 원주민들은 남자들은 위통을 벗었으며 언제나 맨발이었고 여자들은 런닝셔츠를 걸쳤다. 원주민들에게는 심부름이나 청소를 시켰다.

장교들은 우리를 데리고 소풍을 가기도 했는데 그때에는 헌병대에서 승락을 받아야 됐다. 한번은 아침 여덟 시쯤 아베중위가 졸병에게 차를 몰리고 소풍 가자고 왔다. 차는 지붕이 천으로 덮여 있었고 사람이 네 명 정도 탈 수 있었다. 아베중위는 바구니에 과자, 술, 바나나 등을 담아 가지고 왔다. 연기가 푹푹 솟는 화산에 갔는데 화산은 가까이 보였지만 한참 갔다. 더 가자고 하니까 뜨거워서 더 못 간다고 했다. 다른 군인은 부대로 돌아가고 그날 밤 아베중위는 나와 같이 지냈는데 이튿날 사병이 데리러 왔다.

아베중위는 나를 자주 찾고, 오면 위안소의 환자들도 돌봐 주니까 나도 덩달아 주인에게 대우 받았다. 그런 걸 보고 어떤 여자는 내가 주인하고 붙었다고 중상하는 사람도 있었다. 나는 2층에 있고 다른 사람들과 교류가 별로 없어 왜 그러는지는 몰랐지만, 여자들 중에는 군인에게 맞거나 싸우는 사람도 많았다. 주인과도 많이 싸웠다.

국경일이 되면 방이 아주 크고 무대도 있는 집으로 여러 집 여자들이 모이기도 했다. 거기는 사병은 거의 없고 평소에 잘 볼 수 없었던 장교들만 있었다. 아침부터 모여 점심 때까지 있었는데 그들은 '황국신민(皇國臣民)의 서사(誓辭)'를 외우고 강연을 했다. 우리는 일본군가를 부르고 무대에 올라가 아리랑을 부르기도 했다. 이때는 어디서 왔는지 모르지만 일본여자도 있었다. 그들은 거의 나보다 나이가 많았다. 한번은 그러고 있는데 공습으로 파장이 된 적도 있었다.

라바울에서는 애가 보고 싶어 미칠 지경이었다. 어느 달 밝은 밤에 고향 생각이 하도 나서 방공호에 올라가 앉아 있었다. 방공호는 2층에서 내려와 마당을 지나와야 했다. 밤 열두 시나 되어 일이 다 끝난 다음이었다. 그런데 저쪽에서 군인이 하나 오더니 방공호에 들어갔다가 나오면서 웃옷을 돌려입었다. 그때 뭔가 툭 떨어지는 소리가 났는데 군인은 그것을 모르고 가버렸다. 무심히 앉아 있다가 나중에 내려오면서 무엇이 떨어져 있어 집어보니까 지갑이었다. 신분증과 돈이 들어 있었다. 다음날 그 지갑을 헌병에게 갖다 주었더니 헌병이 전화를 걸었다. 어떤 군인이 금방 나와서 고맙다고 절을 꾸벅꾸벅 했다. 돈도 50원이 있었는데, 헌병이 나더러 좋은 사람이라고 하며, 다 주어도 좋겠지만 25원씩 가르라고 했다. 하지만 난 그 돈을 받지 않았다.

그 일이 있고 몇 달 있다가 조선으로 나왔는데, 2월경에 친정으로 상장이 나왔다. 안 받으려고 한 돈을 나라에 기부를 해서 나온 것이었다. 그 상장은 농 서랍에 넣어 두었는데 6·25때 폭격으로 홀랑 타 버리고 말았다.

라바울에 있을 때 집으로 편지하면 사정을 모르는 부모님은 가 보고 싶어도 차비가 없어서 못 들어온다고 답장을 하곤 했다. 편지는 시모노세키 주소로 왔다.

파선, 다시 라바울로

공습은 점차 심해지고 사람들은 고향에 가고 싶어 안달이 났다. 여자들은 기한이 지났는데 왜 안 보내주느냐고 주인과 자주 싸웠다. 주인은 교대가 안 들어와서 못 나간다고 했다. 그런데 어찌된 일인지 얼마 지난 다음 교대도 안 들어왔는데 나오게 되었다. 나와 같이 들어갔던 여자들 오십 명이 모두 나왔다.

우리가 돌아오는 배를 타기 직전에 주인은 저금통장을 나누어 주었다. '일주일 있으면 나간다' '스파이에게 알려지면 안된다'고 비밀스럽게 알려주면서 통장을 배에 차라고 하였다. 통장은 불그스름한 것인데, 통장만 있으면 어느 우체국에서든지 돈을 찾을 수 있다고 했다. 통장에는 아라이 기요코(新井淸子)라고 적혀 있었던 듯하다. 우리들 중 누구도 거기 우체국에는 가 보지 못했다.

라바울 들어갈 때처럼 나올 때의 배도 아주 컸다. 배를 타고 일주일쯤 나와서의 일이었다. 그날 나는 마침 아키코(최금순)와 함께 아침식사 당번이었다. 아침을 먹고 들통을 갖다 주려고 하는 참이었다. 느닷없이 물이 확 밀어닥쳤다. 배가 어뢰에 맞은 것 같았다. 구명대를 끌러 놓으면 죽는다고 언제나 차고 있으라고 했지만 너무 더워서 끌러 놓고 있었다. 물이 쓸어닥치는데 광주 여자 하나가 배가 터져 너불너불한 상태로 물에 떠내려갔다. 그 사람은 임신중이었다.

배 가운데가 지끈 부러지면서 두 동강이가 났다. 억세게 요동치는 배의 난간을 붙들고 버티어 보려고 했으나 허사였다. 여기저기에서 여자들이 쓸려 나갔다. 아키코도 쓸려나갔다. 나도 정신을 차려보니 바다 가운데서 판자조각에 겨우 매달려 있었다. 그런데 멀찌감치서 '고치고이 고치고이(이리와)' 하는 소리가 들리면서 군인 하나가 나에게 다가왔다.

그때 군인들은 줄을 하나씩 감아서 차고 있었는데, 그 줄을 던져 주어서 그것을 잡고 사람들이 있는 쪽으로 갈 수 있었다. 이럴 때를 대비하여 구조요청용으로 작은 흰색기를 지니는 것이 원칙이었으나 아무도 그것을 가진 사람이 없었다. 하는 수 없어서 내가 입고 있던 하얀 속곳을 벗어 주었더니 그것을 흔들어 신호하였다. 그랬더니 저쪽에서 보트가 와서 우리를 구해 주는 것이 아닌가.

군함은 어뢰와 비행기 공습 때문에 우리에게 쉽게 접근할 수가 없었다. 그래서 오후 네 시경이 되어서야 비로소 군함이 건지러 왔다. 여덟 아홉 시간 동안 물 속에서 시달려, 손발이 부들부들 떨렸으나 겨우 줄을 잡고 배에 올라갔다. 올라가니 미음 같은 것을 끓여서 한 공기씩 주었다. 여기저기 다친 사람의 비명이 들리고, 치료한다 어쩐다 해서 아주 난장판이었다. 나도 팔과 엉덩이에 타박상을 입고 이마에도 파편이 스치고 간 상처가 있었다.

배는 다시 라바울로 돌아갔다. 라바울에 다시 들어가 보니 열다섯 명이 살아남았다. 사다코는 어깨가 깨지고 기무요는 다리가 심하게 다쳐 잘라 버렸다. 간호는 우리들이 교대로 했다. 기무요는 상처가 어느 정도 아문 다음부터는 사무실에 앉아 일을 보았다.

그때는 우리를 끌고 갔던 김씨, 박씨, 조씨는 어디로 갔는지 없고, 60세 가량의 일본 남자가 우리를 관리하였다. 우리는 그를 '아버지'라고 불렀다. 그리고 어디서 왔는지 일본인 여자가 셋 있었는데 우리가 온 다음 어디론가 사라져 버렸다. '아버지'라고 부른 사람은 우리가 다시 들어왔으니까 또 기한을 채워야 나갈 수 있다고 했다. 우리들은 불만이었지만 어쩔 수가 없었다. 저금도 다시 하기 시작하였다.

파선으로 짐을 모두 잃어버려서 남은 게 하나도 없었다. 그리고 이번에는 밥도 제대로 먹을 형편이 못되었다. 원주민들에게 담배 등을 주어 빠빠야, 바나나를 구해 먹었다. 거기서 주는 것만 먹었더라면 많이 굶어야만 했을 것이다.

이 무렵에는 공습이 특히 심하였다. 조금 있다가는 눈코뜰새가 없을 정도로 폭격이 심했다. 공습할 때는 입을 벌리고 귀를 막고 눈을 가리고 있었다. 그때 일본군은 전선에 나가는 족족 죽었다. 얼마 안 있어 아베중위도 일선에서 전사하였다. 군인들은 만주에서 보충된다고 했는데, 나중에 온 군인들은 처음보다 훨씬 거칠었다.

그리운 고향으로

계속된 패전 때문인지 라바울에서 나오게 되었다. 두 번째도 배가 부서졌으나 금방 구조되어 죽은 사람은 하나도 없었다. 이번에는 라바울로 되돌아가지 않고 파라오로 나와서 일주일 정도 머물렀다. 파라오에 오니 평화로웠다. 뾰족집, 극장도 있었다. 어디서 왔는지 일본여자도 몇 명 같이 있었다.

몇 명은 돈벌어 온다고 파라오에 남았다. 내가 확실히 기억하는 사람은 히토미이다. 그는 돈을 벌기 위해 몸 파는 유곽으로 들어간다며 거기에 남았다. 그는 지금은 배타고 나가는 것이 위험하다고 했으나, 그래도 난 죽든지 살든지 파라오에 떨어지기 싫고 어떻게 하든 조선으로 가고 싶었다.

다시 배를 타고 며칠을 왔는지, 양력 설날(1944)에 시모노세키에 도착했다. 우리 일행 중 어깨와 다리를 부상당한 두 사람은 시모노세키에서 치료한다고 귀국하지 않았다.

부산으로 귀국하였다. 돈이 없었는데 무엇으로 차비를 마련했는지 모르겠다. 일선지구 갔다온 사람이라고 그냥 태워 주었지 싶다. 광주의 오금순(하나코)과 나는 기차로 영동까지 와 헤어졌다. 그후 소식을 모른다.

과거의 볼모가 되어

고향에 오니 부모님은 살아계셨다. 돈이라도 있었다면 애를 데려와 무엇이라도 하고 살았을텐데 저금통장을 잃어버려서 아무것도 못했다. 그래도 아들이 너무 보고 싶어 고향에 되돌아오자마자 거창에 가보려고 했다. 그러나 어머니가 말려서 가지 못했다. 어머니는 남편이 나를 때리는 걸 보기도 했고 괜히 가서 사람같지도 않은 사람한테 잡힌다고 말렸다. 남편은 날 팔고 나서야 자기 아저씨 꾐에 넘어간 것을 깨닫고 그 아저씨를 때렸다고 했다.

그때 친정집은 아버지가 늦게서야 첩을 두고 말이 아니었다. 나는 집에 있을 수도 없어 그 해 봄에 면 호적계에 있던 사람의 소실로 들어갔다. 그는 내가 라바울의 병원에서 일하다가 온 줄로 알았다. 아이를 못 낳을 것으로 생각해 소실로 들어갔는데 가자마자 애기가 생겼다. 그래서 떳떳하게 살지도 못하고 또 자식의 신세까지 망친 게 분하다.

해방 이후 남편은 면일을 그만두었고 집안 살림은 크게 어려워졌다. 나는 아이들을 공부시키려고 별의별 짓을 다 해보았지만 제대로 풀리지 않았다. 세 살짜리 막내딸을 떼어 놓고 삼장사도 해보고 식모살이, 야채장사도 해보았다. 고생을 지긋지긋하게 했다. 자식은 셋이 있으나 법적으로는 독신으로 되어 있다. 지금은 생활보호대상자로 배급을 타 먹고 산다.

신고는 성남에 사는 외사촌 올케가 했다. 내가 이렇게 신고한 것은 앞으로 강한 나라를 세우는 데 혹시 보탬이 될까해서다. 우리나라 사람이 또 다시 다른 나라 사람의 종이 되어서는 안된다는 것이다. 지금까지 혼자서는 어떻게 할 수가 없어 한을 가슴속에 묻고 살았다. 이제 그 한을 정신대대책협의회에서 풀어주려 하니 그저 고마울 따름이다.

(정리: 강정숙)

벙어리 냉가슴

최명순(가명)

1926년 서울 출생. 1945년 19세 때 정내회 사람이 와서 집에서 노느니 취직하는 것이 낫다고 하며 만일 그냥 집에 있으면 정신대로 끌려갈 수도 있다는 말에 고민하다가 며칠 후 그를 찾아가 집을 떠났다. 일본에 도착하여 난데없는 장교의 첩살이를 하였는데 그의 아들에게 집으로 보내달라고 간청하자 그녀를 일본군 부대에 넘겨버려서 위안부생활을 하게 되었다. 귀국 후 결혼하여 자식을 두었는데 위안소에서 얻은 병 때문에 큰아들은 마흔 무렵부터 정신질환을 앓게 되었다.

나는 1926년생이니 올해로 예순일곱 살이 된다. 그 동안 살면서 사람이 할 수 있는 고생은 다하며 살아온 세월이 내 나이를 팔십은 먹어 보이게 한다. 자식이 알까 남편이 알까 마음을 졸이면서도, 평생을 살며 가슴에 묻어둔 이 원통함을 이렇게나마 털어놓는다.

어렸을 적 기억을 더듬으며

나는 서울역 앞 동자동 82번지에서 태어났다. 내 위로 언니, 큰오빠와 작은오빠가 있었다. 아버지가 남의 빚 보증을 잘못선 이후로 셋방살이로 뻔질나게 이사를 다니며 어려운 생활을 한 기억이 난다.

아버지는 집에서 함께 산 기억이 별로 없어 어떤 분이고, 무엇을 했는지 잘 알지 못한다. 한번 나가면 여러 달 안 들어오시고 들어오셨다가도 금새 어딘가로 가셨다. 주로 어머니가 우리를 먹여 살리시느라 고생을 많이 하셨다. 어머니는 남의 집일을 다니며 우리를 키우셨다.

내가 아홉 살 정도 되었을 때 큰오빠와 언니는 학교에 다니고 있었다. 언니는 나하고 8년 차이가 났는데 언니가 무척이나 예뻐서 동네사람들이 나보고 네 언니 반이라도 쫓아가라는 말을 많이 했다. 그런데 하루는 언니가 행방불명이 되었다. 어머니는 언니의 소식을 알기 위해 사방을 알아보며 다니셨다. 학교에서 친구들도 언니의 소식을 알기 위해 애를 많이 썼고 동네사람들도 모두 걱정을 했다. 어머니는 매일 우시고, 우리 아버지는 잠시 집에 들어와 계시다가 홧김에 다시 집을 나가셨다. 우린 이사도 못 가고 언니가 돌아오기를 애타도록 기다렸다.

그렇게 2~3년이 지나서야 언니는 거지차림을 해 가지고 돌아왔다. 뼈다귀만 앙상한 언니를 구경하려고 동네사람들이 우리집에 몇

십 명씩 몰려들었다. 그 사람들은 여자가 너무 예쁘면 팔자가 사납다고들 했다. 한번은 내가 어머니 심부름을 나가다가 동네사람들이 언니가 일본놈한테 끌려갔었다고 수군대는 소리를 들었다.

그후 우리집은 그 동네를 떴다. 무엇이 불안했던지 어머니는 내가 밖에 나가 놀지 못하게 하셨다. 소공동에 살 때 나는 학교에 들어갔다. 열한 살인가 열두 살에 1학년이 되었으니 좀 늦은 편이었다. 수표동에 있는 화강소학교에 입학해서 다녔는데 그것도 4학년 겨울에 그만두어야 했다. 홍제동으로 이사를 했는데 학교는 너무 멀고 월사금 낼 돈은 없고 해서 친구들하고 엉엉 울면서 헤어졌다.

이사 후 언니의 병은 더욱 악화되었다. 어머니는 계속 한약만 지어다 먹이고 무당을 불러 병 쫓는 푸닥거리만 하셨다. 그래도 언니는 별로 나아지는 것 없이 시름시름 앓다가 돌아온 해 겨울에 죽었다. 외가집이 있었던 금곡에 시체를 묻었다.

당시 큰오빠는 장가를 갔는데 마땅히 하는 일이 없었고 작은오빠는 인쇄소에 다녔다. 난 어렸을 적부터 유달리 작은오빠와 친했다. 나는 작은오빠 말이라면 뭐라도 했고 작은오빠도 내 말이라면 다 들어 주었다. 어머니 아버지보다도 그렇게 좋았던 작은오빠는 스무 살이 갓 넘어 징용을 가게 되었다. 그후 큰오빠는 돈 번다고 자기 식구들을 데리고 만주로 가서 결국 부모님과 나만 남았다. 징용간 작은오빠가 히로시마에서 편지를 보냈다. 나는 유독 친했던 작은오빠가 너무도 보고 싶었고 가난에 짓눌리는 생활에 갑갑증이 나기 시작했다.

그물에 걸려들어

다시 다동으로 이사를 간 것이 1945년, 내가 열아홉 살 나던 해였다. 양력 정월달이라고 기억하는데 정내회(町內會)에 있는 남자가 와서 집에서 노느니 취직을 하는 것이 어떠냐고 했다. 만약 아무것도 안 하고 그냥 집에 있으면 정신대에 나가게 될 것이라는 말을 했다. 일본에 가서 일하면 돈도 벌고 정신대에도 안 나가니 참 좋을 것이라고 하면서. 그래서 나중에 어머니가 들어오시면 의논해 본다고 했다. 그때 집에는 나 혼자 있었다. 그리고는 며칠이 흘렀는데 또 그 사람이 와서는 빨리 생각해서 결정하라고 말하고 갔다. 그 동안 어머니한테 이야기하지 않고 있다가 하루는 어머니가 저녁 무렵 들어오시자 그 이야기를 했다. 그랬더니 어머니는 취직은 무슨 취직이냐고 하면서 "아이구 큰일났구나, 또 이사가야겠구나" 하셨다. 그러나 그때 내 마음은 그것이 아니었다. 어머니가 혼자 벌어서 먹고 사는 형편이었기 때문에 나라도 취직해서 돈이라도 벌면 훨씬 나을 것이라 생각했다. 그리고 그 정내회 남자 말이 일본에 가게 되면 히로시마에 있는 작은오빠도 만나게 될 것이라고 해서 마음이 더더욱 기울었다.

어머니가 가지 말라고는 했지만 밤새 이런저런 생각 끝에 몰래 짐을 싸들고 어머니가 일 나가신 사이에 정내회의 그 남자를 찾아갔다. 그날로 바로 그 남자와 서울역에 가서 부산으로 가는 기차를 탔다. 밤새 기차를 타고 부산에 내리자 그 남자는 나를 일본 남자 두 명에게 넘겼다. 그때서야 더럭 겁이 났다. 학교에서 일본말을 배워 조금 알기는 했지만 일본말을 아는 척하지 않았다. 일본말을 하면 그 사람들이 말을 시킬 것 같아 아무 말도 안하고 그냥 쫓아갔다.

부산에 도착하여 바로 배를 탔다. 배 안으로 내려가니 나이먹은 한국 여자들이 열 명 정도 있었다. 서로들 말을 안하고 있었으니 그 사람들이 다들 어디로 가는지 알 수는 없었다. 화장실에 갔다가 갑자기 멀미가 나서 밖이 보이는 곳에 올라가봤더니 집도 산도 하나도 안 보이고 배는 바다 한가운데 덩그마니 떠 있었다. 위에는 비행기 한 대가 떠 있었고. 그때 나를 인계받은 일본 남자 중의 한 명이 오더니 나에게 뭐라고 말하면서 따귀를 때리고는 손을 잡아

꺾었다. 아마도 내가 바다에 빠져 죽으려는 것으로 착각했던 것 같다. 그때 꺾인 상처 때문에 지금도 손마디가 툭 불거져 나와 있다. 다시 아래로 내려가 그 사람이 시키는 대로 엎드려 있었다. 그러고 있으려니 어머니 몰래 나온 것이 너무너무 후회가 되고 이런저런 생각에 서러워 눈물만 나왔다.

그날 저녁쯤 되어 배에서 내렸다. 여덟 시간 정도 걸린 것 같다. 배에서 내리면서 사람들이 시모노세키라고 하는 말을 들었다. 낯선 말이었지만 열심히 "세키 세키" 하면서 외웠다. 왠지 불안한 마음에 이곳이 어디라는 것은 알고 있어야지 다시 돌아갈 수 있을 것 같았다. 배에서 내려 기차를 탔다. 다른 한국 여자들은 다 어디로 갔는지 보이지 않고, 나와 나를 인계받은 일본 남자 둘만 기차를 탔다. 온통 창이란 창은 다 막혀 있어서 대체 어디로 가는 기차인지 알 수가 없었다. 그때 '아, 이제 난 죽었구나. 오빠고 뭐고 난 이제 죽는구나' 하는 생각이 들면서 모든 게 깜깜해졌다.

난데없는 첩살이

기차에서 내려 두 일본 남자가 나를 어느 집으로 데리고 갔다. 나이가 마흔쯤 되어 보이는 일본 남자가 나를 보더니 웃으면서 아주 좋아했다. 그들은 앉아서 잠시 이야기를 하다가 나를 데리고 왔던 남자들은 돌아갔다. 주인 남자는 나에게 방 하나를 가리키더니 들어가라고 했다. 집안 형편을 살펴보니 앓아 누워 있는 부인이 있고, 스무 살 정도 먹은 아들이 있었다. 난 방에 들어가서 일하는 여자가 해주는 밥을 받아 먹고 불안한 마음에 꼼짝도 못하고 있었다.

밤이 되니 일하는 여자가 이부자리를 펴주며 자라고 했다. 대체 뭐가 어떻게 돌아가는 건지 알 수가 없고 불안한 마음이 들어 그냥 앉아 있었다. 그러고 있는데 주인 남자가 들어왔다. 주인은 그 이부자리에 눕더니 나더러 옆에 누우라고 끌어당겼다. 싫다고 고개를 설레설레 저으니 일어나 나를 눕히곤 옷을 벗기기 시작했다. 무서워 반항도 크게 못했다. 머리는 멍멍하고 몸은 뻣뻣하여 움직이지도 못했다. 물론 나는 그때까지도 잠자리에서 남자를 어떻게 상대하는지도 모르고 있었다. 뭐가 아래로 들어오는데 난 그게 무릎팍이 들어오는 줄 알았다. 어찌나 아프던지 정신이 아찔하였다. 피가 홍건이 나고 밑은 빠지듯이 아프고. 그러고 난 후에서야 난 내가 몸을 빼앗겼구나 하는 생각이 들었다.

그후로 주인은 계속 나를 데리고 잤다. 주인이 집에 안 들어오는 날이면 그 아픈 짓거리를 안 당해도 되었다. 주인은 아파 누워 있는 자기 부인방에는 잘 안 들어갔다. 매일 밤 그 지긋지긋한 잠자리를 강요당하는 와중에서도 그 부인에게 무슨 죄를 지은 것 같고 미안한 마음이 들어 괴로웠다. 그 주인 여자 마음이 오죽할까 해서.

주인 성은 '스하라'라고 했고 아들은 '지로'라고 했다. 주인은 군인이었는데 아침에 군복 입고 나갈 때 보면 어깨에는 빨건 헝겊 위에 별이 달린 계급장이 붙어 있었다. 집에는 방이 세 개 있고, 마루에 사진과 채찍 그리고 긴 칼이 걸려 있었던 것이 생각난다. 말도 있었고. 난 그 집에 머물면서 부인의 시중도 들어주고 집안일을 거들기도 했다. 하지만 밥 짓는 일은 못하게 했다. 집안사람들이 나를 학대하지는 않았다.

그 집에 있으면서 폭격소리를 아주 자주 들었다. 주인 남자에게 이곳이 어디냐고 손짓 발짓으로 물어보니 히로시마라고 했다. 나는 그 사람에게도 일본말을 아는 척하지 않았다. 히로시마라는 말을 듣고는 작은오빠를 만나고 싶은 생각이 강하게 들었다. 어느 정도 무서움이 가신 후 그 주인 남자에게 오빠가 이곳에 있으니 오빠를 좀 만나게 해달라고 했다. 내가 일본에 갈 때 가져갔던 오빠의 편지를 보여줬다. 알았다고 하면서 손가락 네 개를 펴보이며 이렇게 자고 나면 만나게 해준다고 했다.

며칠 있다가 차를 태워 작은오빠 있는 곳으로 데리고 갔다. 무슨 공장 같은 건물이었는데 그곳에서 오빠가 무슨 일을 하고 있었는지는 잘 모르겠다. 작은오빠는 나를 보더니 여기는 무엇 하러 왔느냐고 하면서 빨리 집으로 가라고 했다. 그래서 울며 내가 여기 오게 된 이야기를 했더니 오빠는 화를 내면서 무슨 수를 써서라도 일본을 빠져나가라고 했다. 여긴 살 데가 못 된다고 했다. 한 서너 시간 오빠와 울면서 이런저런 얘기를 하고 있는데 주인 남자가 이제 가야 된다고 나를 데리러 왔다. 오빠와 나는 서로 부둥켜안고 울면서 작별을 했다.

다시 그 집에 돌아온 후론 그 집 주인 남자의 온갖 비위를 맞추며 제발 조선에 보내 달라고 졸라댔다. 주인 여자에게는 "내가 있으니깐 아저씨가 아줌마한테 안 가지 않느냐. 그러니 나를 조선에 보내면 아저씨가 아줌마를 많이 사랑하게 될 것이다" 하면서 졸랐다. 저녁마다 주인 아들한테 한두 시간 일본어를 배웠는데 그 아들한테도 졸라댔다. 두 달쯤 지나자 주인 여자도 울화병이 나는 듯 나를 대하는 것이 점점 고약해졌다. 그래도 아침에 눈 떠서부터 저녁까지 옆에서 졸랐다. 내가 조선에 가야 아줌마가 좋아진다고 하면서. 주인 남자는 내 말을 되도록이면 다 들어 주었는데 조선에 보내 달라고 조르면 화를 내기도 했다.

어느날 주인 남자가 아침에 나간 후 주인 여자와 그 아들과 함께 있으면서 난 또 졸랐다. 나를 조선에 보내 달라고. 주인 여자와 아들이 자기들끼리 뭐라고 하더니 아들이 나한테 데려다 줄테니 짐을 챙기라고 했다. 그저 고맙고 좋은 마음에 서둘러 짐을 챙겨 그 아들을 쫓아나섰다.

나를 어느 역에 데리고 갔다. 그 아들이 일본 사람 둘에게 뭐라 하더니 나를 그 사람들한테 넘겼다. 그리곤 나를 한번 흘낏 보더니 가버렸다. 일본 남자들이 내 팔을 잡고 끌고 가려고 하기에 나는 안 간다고 소리를 질렀다. 난 조선에 갈 거라고. 그랬더니 한 놈이 내 허벅지를 냅다 차면서 빨리 가라고 소리를 지르고는 끌고 갔다.

보내달라 떼쓴 것이 그저 후회스러워

나를 어딘지 모르는 곳으로 데리고 갔다. 창고같이 생긴 조그마한 건물이었다. 방이 열 개 정도 주루룩 있었는데, 그중 한 방으로 들어가니 한평 조금 넘을 만한 방에 담요 하나만 덩그러니 깔려 있었다. 조금 있으니까 어떤 일본 여자가 밥을 가져다주고 이런저런 시중을 들어 주었다. 그때 난 '아, 주인 남자가 내가 그 집에 있으면 부인에게 미안하니깐 이곳에 머물게 하다가 조선에 보내주려 하는 거구나' 하고 생각했다. 그래서 저녁이 되면 주인 남자가 올 것이라고 생각했다. 저녁 때가 되니 밥 가져다줬던 여자가 씻으라고 따뜻한 물을 떠다 줬다. 씻고는 오늘 밤이라도 당장 떠날 준비를 하고 있었다. 그러고 있는데 낯선 일본군인이 들어왔다. '아, 이제서야 내가 떠나는구나. 나를 데리러 왔구나' 하고 생각했다. 그런데 그 군인은 싱글싱글 웃으면서 내게 누우라 했다. 나는 보따리를 무릎에 얹어놓은 상태로 "저리 가라"고 하면서 손으로 그 군인을 밀었다. 그랬더니 다시 나를 슬슬 달래면서 끌어당겼다. 나는 보따리를 꼭 껴안은 채로 뒤로 떠밀려져서 일을 당했다. 그러면서도 나는 '아, 이놈이 여자한테 곪주려 나를 보고 이 짓을 하는구나. 이것만 끝나면 스하라한테 나를 데려다주겠지'라고 생각했다.

그러나 상상도 못했던 생활이 시작되었다. 생각만 해도 지긋지긋하고 몸서리쳐진다. 내가 조선에 보내 달라고 떼만 쓰지 않았더라도 그런 일은 안 당했을텐데 하는 후회가 지금껏 든다. 싫더라도 한 놈한테만 그냥 당하는 것이 더 나았을테니까.

아침 아홉 시 반이나 열 시 정도에 일어나서 아침밥 먹고 나면, 어떤 때는 점심 전부터 군인들이 오고 보통은 오후가 되면서부터 군인들이 밀려왔다. 일요일엔 아침부터 북적거렸다. 군인들은 나란히 줄을 서 있다가 한 명씩 들어와서는 보통이 5분, 길어야 10분 정도 있었다. 한 놈 나가면 또 들어오고 또 들어오고. 밤 열 시경이 되어서야 그 생지옥이 끝났다. 하루에 적어야 20명이었다.

하라는 대로 안한다고 맞기도 엄청 맞고 기절도 숱하게 했다. 그러면 주사 놔줘서 다시 깨어나고. 오줌을 질질 싸고 피범벅이 되어 누워 있으면 어떤 놈은 냅다 발길질을 하고 그냥 나가 버리기도 했다. 치마로 얼굴을 가리고 누워 있으면 얼굴 가린다고 맞고, 자기들 성기를 입에 갖다대고 빨라 해서 안 빨면 맞고, 조선말 쓴다고 맞고. 하도 맞다 보니 병신이 됐는지 그저 눈만 멀뚱 멀뚱 뜨고 송장처럼 누워 있었다. 공습 때는 밖에서 문을 잠그고 모두 없어졌다. 처음엔 무서워서 방문을 두드리기도 했지만 나중엔 그냥 천장만 보고 누워 있었다.

어떤 놈은 금방 하고 나가고 어떤 놈은 안돼서 질질 끌었는데, 그렇게 몇 십 분씩 진저리가 나게 끌고 나면 난 기절을 했다. 죽이든지 살리든지 그냥 기절하고 누워 있으면 밥해 주는 일본인 아줌마가 와서 찬물로 씻어 주고 미음을 가져다 먹이곤 했다. 거기서 내가 살아나간다는 것은 상상도 못했다. 그저 목숨이 붙어 있어 때가 되면 밥먹고 시간 되면 군인받고 그저 그렇게 지낸 생활이었다.

입구에서 감독하는 군인이 서너 명 있었는데 자주 바뀌었다. 바람 쐬러 나왔다가 감독하는 놈들에게도 숱하게 맞았다. 군인들은 들어올 때 입구에 있는 놈들에게 뭔가를 내는 것 같았다. 그것이 군표나 돈일 것이라는 것은 요즘에서야 알게 되었다.

밥해 주고 빨래해서 가져다 주는 아줌마는 바뀌지 않았다. 빨래라야 걸치고 있는 겉옷 하나였다. 아예 속옷은 안 입고 있었다. 나이가 마흔 살 정도 된 일본인 여자였는데 같은 여자라 그런지 많이 위로를 해줬다. 내가 기절을 자주 해서 그 아줌마 신세를 많이 졌다. 내가 깨어나면서 시모노세키가 어디냐고 나를 거기다 좀 데려다 달라고 하면 말은 안해 주고 그저 걱정말라고만 하면서 피를 닦아 주곤 했다. 비록 일본 사람이었지만 그 아줌마한테 나는 많은 도움을 받았다. 그 아줌마는 그곳에서 유일하게 내가 의지할 수 있는 사람이었다. 아줌마는 내가 여기가 어디냐고 물어봐도 그런 건 물어보면 안된다고 했는데, 그러다 얼핏 오사카라는 말을 들은 것 같다.

그곳에 있으면서 다른 방에 있는 여자들과는 한번도 이야기해 보지 못했다. 딱 한번 화장실 가다가 복도에서 마주친 여자가 있었다. 어디서 왔느냐고 물어보고 싶었는데 감독하는 놈 눈에 뜨일까 봐 그냥 지나쳤다. 밖에 나왔다가 감독하는 놈들 눈에 띄면 맞기 때문에 화장실 가는 것 외에는 방에만 있었다. 밥도 방으로 갖다 주는 것만 먹고.

군인들은 가지가지였다. 와서 개 돼지만도 못하게 지랄하는 놈도 있지만, 몇몇은 추근대지 않고 그냥 옆에서 안고만 있다가 가는 사람, 나중에 전쟁이 끝나면 찾겠다고 하면서 이야기만 하다 가는 사람도 있었다. 하지만 대개가 인간 같지 않은 놈들이었다. 나를 불쌍하다고 하면서 내게 잘해 주려고 했던 장교가 한 명 있었는데 그 사람은 한번 나와 자고는 그 다음부터는 이야기만 하다 가곤 했다. 그 사람은 내 밑이 엉망이 되어 있는 것을 보고 닦아 주고 가기도 했다. 그러나 나는 그 사람도 나를 다른 곳에 보내는가 싶어 말을 시켜도 안하고 싫어했다.

하도 많은 남자들을 상대하다 보니 얼마 안되어 몹쓸 병이 들었는지 밑이 시뻘겋게 퉁퉁 붓고 고약한 냄새가 났다. 들어오는 군인이 제각기 삿쿠을 하나씩 가지고 있었던 것 같은데 끼는 놈도 있고 안 끼는 놈도 있었다. 군의가 와서 주사를 놓아 주었지만 잘 낫지를 않았다. 병든 상태에서도 계속 군인을 받았다. 한번은 어떤 놈이 바지를 내리고 덤벼들려고 하다가 시뻘겋게 된 내 밑을 보고 뭐라 욕지거리를 하고는 못 같이 뾰족한 것을 가지고 밑을 찔러 버렸다. 거기에 병균이 옮아 번져서 고름과 피가 범벅이 되었는데도 그냥 누워 군인을 받았다. 그 엉망이 된 밑을 보고도 덤벼드는 놈들이 인간 같지 않았다.

약 먹고 주사맞고 치료를 해도 병이 낫지를 않았다. 무슨 주사인지 한번 맞고 나면 속이 울렁울렁하고 입과 코에 냄새가 올라와 역겨웠다. 군의가 치료를 하면서 약으로 치료가 쉽지 않을 거라는 말을 했다. 한번은 내게 잘해주었던 장교와 군의가 같이 왔다. 그 장교는 군의에게 뭐라고 이야기를 했는데 나를 내보내라는 이야기를 한 것 같다. 나는 그것이 나를 또 딴 곳에 보내려는 이야기로 들었다.

어느날인가 아줌마가 오더니 내가 조선에 나가게 될 것이라고 했다. 내가 너무 병이 심하게 들어 조선에 보내 준다고 했다. 막상 조선에 나간다는 소리를 들으니 내가 죽어야 하는데 이렇게 살아 있구나 하는 생각이 들었다. 기절을 했을 때 죽게 그냥 내버려두지 나를 깨운 아줌마도 야속하고. 나중엔 그나마 병이 깊어서라도 이렇게 나오게 된 것을 감사히 여기게 되었지만 지금 생각하니 그 장교가 나를 나가게 손 써준 것 같다.

살아 돌아오기는 했지만

군의가 뭐라 씌어 있는 종이를 내게 줬다. 그곳에 있던 군인이 나를 배 타는 데까지 데리고 갔다. 배 타는 데에서 어떤 사람에게 그 종이를 보이고 안내인 하나와 배를 탔다. 타고 나니 그저 '이제는 살았구나. 이젠 어머니한테 돌아가는구나' 하는 생각밖에는 없었다. 부산에서 배를 내려 안내인이 기차를 태워줘 혼자 서울에 도착했다. 1945년 양력설을 쇠고 일본에 가서 두 달 동안 스하라 집에 있다가 3월부터 내가 돌아온 7월까지 오사카에서 군인들을 받다가 반년이 넘어서야 서울에 돌아왔다. 서울역에 내렸는데 돈이 수중에 한푼도 없어 걸어서 예전에 살던 다동의 집까지 갔다. 보따리도 하나 없이 걸치던 옷에 조리 하나 신고 있었다. 걸을 때마다 밑이 아파 몇 번을 주저앉으면서 집으로 갔다.

다행히 식구들은 이사를 안 가고 그 집에 그냥 살고 있었다. 문을 열고 발소리도 제대로 못 내고 들어가니 어머니가 방문에 걸터앉아 계셨다. 어머니가 나를 보더니 이게 꿈이냐 생시냐 하면서 부둥켜안고 울었다. 밑에 병이 있는 상태에서 돌아왔으니 동네 사람들이 알까 봐 쉬쉬하며 어머니가 나를 데리고 병원에 다녔다. 어머니는 굳이 내게 어디 갔다왔느냐는 것을 물어보지 않으셨다. 어머니는 다 알고 계신 것 같았다. 간혹 "딸 둘 있는 것을 이렇게 버렸구나" 하시면서 울곤 하였다.

하도 배가 아파 뒹구니 어머니가 만져 보고는 아이가 들은 것 같다고 했다. 병원에 가서 진찰을 받으니 아이가 이미 뱃속에서 죽었다고 했다. 꺼내 보니 사내아이인데 얼굴부터 몸 반쪽이 이미 썩어 있었다. 의사는 병균 때문에 아이가 그렇게 됐다고 했다. 6~7개월 된 아이였다. 아이는 죽은 채로 내 뱃속에서 근 한달을 있었던 것이다. 그게 아마 처음갔던 집 남자 스하라의 씨인 것 같다. 내가 일본에 머무는 동안에는 달마다 있어야 할 것이 없었다. 어머니가 돈을 꾸어와 여기저기 용하다는 병원을 찾아다녔다. 그러다가 이광수 씨 부인이 하는 산부인과에 가서 치료를 받고는 어느 정도 깨끗해졌다.

아들에게 전해진 위안부의 상흔

동네에서 다시 정신대를 모집한다는 소리를 듣고 놀래서 어머니가 옆집에서 하숙하고 있는 남자하고 결혼을 시켜 버렸다. 무엇하는 사람인지도 모르고 그냥 결혼했다. 그리고는 얼마 있다가 곧 해방이 되었다. 치료가 제대로 끝나기도 전에 결혼을 해버려 병이 다

낫지를 않았던 모양이었다. 몇 개월 살았는데 내가 매독균을 옮겨 줬다고 남편을 나를 때리며 내쫓았다. 임신한 몸으로 친정에 왔다. 왠 임신은 그렇게 쉽게 되는지 얼마 살지도 않았는데 덜컥 아이가 들어선 것이다. 나는 뱃속에 들은 아이도 또 죽어 있을 것 같아 무서웠다.

그러다 작은오빠가 일본에서 돌아왔는데 히로시마에 원자탄이 떨어질 때 화상을 입어 몸이 불거져서 왔다. 오빠는 원자병으로 앓다가 갈비뼈에서 이빨 같은 것이 부스러져 나오더니 다음 해에 죽었다.

작은오빠가 죽은 해 나는 친정집에서 사내아이를 낳았다. 겉으로는 별 이상이 없어 보여 그나마 다행이다 싶었다. 친정집에서 아이를 키우고 집안일을 하며 살고 있었다. 한번은 내가 얼굴이 반반하다고 "아이 딸리면 어떠냐? 시집가라" 하면서 친구 어머니가 중신하여 지금의 영감하고 선을 보아 살게 됐다. 애 딸린 여자라고 시부모, 시누이한테 구박도 많이 받고 여러 번 쫓겨나기도 했다. 그 서러움은 말도 못한다. 한겨울에 광목을 빠는데 물을 못 데워 쓰게 해서 찬물에 손등이 터진 것이 한두 번이 아니었다. 남편은 내가 얼굴이 곱상해서 그래선지 애가 딸려도 그냥 결혼을 했지만 살다 보니 마음이 변하는지 집에도 안 들어오곤 했다. 영감이 젊을 때 바람을 피워서 속도 많이 썩었지만 내 꼴에 뭐라 할 수도 없었다. 아이는 줄줄이 생겨 아이 낳고 시댁식구까지 먹여 살리느라고 이 짓저짓 다하며 살았다.

첫번째 남편에게서 난 큰아이는 의붓아버지 밑에서 구박을 많이 받았다. 큰아이는 공부도 제대로 못 시켰다. 그애는 국민학교만 겨우 졸업하고는 안해본 일없이 별별 고생을 다했다. 나가서 거의 빌어먹다시피 하면서 돌아다녔다. 그렇다고 내가 감싼 형편도 아니라 돌봐 주지도 못했다.

그러다 나는 서른이 넘어가면서 불안증이 생기고 정신이 막 혼동

되는 증세가 시작되었다. 갑자기 영감이 싫어지고 소름이 끼쳐 나가라고 소리도 지르고 발광을 했다. 누굴 중을 만들려 하냐고 구박을 얼마나 받았는지. 그래도 사람소리 텔레비전 소리만 나면 불안하고 무서워서 문 걸어 잠그고 아무도 못들어오게 했다. 텔레비전에서 총소리를 듣고 몇 번을 졸도도 했다. 사람만 보면 무섭고 무슨 소리만 들려도 떨려 방에 들어앉아 무릎으로 기어다니는 생활을 근 30년간이나 했다. 내가 이렇게 제대로 걸어다닌 게 이제 4년 정도밖에는 되지 않는다. 지금도 신경안정제가 없으면 불안해서 아티반을 계속 먹고 있다.

지금 영감한테서 낳은 자식은 네 명이다. 딸 셋에 아들 하나. 모두 자기 밥 먹고 잘 살고 있다. 지금은 막내딸과 함께 사는데 그 전엔 먼저 남편에게서 난 큰 아들 집에 있었다. 그 아들은 국민학교를 겨우 나왔지만 남의 밑에서 이것저것 배운 것을 가지고 자기 사업을 해서 돈을 많이 벌었다. 그런데 그 아들이 멀쩡히 잘 살다가 마흔 살이 넘어 갑자기 신경발작증을 일으켰다. 그래서 청량리 정신병원에 입원했었는데 그때 어머니를 데리고 오라 해서 갔었다. 의사가 가족들은 다 나가 있으라 하더니 나한테 혹시 그전에 매독을 앓다가 낳은 것이 아니냐고 해서 고개 숙이고 눈물만 흘리다 나온 적이 있었다. 그저 내가 죄인이었다. 자식 신세까지 그렇게 만들어 놨으니. 뱃속에서 멀쩡히 나와 성한 줄 알았지 그게 40년 만에 정신병이 될 줄 누가 상상이나 했겠나.

큰아들은 지금도 한달에 한번씩은 발작을 한다. 제가 더러운 개구녕에서 나와 이렇다고. 의사가 이야기하지는 않았을텐데 그런 말을 하면서 작년엔 에미를 죽이겠다고 집안살림 다 집어던지면서 달려들었다. 너무 무서워서 그 길로 아들 집을 나와 막내딸 집으로 왔다. 큰아들이 정신병원에 있을 때 며느리는 집을 나갔다.

그 동안 그 누구한테도 털어놓지 못한 말을 가슴에 담고서 어서 죽기만을 기다리며 살아왔다. 지금 신고를 하고 이런저런 행사에 참석하곤 하지만 행여 얼굴이 알려질까 봐 마음을 졸인다. 자식이 있고 남편이 있어 내 원통한 세월을 마음껏 통곡도 못한다. 만약 내가 위안부로 갔다온 사실을 사돈댁에서라도 알게 된다면 자식들 인생이 어떻게 되겠는가. 지금 내가 겉으로 아무렇지도 않아 보이지만 신경병에 당뇨에 약 없이는 살지 못한다. 남들에게 꺼내 놓지 못하는 이런 엄청난 이야기를 가슴에 묻고서 속병 앓으며 사는 것을 누가 알겠나. 죽어 가슴에나 묻어둘 이 원통한 이야기를 누가.

(정리: 이상화)

근로정신대에서 위안부로

강덕경

1929년 경남 진주 출생. 아버지가 일찍 돌아가시고
어머니는 재혼하여 외가에서 자랐다. 외가는 넉넉한 편이라
보통학교를 졸업하고 고등과에 입학하였다. 1944년 16세 고등과
1학년 때 여자근로정신대 1기생으로 일본으로 떠나
후지코시 비행기공장에 가게 되었다. 그곳 생활이 너무
고달파서 한밤중에 도망을 쳤는데 군인에게 잡히고
말았다. 그길로 부대로 끌려가 위안부생활을 하게 되었다.

여자근로정신대 1기생이 되어 일본으로

나는 1929년 2월 경남 진주 수정동에서 태어났다. 아버지는 일찍 돌아가시고 어머니는 재혼하여 나는 거의 외가에서 자랐다. 외가는 사는 형편이 괜찮은 편이었다.

수정동 가까이 봉래국민학교가 있었지만, 나는 요시노(吉野)국민학교(현재의 중앙국민학교)에 다녔다. 31회 졸업생이다. 6학년 졸업을 하고 놀고 있었는데 어머니가 보기에 안되었던지 고등과에 보내 주었다. 고등과는 내가 들어갈 무렵에 새로 생겼는데 한 반뿐이었고 학생은 60여 명 정도 되었다.

열여섯 살 되던 1944년 6월경에 여자근로정신대 1기생으로 일본에 갔다. 요시노국민학교 고등과 1학년 때였다. 고등과 1학년 일본인 담임 선생이 가정방문을 와서 정신대로 나가라고 했다. 배우기도 하고 돈도 벌 수 있다고 했다. 선생이 가고 난 뒤 엄마는 안된다고 울고불고 난리가 났으나, 나는 가기로 했다. 우리반에서 반장과 나 두 명이 갔다. 반장이었던 친구는 반에서 공부를 가장 잘하였고 집도 부자였다.

진주에서 모인 대원은 50명이었다. 마산에서 또 50명이 기차를 탔고, 부산에 가보니 다른 곳에서 또 50명이 와 있어서 모두 150명이 되었다. 떠나기 전에 모두 도청으로 갔다. 도지사도 참석한 도청 마당에서 열린 '장행회(壯行會)'에서 내 친구가 출정식사를 읽었다. 진주에서는 장행회가 개최되지 않았다.

부산에서 연락선을 타고 아침에 출발했다. 배를 타고부터는 울음이 나왔다. 배 양쪽에 군함이 두 대, 비행기 두 대가 따라왔다. 배는 3층이었는데 우리는 제일 아래층에 탔다.

비행기공장에서 — 배고팠던 기억만이

시모노세키에 도착한 후 다시 기차를 타고 도야마 현(富士縣)의 후지코시(不二越) 비행기 공장으로 갔다. 공장에 도착하니 장년의 남자와 여자 두 사람이 마중을 나와 있었다.

도착하자마자 먼저 공장을 두루 구경시켜 주고 선반을 어떻게 다루는지도 가르쳐 주었다. 공장은 어찌나 큰지 그 부지는 당시 진주보다 더 넓은 것 같았다. 사람들도 엄청나게 많았다. 사방에 담이 있고 문지기가 있었다. 기숙사에서 꽤 걸어가야 공장에 도착할 수 있었다.

공장에서는 가슴에 여자정신대(女子挺身隊)라고 박은, 누르스름한 옷과 모자를 주었다. 기숙사에 돌아오면 집에서 가져간 다른 옷을 입었으나 공장에서는 그 옷만 입었다. 일할 때는 모자를 꼭 썼다. 그걸 쓰지 않아 머리카락이 기계에 딸려들어가 죽은 사람도 있었다.

기숙사는 정문 가까이에 있었다. 기숙사의 료장(寮長)은 남자였고, 우리를 지도하는 여자들도 있었다. 일을 본격적으로 시작하기 전에 지도 맡은 여자가 소풍을 데리고 나갔는데 거기는 신미나토(新港)와 후시키(伏木) 접경 부근이었다. 바다가 있었으며, 그 근처에는 조선인이 많이 살고 있었다. 우리가 물을 뜨러 가니까 조선에서 왔냐고 하면서 반가워했다. 우리도 너무 반가워서 얼싸안고 기뻐했다. 그곳의 음식은 너무 싱겁고 찍어먹을 것도 없어서 고생하고 있을 때라 소금 한 덩어리만 달라고 사정을 했다. 그리고 그 동네를 눈여겨 잘 봐두었다.

근무시간은 열두 시간이었으며 낮일, 밤일을 일주일씩 교대로 했다. 거기서의 일은 선반으로 비행기 부품을 깎는 것이었다. 부품은 아주 정교하게 깎아야 했는데 재료가 너무 단단할 때는 바이트가 타서 그냥 하루를 보낼 때도 있었다. 진주에서 같이 간 대원들은 모두 선반으로 부품 깎는 일을 했다. 전라도에서 온 대원들은 쇠를 절단하는 일을 했다. 깎은 쇠가 너무 예뻐 기숙사로 가져 갔더니 지도하는 여자가 스파이로 걸린다고 하면서 가져 갔다. 월급은 저금해 준다는 말을 들은 듯하나 구경한 적은 없다.

공장에 있을 때는 일도 힘들었지만 배가 너무 고파서 참을 수 없었다. 밥과 된장국, 단무지가 고작이었고 밥도 아주 조금밖에 주지 않았다. 밥을 아껴 먹으려고 한알씩 한알씩 세며 먹기도 하고, 세 숟가락에 다 먹어치우기도 했다. 또 어떤 애는 그것을 안 먹고 감추어 놓았다가 나중에 먹기도 하였다. 점심으로는 조그만 삼각형 콩떡 세 개를 나누어 주었는데 배가 너무 고파 점심시간이 되기 전에 다 먹어치우기 일쑤였다. 밤일을 할 때는 일이 끝나고 기숙사에 오면 아침을 주고는 저녁까지 아무 것도 주지 않았다. 그래서 다른 방으로 가야 할 밥을 몰래 가져와서 먹기도 했다. 그러면 그 방 사람들이 굶게 되는 줄도 모르고. 하도 배가 고파 집으로 엽서를 보냈더니 소금과 콩을 보내와 그것으로 허기를 달래기도 했다. 집에 있을 때는 밥을 잘 안 먹어 할머니 속을 태워드렸던 것이 후회가 되었다.

공장에서는 우리보다 나이가 많은 세 명의 일본여자들도 같이 일했다. 그들은 도시락을 싸가지고 출퇴근을 했다. 때로는 집에 빨랫비누를 부쳐 달라고 해서 그걸 그 일본인 여자들에게 주고 밥이나 소금을 바꿔 먹기도 했다. 생활이 고되고 하도 배가 고프니까 어떤 전라도 아이는 정신이 돌아버렸다. 공장에서 그 여자를 고향으로 보내 주었다. 나중에는 다른 사람도 길에서 뒹굴고 미친 척했는데 꾀부린다고 하여 집에 보내 주지 않았다.

공장에서 겨울을 한번 지냈다. 지붕이 안 보일 정도로 눈이 많았고 기숙사에서 공장까지의 길은 지붕을 씌워 놓았다. 밤일을 하게 되면 일본인들은 제시간에 식사를 하였으나 우리들은 초저녁에 중식으로 먹을 콩떡을 먹어치우고 식사시간에는 용광로 옆에서 울면서 쪼그리고 잠을 자곤 했다.

기숙사 방은 다다미 열두 장 정도의 크기였는데 열두 명 내지 열세 명이 한방에서 지냈다. 이불은 요까지 각기 세 채씩 주었다. 기숙사가 꽤 커서 다 돌아볼 수도 없을 정도였고 누가 어디에 있는지 알 수가 없었다. 기숙사에선 일본인은 못 보았고 조선인은 진주, 마산, 전라도 등 한 고향 출신끼리 같은 방에 나뉘어져 있었다.

진주 사람 중에서는 내 친구가 대대장, 내가 중대장이었다. 누가 붙여 준 것인지는 생각나지 않는다. 난 중대장이라 해도 친구랑 노래가사 하나 지어낸 것 외에는 별로 한 일이 없었다. 그 당시에 우리가 부른 노래는 지금도 생각난다. 곡은 학교에서 배운 일본군가에다 가사를 붙혀서 일본말로 불렀다.

아아 산넘고 바다건너
멀리 천리길을 정신대로
아득히 떠 있는 반도
어머님의 얼굴이 떠오른다[1]

눈이 펑펑 올 때 진주에서 간 사람들은 모두 그 노래를 부르고 다녔다.

한번은 우리방 대원들이 스트라이크를 일으켰다. 아침에 자리에 누워서 일어나지 않기로 약속을 했다. 지도하는 여자가 깨우러 왔을 때 모두 이불을 쓰고 자는 척 하면서 일어나지 않았다. 그날은 시간이 지나 결국 일을 나가지 않았는데, 그 일로 밥도 못 먹고 호되게 야단을 맞았다.

후지코시 공장에 도착한 지 두 달 정도가 되었을 때 배가 고파서

---

1) ああ山こえて海こえて
遠く千里を挺身に
はぶかにうかぶはんとうの
母のお顔が目にうかぶ

새벽에 도망쳤던 적이 있다. 전에 봐두었던 신미나토의 조선인 집으로 반장 친구와 함께 도망을 쳤다. 그 집에 가 있었는데 어떻게 알았는지 기숙사에서 붙잡으러 왔다. 공장으로 잡혀가 뺨을 많이 맞았다. 그는 모범을 보여야 할 것들이 그런 짓을 한다며 야단을 쳤다.

그후 진주에서 또 50명이 왔다. 그중에 나보다 한 살 아래인 친척 강영숙이 끼어 있었다. 나는 그 아이에게 이런 고생스런 곳에 왜 왔느냐고 꾸짖어 주었다. 그리고 어떻게든 빠져나가려고 궁리하다가 얼마 후 친구와 함께 다시 도망을 쳤다.

도망치다 위안부로 전락

밤이었다. 철조망을 들고 나와 전에 도망갔던 데와는 다른 방향으로 갔다. 그런데 공장에서 얼마 안 떨어진 곳에서 이리저리 헤매다가 군인에게 잡히고 말았다. 친구와는 죽으나 사나 손을 꼭 잡고 같이 가자고 했으나, 잡혀서 트럭에 타고 보니 나뿐이었다. 트럭에는 헌병, 운전병, 나 모두 세 사람뿐이었다.

나를 붙잡은 사람은 빨간색 바탕에 별 세 개가 박힌 계급장을 단 헌병이었다. 처음에는 이름도 계급도 몰랐는데 나중에 자주 보면서 알게 되었다. 그 상등병은 자기 이름을 '고바야시 다데오'라고 했다.

운전병 옆에 앉아서 가다가, 그 헌병은 중간에 차를 세우고 날 내리라고 해서 야산으로 데리고 갔다. 천지를 모르게 깜깜한 밤이었다. 거기서 그가 나를 덮쳤다. 남자를 상대한다는 것이 어떤 건지도 모르고 무서워서 반항도 제대로 못했다. 지금 같았으면 혀 깨물고 죽을 일이었지만 그때는 무섭고 막막한 느낌뿐이었다.

다시 차를 타고가 부대에 도착했다. 부대 앞에 보초가 두 명 서 있었다. 그 부대 뒤에 천막 같은 집이 있었다. 그 군인이 당분간 여기 있으라고 했다. 거기에는 이미 여자가 다섯 명 정도 있었다. 그들은 아무 말도 않고 그냥 날 쳐다보기만 했다. 도착해서 얼마 안지나 날이 샜다.

천막집은 천으로 된 칸막이로 칸이 대여섯 개로 나뉘어져 있었다. 내가 있던 칸의 크기는 다다미 한 장 반 정도 되었지만 다다미가 깔려 있지는 않았다. 잠은 군용 간이침대에서 잤다. 거기 있는 사람은 대부분 나보다 나이가 더 많았다. 처음에는 무섭고 마음의 여유가 없어 이야기도 별로 나누지 못했으며, 거기서 무엇을 하는지도 몰랐다.

한 사흘쯤 있다가 그 헌병이 와서 다시 건드렸다. 그리고 나서 다른 군인들이 오기 시작했다. 거기서는 하루에 10명 이내로 사람을 받았다. 낮에 오는 군인은 없었고 토요일 오후부터 많이 왔다. 고바야시 외에 자고 가는 사람은 없었다. 잠은 주로 여자들끼리 같이 잤다. 나에게는 그 상등병 고바야시가 자주 왔다. 군인들에 비해 여자들의 수가 적어서 쉬는 날은 없었다. 무섭기도 하고 밑이 따갑고 아파서 정신을 차릴 수가 없었다.

다른 데서 군인들이 오면 밤에 데리고 나가기도 했다. 난 거기서 '하루에'로 불리웠다. 군인들이 이름을 부르면 여자들이 담요을 들고 군인을 따라 나가야 했다. 깜깜한 야산에서 몇 사람인지도 모르는 군인들에게 당하곤 했다. 너무 당해서 밑이 아파서 걸음을 못 걸으니까 데리고 간 군인들이 끌다시피하여 천막으로 데리고 왔다. 그때의 비참한 느낌이란 정말 말로 다 못한다.

옷은 고바야시가 갖다 주었고 공장에서 도망할 때 작은 옷보따리를 가지고 나와 대충 입을 수 있었다. 음식은 군대에서 갖다 주었는데 주먹밥을 먹은 기억이 난다. 흙바닥에 상을 놓고 쪼그리고 앉아서 먹었다. 고바야시가 몰래 주먹밥, 건빵을 갖다 주기도 하였다. 그는 처음에는 무척 무서웠으나, 나중에는 조금 덜 무서워졌다. 거기서 진찰 같은 것은 받지 않았다.

거기서 얼마간 있다가 부대가 이동하였다. 고급 택시같이 길죽하게 생긴 국방색 자동차 한 대와 트럭 세 대에 나누어 탔다. 여자들은 군인들과 같이 트럭을 타고 어두울 때 이동했다.

어떻게 도망칠 수 없을까

두 번째 장소로는 하루도 안 걸려 간 것 같다. 차타고 갈 때 한편에는 계속 물이 보였고 반대편으로는 산이 있었다. 도착하니 근처에 연못 같기도 하고 강 같기도 한 것이 있었고 대부분 밭이었는데 주위에 나무가 유난히 많았다. 눈이 많이 와 있었다. 부대는 아주 넓어서 납작하고 지붕이 평평한 건물이 여러 군데 있었다. 전과 달리 민가도 제법 있었다.

우리가 들어간 집도 지붕이 납작했고 출입문을 열고 들어가면 앞에 복도가 있고 방이 여러 개 있었다. 각 방에 들어가면 뒤로 창문이 있었다. 방에는 다다미가 깔려 있었다.

우리가 도착했을 때는 여자들이 스무 명 정도 되었을까, 꽤 북적거렸다. 그런데 먼저 있던 여자들은 다른 데로 갔다가 되돌아오기도 해서 어떤 날은 대여섯명이 되기도 했다.

부대는 컸지만 군인이 그렇게 많지는 않아 하루 대여섯명 정도 상대 했다. 거기서는 자고 가는 사람도 있었다. 돈이나 표 같은 것은 없었다.

문 왼쪽으로 큰 방이 있었고 그 오른쪽으로 작은 방들이 있었다. 우리는 큰방에 주로 있었는데 군인들이 문밖에서 대기하고 있다가 들어왔다. 군복을 입은 사람이 부르면 맞은편 작은 방으로 들어갔다. 그 방은 두 사람이 눕고 조금 여유가 있을 정도였다. 요와 담요가 있었고 유담포가 있었다. 유담포는 발밑에 놓거나 안고 자라고 했는데 겨울이 크게 추었다는 기억은 없다.

이곳에 와서는 꾀가 생겨, 나에게 잘해 준 복순언니나 고바야시에게도 이것저것 물어보았다.

복순언니는 같은 건물에서 살았는데, 거기서 가장 오래 있었다고 했고 서른 살이 넘어 보였다. 나는 복순 언니에게 도야마 현까지는 거리가 먼지, 여기는 어딘지를 물었다. 복순언니는 도야마는 모른다고 하면서 우리가 있던 곳이 어디라고 했던 것 같은데 기억나지 않는다. 그리고 "우리 돈을 저놈의 새끼(군속)가 다 가지고 있다. 우리에게는 안 주고 저놈들이 다 가지고 있다"라는 말을 했다. 또 나에게 "너는 군인에게 잡혀 와서 돈도 못받고 불쌍하다" 하기도 했다.

또 고바야시를 살살 꾀어 보려고 했다. '이 사람을 꼬셔야 도망칠 수 있다' 싶어 처음으로 웃음까지 지어 보이면서, 도야마 현까지 여기서 머냐?' 등을 물어보았다. 처음에는 아무것도 가르쳐 주지 않았다. 물어보면 "군사비밀이다. 왜 그런 것을 알려고 하느냐?" 했는데, 나중에는 그 사람이 "이곳에 천황폐하가 살 곳이 있다"든가 "여기로 온다"든가 하는 말을 해 준 적이 있다. "여기가 어딘지는 군사비밀이니까 못 가르쳐준다. 곧 집에 보내 주마"라고 했다. 그리고 "너는 그 공장에 있었나?" 하고 물었다. 그 사람은 내가 후지코시 공장에 있었다는 것을 알았을 것 같다. 군인 중에서는 고바야시와만 주로 이야기했다. 몸이 아프고 하도 처량해서 연필을 빌려 "아아 산넘어 산을 넘어/멀리 만리를 정신대로/상등병에게 잡혀/내 몸은 찢겨졌다"는 노래를 지어 공장에 있을 때 불렀던 군가에 붙여 보았다. 어느날 그 노래를 고바야시에게 들려 주었더니 그는 내 입을 틀어막았다. 그는 먼저만큼 자주 찾아오지는 않았다.

복순언니와 고바야시 외의 다른 사람과는 거의 이야기를 나누지 않았다. 같이 있던 여자들과도 눈만 서로 마주치고 고개만 끄덕일 정도였다. 그들의 이름도 군인들이 '메이코', '아끼코'라고 부른 정도만 기억난다. 나는 그저 몸을 움츠리고만 다녔다.

그곳에는 계급장이 없는 국방색 옷을 입은 남자 몇이 자주 드나든 기억이 난다. 그 사람들이 밥을 주었다. 식사는 모두 같이 하지는 않았다. 밥은 넉넉하지 않았고 된장국과 단무지, 어쩌다가 우엉조림을 주었다. 한번은 고바야시가 술이 좀 취해서 유부초밥을 갖다 준 적이 있었다. 복순언니는 어딜 가는지 밤에 한참 나갔다가 저녁밥을 바깥에서 먹고 오기도 했다. 다른 여자들이 어디 갔다가 오느냐고 하니까 '저쪽 집에' 라고 했다. 밭에 가 반찬거리를 따오기도 했다.

여기서도 고바야시가 옷을 갖다 주었다. 기모노는 입은 적이 없다. 블라우스에 치마를 입었다.

난 아파서 그저 드러누워 있는 것이 좋아 가까운 바깥으로도 거의 나가지 않았다. 밑이 아파서 걸음도 똑바로 걷기 힘들었다. 복순언니는 '남쪽에서 군인이 많이 온다'는 말을 해 주기도 했는데 난 토요일이 되는 것이 죽기보다 무서웠다. 정말 어디로 도망하고 싶은 생각뿐이었다.

슬픔을 안고 고국으로

어느날 너무 조용해서 이상하여 동료 하나와 부대까지 가봤는데 보초도 없고 군인들이 모두 쪼그리고 앉아서 울고 있었다. 그래도 무엇 때문인지 몰라 길쪽으로 나서니까 길에서 '만세' 소리가 났다. 조선인 아저씨가 트럭 위에서 깃발을 들고 왔다갔다 하고, 여러 곳에서 사람이 나와 북적북적하였다. 징용온 사람이었던 것 같다. 난 조선인 아저씨를 붙들고 물었다. 어디 가시는 길이냐고, 나도 좀 데리고 가 달라고. 아저씨는 '어찌된 애냐?'고 놀라면서 물었지만 위안부 생활을 했다는 말은 하지 않았다. 그저 도야마 현까지 데려다 달라고 했다. 나는 그때 일본에는 신미나토에만 조선 사람이 사는 줄 알았다. 그 아저씨가 오사카까지 데려다 줄 수는 있다고 해서 급히 옷보따리를 챙겨 들고 트럭을 탔다. 그때 아마 거기 있었던 여자 두세 명도 같이 탄 것 같다. 다른 조선 여자들은 뿔뿔이 흩어졌다.

오사카에 도착하자 그 아저씨가 주먹밥을 주었다. 그리고는 다른 사람에게 나를 소개하여 트럭과 기차를 타고 신미나토까지 데려다 주게 하였다.

후지코시 공장에서 처음 도망했을 때 밥을 준 적이 있는 방씨 아저씨집으로 갔다. 그 동안에 어떻게 되었는지 사연을 말하라고 해서 다 이야기했다. 그 아저씨는 조선에 나갈 때까지 그 집에 머물도록 해 주었다. 그래서 조선에 나갈 때까지 그 집에서 밥해 주고 빨래해 주면서 지냈다. 4, 5개월 있다가 추운 겨울에 그 집 사람들과 같이 오사카까지 나와 야미배를 탔다.

방씨 아저씨는 상처하고 아이들을 데리고 혼자 살고 있었다. 그 아저씨는 이웃에 사는 일본인 아주머니와 서로 좋아하는 사이여서 그 아주머니도 같이 나오게 되었다.

방씨 아저씨 집에 있을 때 그 아주머니는 내가 임신한 사실을 나보다 먼저 알았다. 내가 일본군인에게 끌려 갔을 때는 초경이 있기도 전이었다. 마지막 장소에 있을 때 피가 살짝 비친 적이 있었는데 그 다음에 바로 임신이 된 것이다. 그래서 나는 현해탄을 건너오는 배 안에서 물에 빠져 죽으려고 했다. 그러나 내가 심상치 않은 것을 눈치챈 아주머니가 죽지 못하게 계속 옆에서 따라다니며 지켰다.

방씨 아저씨의 고향이 전라도였던지 남원으로 갔다. 일본에서 온 귀향민들의 숙소는 일본인이 경영했던 국수여관이었다. 한쪽은 국방경비대, 한쪽은 귀환동포들이 머물렀다. 1946년 1월경에 애기를 낳았는데 그 아주머니가 받아 주었다. 거기서 몇 달 더 있었다. 그런데 그 아주머니는 좋아하는 방씨 아저씨를 따라 낯선 우리나라에 선뜻 나왔으나 살 길이 막막하고 뜻같지 않자 되돌아가게 되었다. 아주머니가 배를 타기 위해 부산으로 가면서 날 진주에 데려다 주었다.

집에 가니 어머니가 애까지 딸린 그 꼴로는 집에 못 들어온다고 하였다. 그래도 안되었던지 아는 아저씨에게 부탁하여 부산으로 데려가게 하였다. 그 아저씨는 나를 부산진의 천주교에서 운영하는 큰 고아원으로 데려가 그 아이를 고아원에 맡겼다. 그리고 초량에 있는 평화식당을 소개하여 일하게 해 주었다. 거기서 일하면서 일요일마다 고아원으로 아이를 만나러 갔다. 그러던 어느날 내 아이의 옷을 다른 아이가 입었길래 알아봤더니 아이가 폐렴으로 죽었다고 했다. 그때 그 애는 네 살이었다. 아이의 주검을 직접 보지 못해 믿겨지지 않았다. 그리고 나는 일생 동안 결혼하지 않았다.

만신창이의 몸을 이끌고

그 이후 식당일, 장사, 남의 집일, 하숙치기 등 안해 본 일이 없지만 복이 없어 그런지 어지간히 돈이 모일 만하면 실패하고, 어디가 툭 아프고 해서 지금은 전셋집 하나 못 구하고 지낸다.

거기 갔다와서 특히 몸이 아프다. 젊었을 때는 다달이 월경을 할 때마다 이틀씩은 방을 헤매고 다녔다. 하도 아파서 주사를 맞아야 했다. 그리고 자꾸 하혈을 했다. 한약방에 가고, 산부인과도 가고 했다. 너무 아퍼서 이것만 나으면 발가벗고 춤이라도 출 것 같았다. 병원에선 자궁 내막염, 나팔관 이상이라고 했다.

해방되어 돌아와서 열여덟 살에 겨우 제대로 월경을 한 것이 마흔이 안되어 끊어졌다. 그런 다음엔 아무렇지 않았다. 그리곤 방광에 이상이 와서 요새도 입원을 몇 번이나 했다.

이렇게 나서게 된 것은 우선 하소연이나 실컷 하자는 생각이었다. 그 동안 겪은 일을 쓰다가 말다가 한 적이 있었다. 그러나 몇 번이나 옮겨다니다 보니 찢어지고 없어졌다. 우리 같은 인생을 또 겪어서는 안되겠기에 나의 경험을 밝힌다. 그리고 기왕이면 우리가 노력해서 일본에게 사죄, 배상 모두 받아낼 것은 받아내야 한다.

아직도 한국의 수치라고 말하는 사람이 있다. 사실을 몰라도 너무 모른다.

(정리: 강정숙)

우리집을 지척에 두고 위안소에 갇혀서

윤두리

1928년 부산 출생. 아버지가 건축업을 하여 집안은 넉넉한 편이었다. 그러나 오빠가 결혼 후 정신이상으로 가출하고 아버지가 돌아가시면서 가세가 기울어 집안이 엉망이었다. 1942년 15세에 삼화공장을 다니다가 군복공장으로 옮겼으나 일본인 과장이 흑심을 품어 직장을 옮기기 위해 부산진역 앞을 지나게 되었다. 그때 그곳 파출소 앞을 지나는데 순사가 불러, 갔다가 그대로 부산영도 제1위안소로 끌려가 위안부생활을 하게 되었다.

유복한 가정에서 태어났으나

나는 1928년 3남 4녀 중 넷째로 태어났다. 오빠는 중학교를 졸업했으나, 나머지 형제 자매들은 국민학교를 졸업했거나 중퇴했다. 형제 가운데 나만 서울 서대문에 있는 천연보통학교에 다녔고, 다른 형제자매들은 부산에서 학교를 다녔다. 나는 부산에서 태어나 여덟 살까지 살다가 서울의 이모집에 올라와 학교를 다녔다. 왜냐하면 점쟁이가 나는 인중이 짧아 명(命) 또한 짧을 것이니, 부모와 떨어져 있어야 한다고 했기 때문이었다.

내가 어렸을 때 아버지는 건축업을 했다. 술도 못했고 자식들에 대한 정성이 대단했다. 우리집에는 논밭이 꽤 있었는데, 우리가 직접 농사 짓지는 않았고 소작을 주었다. 우리가 살던 집은 부산의 조선방직회사 앞에 있었는데, 200평 정도 되는 커다란 집이었다.

그런데 오빠가 장가를 간 후부터 집에 풍파가 일기 시작했다. 오빠는 장가간 지 한 달 만에 정신이상이 되어 자주 가출했고, 아버지도 돌아가셔서 가세는 급속히 기울었다.

가세가 기울어 공장으로

내가 열네 살 되던 해인 1941년에 부산으로 내려가보니 논밭과 집은 다 날아가고 조그만 방 하나에서 아버지, 어머니, 언니, 남동생, 여동생, 이렇게 다섯 식구가 살고 있었다. 아버지는 내가 부산에 내려온 다음날 아침 밥상에서 갑자기 쓰러져 돌아가셨다. 어머니는 그때 신장이 나빠서 앓고 있었고, 작은 언니는 아버지가 돌아가신 그해 3월에 시집 갔다. 그러니 내가 맏이 역할을 해야 했다. 그래서 가족의 생계를 위해 공장에 취직했다.

나는 열다섯 살 되던 1942년 음력 2월에 삼화고무공장에 들어갔다. 공장에서 신발 밑창 붙이는 일을 했는데, 본드 냄새가 너무 독해서 늘 어지럽고 속이 울렁거렸다. 그래서 나는 쉬는 시간에 틈틈이 미싱부에 가서 미싱일을 배워 미싱부로 옮겼다. 다섯 달 정도 다니다가 이 공장을 그만두고 월급을 많이 준다고 하여 같은 부산에 있는 니시무라 피복(西村被服)이라는 군복 만드는 공장으로 옮겼다.

공장에서는 저녁 여섯 시까지 하루의 작업량을 다 끝낼 수 없어 아홉 시까지 밤일을 해야 했는데, 집에 오면 열 시가 되었다. 잔업을 끝내고 나면 이미 버스가 끊겨 밤길을 걸어 내려와야 했다. 그런데 어느 일본인 과장이 나한테 흑심을 품고서 밤늦게 걸어서 집으로 돌아오는 도중에 세 번이나 나를 납치했었다. 도로를 걸어 내려오다가 모퉁이쯤 오면 나를 납치해 산길로 끌고 가곤 했다. 그때마다 같은 공장에 다니는 조선인 재봉틀 수리공, 반장 들이 나를 구해줘서 무사했다.

1943년 8월까지 그 공장에 다녔다.

순사가 부르길래

내가 다니던 군복공장의 일본인 과장이 나를 계속 해치려 했기 때문에 그 공장에 도저히 다닐 수 없었다. 그래서 거기를 그만두고 초량에 있는 장갑공장으로 직장을 옮기려고 알아보러 갔었다. 거기서 돌아오는 길이었다. 저녁 다섯 시인가 여섯 시쯤 부산진역 앞에 있는 남부경찰서 앞을 지나가는데, 그때 보초 섰던 순사가 오라고 부르는 것이었다. 나는 죄가 없으니까 별일 없겠지 생각하고 경찰서 안으로 들어갔다. 그때가 1943년 9월 초순경이었다. 경찰서 안에는 나 같은 처녀들이 서너 명 있었다. 앉아 있으라 해서 왜 그러느냐고 물었더니 좋은 데 취직시켜 줄 테니 가만히 앉아 있어 보라고 했다. 밤 열한 시쯤 되니 군용트럭 한 대가 와서 두 명의 군인이 우리들을 모두 싣고 갔다. 이 군인에게 어디로 데려가느냐고 물었더니 좋은 데 취직시켜 준다고만 했다. 밤이었기 때문에 어디가 어딘지도 몰랐다.

군용트럭을 타고 가다 우리는 어딘지 모르는 곳에 내렸다. 그곳에는 다섯 명의 여자들이 우리보다 먼저 와 있었다. 새로 실려간 우리들을 합해 모두 열 명이 창고같이 생긴 방에서 하룻밤을 잤다. 다음날 밤에 우리는 군인의 인솔로 "따르르"하고 가는 경비선 같은 배를 탔다. 배 안에는 스무 살이 안돼 보이는 어린 여자들 오십 명 정도가 있었고 군인 세 명이 같이 탔다. 그 배는 일본으로 갔다. 일본의 어느 곳인지는 모르겠다. 배 안에서 우리는 부둥켜 안고 우느라고 정신이 없었다. 배에서 내려 한참 걸어 창고같이 생긴 방으로 갔는데 거기에 가니 젊은 여자들이 많이 있었다. 거기서 다시 하룻밤을 잤다. 다음날 아침에 모두 모여 기미가요를 부르고 황국신민의 서사를 외운 후 조를 나누었다. 부산에서 같이 간 오십 명의 여자들은 열 명씩 두 개조, 열다섯 명씩 두 개조로 나누었는데, 나는 열 명으로 된 조에 속하게 되었다. 부산에서 나와 같이 붙들려 갔던 순자도 나와 같은 조가 되었다. 순자의 일본 이름은 '가네무라 준코'였다. 순자는 나보다 한 살 많은 열일곱 살이었다. 집은 부산 구관이었고 그 아이도 역시 공장을 다녔는데 공장 갔다오다가 붙들렸다고 했다. 순자와 내가 속한 조는 두 번째로 배를 탔다. 그 배는 우리가 부산에서 타고 온 바로 그 배였다. 그 배에는 우리 조의 여자 열 명과 처음에 부산에서 일본으로 갈 때 우리를 인솔했던 바로 그 군인 세 명이 함께 탔다. 배를 타고 몇 시간을 가더니 부산 영도로 다시 왔다. 부산에 와서도 좋은 곳 취직시켜 줄 테니 소란 피우지 말고 기다리라고 했다. 그래서 우리는 이미 다니던 공장이 있으니 취직 안 시켜 줘도 된다고 하며 집에 보내 달라고 사정했다. 결국 나와 같은 배를 탔던 열 명의 젊은 여자들은 1943년 9월에 부산 영도에 있는 제1위안소로 가게 되었다.

영도 제1위안소에서

도착하던 날 아래층에서 하룻밤을 지내고 다음날 낮에 조선사람이 나를 부르러 와서 따라갔다. 이 사람은 위안소에서 밥해 주고 여자들을 감독하는 일본인 앞잡이였다. 그가 나에게 일본인 군인이 부른다고 2층으로 올라가라고 해서 갔더니 장교로 보이는 군인 한 명이 앉아 있었다. 내가 무서워서 안 들어가고 왜 오라고 했느냐고 묻자, 왜 따지고 묻느냐며 소리를 질렀다. 그놈에게 당하지 않으려고 반항하고 싸웠지만 결국에는 당하고 말았다. 며칠 동안 밑이 아파 덤벼드는 군인을 거부하였는데 그래서 자주 맞았다. 장교들은 밤에 자고 가기도 했다. 밥 먹는 시간 외에는 하루 종일 군인들을 상대해야 했다.

영도의 제1위안소에는 45명의 위안부가 있었다. 이들은 모두 조선여자들이었다. 이들의 고향은 경상도가 가장 많았고, 그외 충청도, 전라도, 강원도 등이었다. 대개는 농사짓는 집 딸들이었다.

식사는 주로 보리쌀과 쌀을 섞거나 혹은 깻묵과 쌀을 섞은 밥을 주었고, 주로 나오는 반찬은 김치, 단무지였고 콩나물도 가끔 나왔다. 식사로는 밥과 두 가지의 반찬이 나왔다. 그리고 일본의 국경일에는 돼지고기가 조금 나왔다. 옷은 집에서 입고 간 검은 치마와 위안소에서 준 옷을 번갈아 입었다. 거기서 준 옷은 몸빼와 옥양목으로 만든 운동복 모양의 앞이 터진 웃도리 등이다. 옷은 봄, 가을마다 모자라지 않게 주었다. 속옷은 허리와 바지 통에 고무줄을 넣은 반바지를 주었다.

빨랫비누, 세숫비누, 가제, 솜, 가루로 된 치약 등의 일상용품은 위안소에서 주면 한데 놓고 여럿이 같이 썼다. 이러한 일상용품은 위안소에서 대주었다. 빨래는 군인들이 오지 않는 조용한 시간에 우리가 직접 했다.

위안부 생활을 하는 동안에 돈이나 군표를 받은 적은 한번도 없었다. 그러나 나를 좋아했던 요시무라(吉村)가 오면 가끔씩 뭐 사 먹으라고 돈을 몇푼씩 주곤 했다. 나는 그 돈을 숨겨 놓았다. 돈이 있으면 위안소 밖 길가에 있는 매점에서 물건을 살 수도 있었지만 창피스러워서 거의 나가지 않았다. 다른 사람들도 워낙 지쳐 있어서 무엇을 사먹을 생각조차도 안했다.

제1위안소가 있던 건물은 옛날에 조선사람이 여관하던 자리를 일본사람이 빼앗은 것이다. 그 일대에는 히바리마치(雲雀町)라는 유곽거리가 있었는데 그곳은 영도다리를 건너 왼쪽으로 500미터쯤 떨어진 곳이다. 그 일본인 유곽촌을 지나 더 안쪽으로 들어가면 위안소가 있었다. 위안소는 부대와 따로 떨어져 있었다.

위안소의 주인은 일본인 다카야마(高山)라는 사람이었고, 위안소 감시는 군대에서 했다. 야마시타(山下)라는 일본인 군속이 현관에 앉아 있다가 군인들이 오면 빈 방으로 들어가라고 방을 정해 주었다. 위안소 내에는 위안부들을 감독하고 밥해 주는 조선인도 있었다. 또 위안소 내에는 교대로 보초 서는 군인이 서너 명 있었다.

건물은 2층으로 되어 있었는데, 1층에는 방이 11개였고 2층에는 12개가 있었다. 방 하나의 넓이는 다다미 '두 장 반' 정도였다. 그 중 온돌방은 1층에 한 개 있었는데 그 방은 심부름하는 사람의 방으로 그 방에는 약품도 있었다. 내 방은 2층에 있었다. 방 안에는 이불밖에 없었다. 옆에 단층으로 된 또 하나의 건물이 있었는데 방이 스무 개 정도 있었다. 조선 사람이 살던 민가여서 방이 크므로 칸을 막아 방 하나를 여러 개로 만들어 사용했다. 그래서 옆방에서 말하는 소리가 다 들렸다.

군인들을 하루 평균 30~40명씩 상대했다. 주로 부산으로 온 해군과 육군이었다. 특히 배가 들어오는 날이면 군인들이 많이 왔다. 토요일, 일요일에는 군인들이 더 많았다. 너무 많을 때는 내 정신인가 남의 정신인가 할 정도로 정신이 없었다. 군인들이 많이 오는 날에는 나가면 들어오고 나가면 들어오고 하므로 몇 명인지 헤아

릴 수조차 없었다. 매번 군인을 상대하고 나면 1층에 있는 목욕탕으로 내려가서 크레졸을 탄 물로 씻었다. 그런 다음 다시 내 방으로 올라와 군인을 받아야 했다. 나는 한 명의 군인이라도 덜 받으려고 아무리 바빠도 씻어야 된다고 하면서 시간을 끌기도 했다. 군인들은 삿쿠를 사용하도록 되어 있었으나, 사용하지 않으려는 군인들이 많았다.

일본인 군인 중 못되게 구는 사람도 많았다. 자신의 성기를 빨라는 것은 보통 흔히 있는 일이고 서서 하자는 놈도 있고 별놈이 다 있었다. 이루 다 말로 형용할 수 없다. 군인들은 그 당시에 일본에서 출판된 『욘주핫타이 48體』라는 책을 가지고 와서 나에게 그 책에 나온 체위대로 하자고 했다. 그러면 나는 조선말로 욕을 해댔다. 지금도 나는 우유를 못 먹는다. 우유를 보면 남자 정액 생각이 나기 때문이다.

일본인 군인 중에는 나에게 호의적인 사람도 있었다. 앞서 말한 요시무라라는 일본 군인은 자주 나를 보러 왔지만 내가 불쌍하다며 나의 몸은 건드리지 않았다. 그는 육군이었고 전쟁이 끝나면 자기랑 결혼하자고 내 사진까지 가지고 갔다. 일본이 전쟁에서 이기면 나를 일본으로 데리고 간다고 했다. 나는 그에게 나가게 해달라고 울면서 사정했다. 그러면 그는 자기 힘으로는 안된다고 했다. 윗사람이 지시를 내린 거니까 어쩔 수가 없다고 했다. 그는 가끔 큰 알사탕과 돈을 주고 갔다. 그러나 그는 일본이 패전하자 혼자 일본으로 가 버리고 말았다.

나에게 자주 왔던 또 다른 군인은 부모가 조선인인데 일본에서 태어나 해군이 되었다고 했다. 그가 타는 배는 한달에 한번씩 부산항에 들어왔는데, 그때마다 그는 내게 왔다. 한번은 그를 따라 부산항에 배 구경을 간 적이 있다. 그와 장교 몇 명이 우리를 다시 데려다 놓겠다는 허락을 받고 데리고 나갔다. 그때 외에는 위안소에서 외출해 본 적이 없다. 다른 위안부들도 아는 군인들이 잠시 데리고 나가 외출하는 경우가 있었다. 그러나 원래 외출은 못하게 되어 있었다.

나는 위안소에 있을 때 임신한 적은 없었으나 같이 있던 위안부 중 두 사람이 임신을 했었다. 임신한 여자 중 한 명은 낙태수술하다가 잘못 되어서 죽었다. 또 한 명은 배가 꽤 불렀었는데, 배가 많이 불러오자 자살하려고 계단에 목을 매달았다가 군인에게 발견이 되어서 그 길로 다른 곳으로 옮겨졌다. 어디로 데려 갔는지는 모르겠다. 위안소 안에서 아이를 낳은 사람은 없었다.

월경이 있을 때에는 가제를 주어서 그것을 생리대로 사용했는데 군인들을 상대하지 않을 때에는 그걸 하고 있었다. 그러나 생리 때에도 군인을 받아야 했기 때문에 생리대를 하고 있을 틈이 없었다. 아무튼 죽지 않는 한 군인들을 받아야 했다. 그 더럽고도 징글맞은 이야기는 말로 다 못한다. 생리를 할 때는 솜을 가제에 싸서 돌돌 말아 그걸 속에 집어넣고 군인을 상대했다. 한번은 그 솜이 자궁 속으로 들어가 버려 나오지 않아 혼난 일이 있다. 결국 병원에 가서 그걸 빼냈다.

위안소 건물 옆에는 위안부들의 지정 병원이 있었다. 병원에는 일본인 의사 한 명과 일본인 간호부 한 명이 있었다. 한달에 한번씩 병원에 가서 성병검사를 했다. 검사할 때는 남자 의사가 자궁을 들여다보고 손을 넣어 검사했다. 임질에 걸린 사람은 606호라는 주사를 맞았다. 606호라는 주사를 맞으면 팔이 떨어져 나가는 것같이 아프다.

위안소에서 임질을 옮은 일이 있었다. 병원에 다니며 주사를 맞고 약을 많이 먹었다. 그런데도 위안소를 나온 후 몸이 약해지면 다시 재발하곤 했다.

장교들은 밤에 자고 가는 사람이 많았다. 이렇게 '긴밤을 자는 날'은 잠깐이라도 함께 있지 않고 밖에 있고 싶어서 추운 겨울에도 마루에 앉아 있다가 방에 들어갔다. 일주일에 하루 정도만 긴밤

자는 사람이 없어 나 혼자 편히 잘 수 있었다.

긴밤을 자는 사람들은 아침 다섯 시에 돌아갔다. 군인이 가고 나면 우리는 좀 편하게 잘 수 있었다. 그러다 일곱 시 삼십 분이면 일어나야 했다. 아침에 일어난 후에는 마당에 모여 기미가요를 부르고 황국신민의 서사를 외운다. 그런 다음 여덟 시에서 아홉 시 사이에 밥을 먹었다. 그후 잠깐 쉬고 있으면 열 시쯤부터 군인들이 오기 시작한다. 특히 오후 3~4시가 되면 가장 많이 온다. 식사시간은 삼십 분이었고 밥 먹는 동안에는 군인들을 안 받았다.

위안소에 같이 있던 위안부 중 윤영자(야마모토 에이코), 우메코, 순자 등이 생각난다.

위안소에 들어온 지 보름 후에 도망을 시도한 적이 있었다. 나와 부산에서 같이 잡혀 위안부로 오게 된 순자가 영도 지리를 잘 안다고 해서 같이 도망을 시도했다. 도망가자고 먼저 의견를 낸 것은 나였다. 우리는 보초병 두 사람을 꼬시기 위해 담배도 갖다 주고 잘해 주었다. 그리고는 바람 좀 쐬러 잠깐 나갔다오겠다 하니 안된다고 했다. 그때 우리는 보초들에게 술을 먹였다. 그들은 술을 마시고 마루에 걸터앉아 졸고 있었다. 그래서 소변보러 간다고 슬슬 빠져나가 도망쳤다. 그런데 위안소를 나오는 길은 생각보다 길어서 몇 발자욱 가지도 못하고 잡혔다. 잡힌 후에 총 끝으로 엉치를 세 대나 얻어 맞고 앞으로 고꾸라져 입에서 피를 쏟으며 쓰러졌다. 맞아서 푹 패인 엉치의 상처가 곪아서 열이 펄펄 나 똑바로 드러눕지도 못했다. 그런데도 군인들을 계속 받게 하였다. 살은 자꾸 곪아서 썩어 들어갔다. 그때서야 군인들이 병원에 데리고 가서 살을 도려내었다. 수술 후 3일 동안 쉬었다. 3일 후 아직 상처가 아물지 않아 후끈거리고 똑바로 눕지도 못할 지경인데도 군인들이 달려들었다. 이때가 가장 힘들었다. 엉치가 아파서 바로 눕지도 못하는데 군인들을 상대하라 하니 얼마나 아팠는지 모른다. 그곳에 있던 위안부들은 누구나 도망가려고 생각했지만, 우리가 도망을 시도하다가 두들겨 맞고 또 내가 그렇게 앓는 걸 보고는 모두 포기해서 그 후로 도망을 시도한 사람은 없었다.

위안소 생활 중 즐거웠던 적은 없었다. 군인들이 안 오고 우리끼리 있을 때는 집타령하며 함께 울었다. 그곳에서는 일본 군인들이 우리들을 죽 앉혀놓고 사진을 많이 찍었다.

그곳에서 내가 많이 부르던 노래는 '아리랑'과 '어머님 전상서'[1]라는 노래다. 특히 엄마 생각을 하며 '어머님 전상서'라는 노래를 부르며 울곤 했다. 조선 노래는 몰래 불러야 했다. 부르다가 들키면 혼났다.

위안소에 있을 때 가족들과 편지를 한 적은 한번도 없다. 편지 왕래나 면회 등은 일절 할 수 없었다. 그러나 가족의 소식을 들은

---

1) 김영파 작곡, 조명암 작사의 이 노래는 1939년 가수 이화자가 불렀는데 가사는 다음과 같다.

어머님. 어머님.
기체후(氣體候) 일향만강(一向萬康) 하옵나잇가.
복모구구(伏慕區區) 무임하성지지(無任下誠至之)로소이다.
하서(下書)를 밧자오니 눈물이 압흘 가려
연분홍 치마폭에 얼골을 파뭇고
하염없이 울엇나이다.
어머님, 어머님.
이 어린 딸자식은 어머님 전에
피눈물로 먹을 가라 하소연 합니다.
전생의 무슨 죄로 어머닐 리별하고
쏫피는 아츰이나 새우는 저녁에
가슴치며 탄식하나요.
어머님, 어머님.
두 손을 마조 잡고 비옵니다.
남은 세상 길이 길이 누리시옵소서.
언제나 어머님의 무릎을 부여안고
가슴에 매친 한을 하소연 하나요.
돈수 재배 하옵니다.

박찬호, 『한국가요사 1895~1945』, 현암사, 351-52쪽.

적은 있었다. 내가 창밖을 내다보고 있다가 물건을 팔러온 이웃 동네 사람을 보았다. 그 사람에게 엄마 소식을 물어보니 우리 엄마가 미나리 장사를 한다고 알려 주었다. 어머니가 고생한다는 소식을 듣고 나는 얼마나 울었는지 모른다.

어머니와 큰 언니는 내가 공장에 간다고 나갔다가 돌아오지 않자 수소문해서 나를 찾아다녔다. 언니는 혹시나 해서 위안소까지 나를 찾아왔었다. 위안소 건물은 여관하던 자리였기 때문에 길가에 있어서 창으로 내려다보면, 지나다니는 사람이 보인다. 어머니와 큰언니가 찾아온 그날은 마침 군인이 없을 때라 내 방에서 창밖을 내려다보고 있는데 길가에 있는 큰언니와 어머니가 보였다. 그래서 나는 얼른 쫓아 내려갔다. 어머니가 나를 보고 데리고 가려 하니 일본 군인들이 어머니와 언니를 떠다 밀어서 말 한마디도 제대로 해보지 못하고 헤어졌다. 그후 어머니는 속상해서 병에 걸렸다고 한다. 위안소에는 간판도 있었고 군인들이 서 있었으므로 언니는 내가 위안부라는 것을 알아차렸을 것이다.

부산 대신동에는 '제2위안소'가 있었다. 그곳에도 약 40~50명 가량의 위안부들이 있다고 들었다.

집에 돌아와 보니

우리는 해방이 된 줄도 모르고 있었는데 위안소 바깥이 하도 떠들썩해서 나와보니 해방이 되었다고 했다. 해방이 되자 위안소 주인이었던 다카야마와 일본 군인들은 우리들을 위안소에 남겨놓은 채 일본으로 배를 타고 도망가버렸다. 그래서 위안부들은 각기 흩어졌다. 집으로 가려 하니 돈이 한푼도 없었다. 위안소에 가기 전에 내가 돈을 벌어 식구를 먹여 살리다가 이제 한푼도 없이 어떻게 집에 돌아가겠나 하는 생각이 들었다. 또한 어머니가 미나리 장사하며 고생한다는 이야기를 들었기 때문에 나는 돈을 벌어서 집에 가야 한다고 생각했다. 그래서 위안소 앞에 있던 식당에서 음식 나르는 일을 한달간 해주고, 또 다른 식당에 가서 일년을 일한 뒤 돈을 마련하여 집으로 돌아갔다.

집에 돌아와 보니 어머니는 시장에 미나리 장사 나가서 없었고 여동생이 '언니야' 하며 울었다. 저녁 여섯 시가 되니 깡마른 어머니가 시커멓게 되어 들어왔다. 그 모습을 보니 억장이 내려앉는 것 같았다. 그래서 우리 어머니도 울고 나도 울었다. 어머니는 나에게 "너를 다시는 못 보는 줄 알았는데 다시 보게 되었구나" 하면서 울었다. 그 이튿날 아침에 엄마가 다시 미나리 장사를 하러 나가려 해서 내가 말렸다. 그리고 우선 내가 벌어온 돈으로 쌀을 샀다.

그후 내가 벌어서 동생들 키우고 형제자매들을 모두 도와 주었다. 어머니는 내가 스물일곱 살 때 나 때문에 병이 생겨 돌아가셨다. 어머니는 나에게 "네가 세상을 잘못 만나 시집도 못 가고, 내가 네게 짐만 잔뜩 지워 주고 간다"며 "너 하나를 옳게 시집 못 보내 내 눈이 안 감긴다"고 했다.

나는 결혼하고 싶다는 생각은 추호도 없었으므로 지금까지 혼자 살고 있다. 나는 이미 버린 몸이기 때문에 돈만 벌려고 생각했다. 그래서 그 동안 달러장사, 미제물건 장사, 아편장사, 밀수, 여인숙 등을 해서 한때는 돈도 많이 벌었는데 지금은 남에게 돈을 다 떼이고 알거지가 되었다.

여자로 다시 태어났으면

서울에서 살다가 1980년에 아버지 고향인 울산으로 내려왔다. 내 고향은 부산이지만 그곳은 위안부 시절이 생각나 가지 않는다.

현재 울산에서 보증금 300만원에 월세 3만원짜리 방에 혼자 산다. 1급 영세민으로 동회에서 매달 쌀 10킬로와 보리 한되, 돈 3만 원씩을 받는다. 그리고 1종 거택보호자 의료보험증이 있어 병원치료를 무료로 받고 있다.

현재의 건강은 아주 나쁘다. 지금 나는 고혈압, 지방간, 십이지장 궤양, 관절염, 오른쪽 옆구리의 물혹, 홧병, 신경성 심장병 등을 앓고 있다.

나는 꼭 여자로 다시 한번 태어나고 싶다. 요즘 같이 좋은 세상에 부모 밑에서 공부 많이 하고, 좋은 사람에게 시집가 자식 낳고 살고 싶다. 내가 젊었을 때는 피부가 고와서 부잣집 맏며느리감이라고들 했다. 그러나 지금의 내 신세는 시집도 못 가보고 이게 뭔가? 밤에 자다가 깨면 '내가 왜 이렇게 독수공방을 하나? 내가 왜 이리 혼자 사나? 누가 나를 이렇게 만들었나? 왜 우리가 나라를 빼앗겼었나?' 하는 생각에 잠이 달아나 버린다. 내가 결혼도 못하고 자식 하나 없이 사니까 지금도 길거리에 자식 데리고 지나가는 사람들을 보면 '저런 사람은 자식을 낳고 사는데 내 팔자는 왜 이런가' 싶어 그것이 가슴아프다.

남의 일생을 이렇게 망쳐 놓고 일본은 이제 와서 발뺌을 하니 말이나 되는 소린가? 시집도 못 가게 남의 일생을 망쳐놓고 입에 발린 사과나 한다니 말이나 되는가? 내가 눈감고 죽기 전에는 내가 당한 일을 잊을 수 없다. 아니 죽어서도 못 잊을 것이다.

(정리: 안연선)

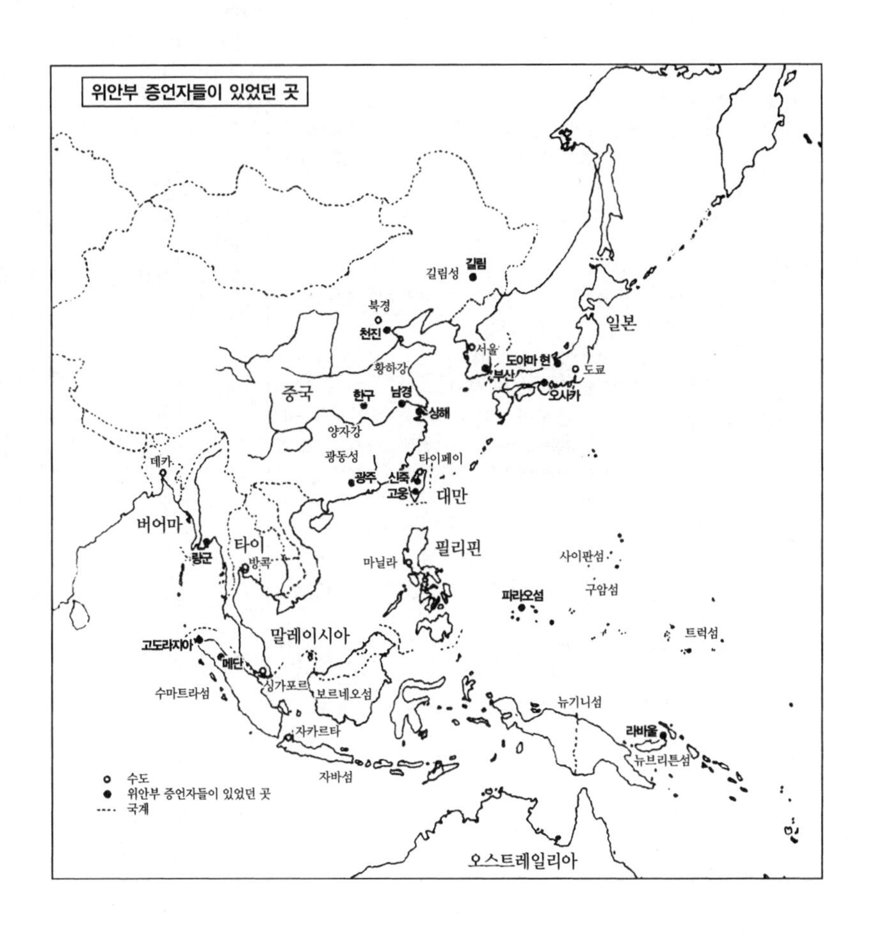

위안부 증언자들이 있었던 곳

군위안부연표

연 대	군 위 안 부	일 반
1929.		요리점 작부 제도
1931. 9.18		柳條湖사건 발발 일본군, 奉天점령 (만주사변)
1932. 1.28		상해사변 발발
	일본군부대의 上海주둔증원에 의해 이들 병사의 위안기관으로 해군위안소를 설치 (調7-43)	
3. 1		「만주국」 건국선언
10.24		대일본국방부인회 결성
1933. 3.		일본군, 熱河省점령
7.15	熱河, 요리점여성의 8할은 조선여성, 하루에 병사 4,50명 상대함(鴨)	
8. 4	佳木斯, 재류일본인 약100명, 그 중 일본인 및 조선인의 娘子軍 35명 (新)	
1934. 8.30	新京, 접객부 출신지. 「만주사변을 계기로 하여 조선미인의 滿州花街진출은 한층 눈에 띄며 제2위」, 제1위 長崎縣171명 제2위 조선168명, 제3위 福岡縣110명 (新)	
1934.말현재	上海의 「해군위안소」 14개소 (調23-39)	
1936	12월말, 上海의 일본인 諸영업조사표 중 「요리점, 예기, 포주집」의 영업자23명, 「해군위안소」의 영업자10명 (調23-41)	
36.말현재	上海, 해군위안소 10개소, 작부수131명 (일본인102명, 조선인29명), 이 중 7개소는 해군하사관과 병사를 전문으로 상대 작부 건강진단은 주2회 (吉91)	
1937. 7.		蘆溝橋사건, 중일 전면전쟁
9.		국민정신총동원운동
11.20		일본군, 大本營설치
12.13		일본군, 남경점령, 남경대학살 시작
37. 말현재	中國天津총영사관塘沽出張所管轄, 요리점 영업자 일본인5명, 조선인3명, 예기13명, 작부 일본인15명, 조선인54명, 주1회 건강진단 실시 (調7-47)	
12.12	上海재류 조선인 직업 「군대위안소」 1(吉173)	
1938. 1.	上海·楊家宅 陸軍直營위안소 설치	

20	在中國獨立攻城重砲兵第2大隊, 위안설비는 兵站 경영과 군부대 경영의 2개소 (吉195)	
2.26		조선육군특별지원병령 공포
3. 4	北支那방면군 「군위안소 종업부등 모집에 관한 건」 (吉105)	제3차 조선교육령 공포
4. 1		국가총동원법 공포
25	濟南其他謬濟철도沿線 도항자 취급에 관한 건, 황군위안부의 작부모집등을 위해 귀국하는 자에 대한 신분증명서 교부에 관해서 (吉108)	
7. 7		「국민정신총동원 조선연맹」 결성
27	在中國, 步兵第九旅團, 현지에서의 강간多發을 우려하여 「속히 성적 위안의 설비」를 정비할 것을 제안 (調1-49)	
9.28	上海總領事代理, 漢口 군대위안소 개설을 위한 진출을 우선적으로 인정 (吉115)	
10.21		일본군, 廣東점령
27		일본군, 武漢三鎭 점령
11. 8	南京, 11.1현재, 통계표중 「특수위안소」 일본인 호수15, 조선인호수9, 「同就業의 특수부녀」 일본인 여107명,조선인143명 (吉260)	
25	漢口·漢陽의 제2군, 위안소개설 (吉213)	
12. 1	중국, 九江재류 일본인557명, 그 중40%는 특수위안 관계의 특수 부인이며, 군의 명령에 따라 이동하고 있는 상태 (吉186)	
12말	杭州, 일본인 직업조사표 중 「군대위안소」로서 남4명, 예기15명, 작부21명 (吉187)	
1938.말현재	上海,座席貸與業11개소 (군위안소7개소포함) 작부191명 (일본인171명,조선인20명) 해군위안소7개소는 해군하사관 전문용, 작부 건강진단은 陸戰隊 및 上海총영사관 경찰관 감독하에서 매주1회 실시, 기타 육군위안소 임시작부 300명 (吉184)	
1939. 1.11	대만新竹, 12월분 「南支위안소就業婦」로서 신분증명서 및 외국여건을 발급을 받은자로서 南支방면에 일본인31명, 조선인22명의 계53명, 「右所요리옥 경영」으로서 南支방면에 일본인1명,조선인2명의 계3명,「右所종업원」으로서 南支방면에 일본인5명,본도인4명의 계9명 (調16-14-1)	

17	대만台中, 12월중 「위안소종업원」으로서 신분증명서 및 외국여권을 발급받은 자. 南支방면에 일본인2명, 조선인57명, 본도인16명, 계132명 (調15-11-1)	
20	대만台南, 12월분 도항목적 조사표중 「군위안소관계」로서 南支방면에 일본인1명,조선인22명의 계23명 (調16-13)	
2.	대만台東廳, 도항목적 조사표중 「위안소종업부」로서 北支방면에 累計1명 (調16-15-1)	
3	漢口, 군위안소20개소 (調21-5)	
7	澎湖廳, 1월분 도항목적 조사표 중 「군위안소 개설을 위해 및 傭人」으로서 南支방면에 일본인4명, 조선인3명, 본도인1명의 계7명, 「위안소의 작부」로서 南支방면에 일본인17명, 조선인10명의 계27명 (調16-16-1)	
10		일본海軍, 海南島 점령시작
3.24		軍用資源秘密保護法
4.	中國의 廣東・河南・佛山・海口의 「위안소의 배당 및 위생상태槪況」:군통제하의 위안부 약850명, 각 부대의 향토에서 데려온자 약150명 (吉215)	
4.		식량의 「공출」 제도 강행
4.	南支那23군사령부, 所管경비대장 및 헌병대의 감독 아래서 위안소 개업을 허가 (吉215)	
10	대만台北, 2월중 「위안소관계」로서 신분증명서 및 외국여권을 발급받은 자, 上海방면에 일본인9명, 조선인3명, 본도인4명의 계16명, 南支방면에 일본인170명, 조선인1명, 본도인41명의 계212명 (調15-10-3)	
12	대만高雄, 3월분 도항목적 조사표중 「군위안소관계」로서 南支방면에 일본인58명, 본도인17명의 계75명 (調16-12-3)	
18	대만台中, 3월중 「위안소종업원」으로서 신분증명서 및 외국여권을 발급받은 자, 南支방면에 조선인3명의 계3명,累計139명 (調15-11-4)	
19	新竹, 3월중 「위안소就業」으로서 신분증명서 및 외국여권을 발급받은 자, 南支방면에 일본인2명, 조선인1명의 계3명 (調16-14-3)	
24	台北, 3월중 「위안소관계」로서 신분증명서 및 외국여권을 발급받은 자, 南支방면에 일본인12	

	명, 본도인1명의 계13명 (調15-10-4)	
5.	台東廳, 도항목적 조사표중「위안소종업부」로서 南支방면에 累計1명 (調16-15-4)	
9	澎湖廳, 4월분 도항목적 조사표중「군위안소개설」로서 南支방면에 일본인3명,「위안소종업원」으로서 南支방면에 일본인17명, 계17명 (調17-16-2)	
12	高雄, 4월분 도항목적 조사표중「군위안소관계」로서 南支방면에 일본인2명,조선인12명의 계14명 (調16-12-4)	
21	台北, 4월중「위안소관계」로서 신분증명서 및 외국여권을 발급받은 자, 上海방면에 일본인2명의 계2명,南支방면에 일본인23명, 조선인5명,본도인3명의 計31명 (調15-10-5)	
6. 1	九江, 6월1일 현재在留民직업별 통계표중「위안소」일본인호수10, 계66, 조선인호수11,「특수부인」일본인 125명,조선인99명,대만인1명 (調23-34-2)	
6	中支방면에 황군의 威嚴을 상하게하는 강간을 방지할 목적으로 兵站기관이 위안소를 개설 (吉228)	
6.12	台中, 5월중「위안소종업원」으로서 신분증명서 및 외국여권을 발급받은 자, 南支방면에 본도인7명의 계7명,累計147명 (調15-11-6)	
19	台北, 5월중「위안소관계」로서 신분증명서 및 외국여권을 발급받은 자, 上海방면에 일본인8명,본도인4명의 계12명, 南支방면에 일본인18명,조선인3명,본도인8명의 계29명 (調15-10-6)	
26	麻生徹男 소위「화류병의 적극적 예방법」을 제출	
30	獨立山砲兵第3連隊, 위안소를 증가시켜 정신적 위안을 시키도록 지도를 구함 (吉222)	
7. 7		국민징용령의 공포
15	台北, 6월중「위안소관계」로서 신분증명서 및 외국여권을 발급받은 자, 上海방면에 본도인2명의 계2명, 南支방면에 내지인11명,조선인4명,본도인10명의 계25명 (調15-10-7)	
18	台中, 6월중「위안소종업원」으로서 신분증명서 및 외국여권을 발급받은 자,南支방면에 累計147명 (調15-11-7)	
25	高雄, 6월분 도항목적 조사표중「군위안소관계」로서 南支방면에 일본인3명,본도인15명의 계18	

	명 (調16-12-5)	
28		內務·厚生兩次官通牒「조선인노무자 내지이주에 관한 건」에 기초한「조선인 노동자 모집요강」시달
8. 7	九江, 8월1일현재在留民직업별 통계표중「위안소」일본인호수8,조선인호수5,「특수부인」일본인90명, 조선인68명 (調23-34-3)	
9	8월1일현재, 南昌在留民직업별 통계표중「특수위안소」내지人호수3,조선인호수8,「同就業부인」일본인8명,조선인94명 (調23-34-4)	
11	台中, 7월중「위안소종업원」으로서 신분증명서 및 외국여권을 발급받은 자, 南支방면에 조선인5명의 계5명,累計152명 (調15-11-8)	
22	高雄, 7월분 도항목적 조사표중,「군위안소관계」로서 南支 방면에 일본인17명의 계17명 (調16-12-6)	
22	新竹, 7월중「위안소종업원」으로서 신분증명서 및 외국여권을 발급받은 자, 南支방면에 일본인1명,조선인4명,본도인4명의 계9명 (調16-14-4)	
9. 1		제2차세계대전 개시
9.		「모집」형식에 의한 노무동원 시작
12	新竹, 8월중「군위안소」로서 신분증명서 및 외국여권을 발급받은 자,南支방면에 일본인6명,조선인 5명의 계11명 (調18-21-1)	
13	台北州, 도항목적 조사표중「위안소관계」로서 南支방면에 일본인3명,조선인1명의 계9명 (調17-17-1)	
18	高雄, 8월분 도항목적 조사표중「군위안소관계」로서 南支방면에 일본인17명의 계17명 (調18-22-1)	
10.12	台中, 9월중의 도항목적 조사표중「위안소종업원」으로서 南支방면에 조선인10명의 계10명 (調17-18-1)	
12	新竹, 9월중「군위안소」로서 신분증명서 및 외국여권을 발급받은 자,南支방면에 일본인1명,조선인1명의 계2명 (調18-21-2)	
13	台北, 9월중「위안소관계」로서 신분증명서 및 외국여권을 발급받은 자, 南支방면에 일본인9	

	명, 조선인20명,본도인1명의 계30명 (調17-17-2)	
14	花速港, 9월중「위안소종업원」으로서 신분증명서 및 외국여권을 발급받은 자, 南支방면에 累計1명 (調18-20)	
14	高雄, 9월분 도항목적 조사표중「군위안소관계」로서 上海방면에 조선인1명의 계1명, 南支방면에 일본인11명,조선인1명,본도인20명의 계32명 (調18-22-2)	
11.10		「조선민사령중 개정의 건」「조선인의 씨명에 관한 건」
11.13	新竹, 10월중「군위안소」로서 신분증명서 및 외국여권을 발급받은 자,南支방면에 일본인1명, 조선인4명의 계5명 (調18-21-3)	
15	台北, 10월중「위안소관계」로서 신분증명서 및 외국여권을 발급받은 자,南支방면에 일본인16명,조선인14명의 계30명 (調17-17-3)	
16	高雄,10월분 도항목적 조사표중「군위안소관계」로서 南支방면에 일본인8명,조선인14명,본도인1명의 계23명 (調18-22-3)	
12. 9	台中, 11월중「위안소관계」로서 신분증명서 및 외국여권을 발급받은 자,南支방면에 일본인16명, 조선인14명의 계30명 (調17-17-3)	
11	台北, 11월중의 도항목적 조사표중「위안소종업원」으로서 南支방면에 일본인1명,조선인53명의 계54명 (調17-18-2)	
13	新竹, 11월중「군위안소」로서 신분증명서 및 외국여권을 발급받은 자,南支방면에 조선인20명의 계20명 (調18-21-3)	
20	高雄, 11월분 도항목적 조사표중「군위안소관계」로서 南支방면에 조선인16명,본도인7명의 계23명(調18-22-4)	
23	在漢口香川縣天野部隊, 군위안소 개설을 위해서 부녀50명 모집 (吉121)	
26		조선호적령 개정
1940. 1.15	高雄, 12월분 도항목적 조사표중「군위안소관계」로서 南支방면에 일본인17명,조선인2명,본도인3명의 계22명 (調18-22-5)	
17	台中, 12월중의 도항목적 조사표중「위안소종업원」으로서 南支방면에 조선인11명의 계11명,위안소경영자로서 南支방면에 본도인1명,계1명	

	(調17-18-3)	
17	台東, 12월분 도항목적 조사표중「위안소종업원」으로서 南支방면에 累計2명 (調19-23-1)	
18	台北, 12월중「위안소관계」로서 신분증명서 및 외국여권을 발급받은 자,南支방면에 일본인9명, 조선인2명,계11명 (調17-17-5)	
2	北支那派遣多田部隊, 性病환자의 상대여성국적별 조사표: 조사인원5418명중,조선인을 상대로 한자 2455명(45.31%) (吉238)	
2.11		창씨개명 신고 실시
14	台東,1월분 도항목적 조사표중「위안소종업원」으로서 南支방면에 累計2명 (調19-23-2)	
16	新竹, 1월중「군위안소종업원」으로서 신분증명서 및 외국여권을 발급받은 자,南支방면에 조선인2명 의 계2명 (調18-21-6)	
19	高雄, 1월분 도항목적조사표중「군위안소관계」로서 南支방면에 조선인1명,본도인15명의 계16명 (調18-22-6)	
24	台北,1월중「위안소관계」로서 신분증명서 및 외국여권을 발급받은 자,南支방면에 일본인2명, 조선인1명,계3명 (調17-17-6)	
26	台南, 1월중의 도항목적조사표중「위안부종업원」으로서 南支방면에 累計2명 (調17-19)	
3.		조선전도에서 노무자원조사실시
30	黑 黑 黑	汪兆銘主席, 南京「國民政府」창립
4	中國漢口全市에 20개소의 娼區를 설정, 기녀檢黴所 4월16일 정식으로 설립完了, 樂戶公娼의 取締暫定 規則을 정하고 영업허가 (吉244)	
9.19	支那事變地에서 위안시설을 고려 (吉168)	
10.16		국민총력조선연맹 결성
12.10	第1病院支那事變第8回功績槪見表, 위안부건강진단4월~11월 延인원수1995명 (調10-55)	
1941. 2.	廣東地區의 일본인 위안소수3 (吉255)	
5.10	廣東, 4월분 입국자직업조사표중「軍酒保위안소」가 廣東 21,海口2의 계23 (調21-28-1)	
6.11	廣東, 5월분 입국자직업조사표중「軍酒保위안소」가 廣東 17,海口2의 계19 (調21-28-2)	
6.		조선노무협회 설립
28		關東軍特別演習動員

		決議
7. 7		關東軍特種演習開始
21	廣東, 6월분 입국자직업조사표중 「軍酒保위안소」가 廣東7의 계7 (調21-28-3)	
8. 9	厦門, 7월중의 입국자직업별조사표중 「위안소」가 厦門2 (調22-29-1)	
12	廣東, 7월분 입국자직업조사표중 「軍酒保위안소」가 廣東5,海口1의 계6 (調21-28-4)	
18	台中,7월중 도항목적조사표중 「위안소종업」으로서 南支방면에 조선인7명의 계7명 (調17-18-4)	
25	高雄, 7월분 도항목적 조사표중 「군위안소관계」로서 南支방면에 일본인15명,본도인5명의 계20명 (調18-22-7)	
9. 5	厦門, 8월중의 입국자 직업별 조사표중 「위안소」가 厦門2 (調22-29-2)	
8	廣東, 8월중 입국자 직업조사표중 「軍酒保위안소」가 廣東 6,海口1의 계7 (調21-28-5)	
27	台北,7월중 도항목적조사표중 「위안소관계」로서 南支방면에 조선인9명의 계9명,累計97명 (調17-17-7)	
9		陸海軍의 요청에 의한 강제연행도 시작
11.21		國民勤勞報國協力令
12. 8		太平洋戰爭開始
10	海口,11월분 조사표중 「위안소」로서 海口2의 계2, 「예기창기 작부기타」 로서 海口8,三亞3의 계11 (調23-31)	
11	汕頭, 11월분 조사표중 「요리옥,위안소」 汕頭4의 계4 (調22-30-1)	
16	廣東, 11월분 입국자 직업조사표중 「軍酒保위안소」가 廣東12의 계12 (調21-28-6)	
25		일본군, 香港점령
1942. 1. 2		일본군, 마닐라점령
14	南洋방면 점령지의 위안부로서 도항하는 자는 군의 증명서를 받도록 함 (調19-35)	朝鮮人軍要員에 대한 국민 징용령 실시 (1월중)
17	厦門, 12월중의 입국자 직업별조사표중 「위안소」가 厦門1 (調22-29-3)	
23		일본군, 라바울점령
2. 2		대일본부인회 설립
13		閣議決定 「조선인

		노무자 사용에 관한 방책」에 의거하여 「鮮人내지 이주 알선 요강」정해짐
15		일본군, 싱가폴점령
20		조선노무협회에 의한 官斡旋의 시작
3. 5		일본군, 바다비아 점령
8		일본군, 랑궁점령
12	南方總軍의 보르네오行 위안土人50명 파견요구 (吉145)	
16	上記의 件 인가 (吉144)	
4.	香港占領地총독부, 花柳病증가 경향때문에 위안소를 한정지구에 집결하도록 계획 (吉297)	
6	汕頭, 3월분 조사표중「군위안소관계」 菴埠1의 계1(調22-30-2)	
11	厦門, 3월중의 입국자 직업별 조사표중「위안소」가 厦門2(調22-29-4)	
20	廣東, 3월분 입국자 직업조사표중「軍酒保위안소」가 廣東8,香港14,海口1의 계23 (調21-28-7)	
5. 9		일본각의, 조선인에 대한 징병제도실시 결정
12	厦門, 4월중의 입국자 직업별 조사표중「위안소」가 厦門3 (調22-29-5)	
19	廣東, 4월분 입국자 직업조사표중「軍酒保위안소」가 廣東3,香港3의 계6 (調22-28-8)	
6. 6	獨立守備步兵第35大隊, 위안소에 관한 규정 (吉308)	
13	보르네오行 특수위안부50명으로서는 不足하여 20명 追加 (吉146)	
18	「大東亞戰爭 관계 將兵의 性病處置에 관한 건, 육군일반에 대한 통첩안」 (吉171)	
20	필리핀, 타크로반에 위안소개업 (吉520)	
7.16	廣東, 6월분 입국자 직업조사표중「軍酒保위안소」가 廣東7,香港5,海口1의 계13 (調22-28-9)	
31	가가양市에 위안부4명 (吉313)	
8. 7		미군, 가달카날 上陸開始
16	마수바태島 警備隊, 군인俱樂部의 規定 (吉321)	
24	제25군, 위안소에서의 군인의 불법행위에 대해	

	주의, 또 장교위안소 진砂는 종업부의 監督不十分으로 인해 2일간 영업정지 (調4-22)	
10.		조선青年特別鍊成令 公布
3	支那派遣軍, 副官 會同實施의件, 피임구에 관하여 (吉271)	
5	第10獨立守備隊, 위안소 使用 日割表 (吉315)	
13	厦門, 9월중의 입국자 직업별 조사표중「위안소」가 厦門2(調22-29-6)	
12.31		일본군, 가달카날포기 결정
1943. 2.14	필리핀, 가가양에 하사관 및 병사용으로 제3위안소를 개설(吉319)	
7		海軍特別志願兵制 실시
8. 1		조선, 징병제 실시 버마「독립」
14	필리핀, 타크로반, 위안소1건, 필리핀인위안부9명 (吉333)	
9.13		일본 차관회의「여자근로동원의 촉진에 관한 건」결정
23		대만, 징병제 실시
10.14		필리핀「독립」
25		조선인學徒特別志願兵制를 실시
1944. 1.18	龍山管內, 요리영업관계의 雇女(만16세이상)들로 특별여자 청년정신대 결성, 17일 결성식(每)	
2.10		조선여자청년練成所 규정 발포 조선내 現員징용 실시 (2월중)
3.18		일본각의「여자정신대제도 강화방책 요강」결정
4. 5	軍屬志願, 명문여성, 학우○○명과 같이 (每)	
5.14	산타쿠루즈 환자요양소, 제16사단 제2야전병원, 위안부의 검사를 엄밀히 하게 함 (吉336)	
25	오키나와, 伊江島에서 위안소 건축작업을 시작할 예정 (吉388)	
5.	在廣東의 中山隊, 군인俱樂部 이용규정, 부대副官이 군인俱樂部의 업무를 감독 (吉285)	

6.19		마리아나沖海戰
21		일본차관회의 「여자정신대 入側조치요강」 결정
7. 7		사이판島가 미군에 함락
20	제3어뢰艇隊, 釧路市內의 해군지정 식당및 유곽중 6개소를 兵員위안소로 지정 (調20-23)	
8. 1		조선에도 국민징용령 실시
22		學徒勤勞令 (勅令)
23		여자정신근로령공포
8		閣議決定 「半島人 노무자의 이입에 관한 건」에 의해 國民徵用令의 일반징용을 조선에서도 실시
9.17	오키나와,9월20일에 영업을 시작하는 군인회관 등 3개소 (吉410)	
25	오키나와, 군인회관 영업 시작 (吉411)	
10.10		沖繩, 那覇大空襲
20		미군, 필리핀레이테島 상륙
24		레이테沖海戰日本艦隊全滅
25		海軍神風特攻隊出擊 개시
12.24		미空軍B29,東京空襲 개시
1945. 1. 9		미군, 루선島上陸
14	오키나와의 國頭支隊, 위안시설 증강을 위해 인원을 증원 증강 작업은 1월16일부터 약10일간의 예정 (吉404)	
15	오키나와 首里위안소 설비 작업 실시 (吉403)	
3. 5		국민근로동원령 (勅令)
10		東京大空襲
13		大阪大空襲
19		名古屋大空襲
22		미군에 의해 硫黃島 守備隊全滅
27		일본군에 협력한

		버마군 일본군에 反逆攻擊開始
4. 1	·	미군 沖繩上陸開始
5. 2		랑궁陷落,버마함락됨
6.23		沖繩守備軍司令官自殺,일본군의 組織的抵抗끝남
8. 6		미군 廣島에 原爆攻擊
9		미군 長崎에 原爆攻擊
12		關東軍司令部,新京에서 通化로 退却
15	조선해방	
10.	오키나와에서 40명정도와 琉球諸島에서 110명의 위안부를 합류시켜 귀국 대기중 (吉581)	
1946. 6.20	「南部세레베스지역의 賣淫시설調書」(吉366)	

備考:每一『每日新報』
新一『新京日日』
奉天一『奉天每日』
滿一『滿洲日報』
鴨一『鴨江』
吉一 吉見義明編集·解說『從軍慰安婦資料集』大月書店, 1992,11,27(頁)
調一 日本政府「いわゆる從軍慰安婦の調査結果について」(頁-番號)

엮고나서

일년여의 긴 장정을 끝내고, 이제야 첫번째 증언집을 세상에 내놓게 되었다. 그 동안 주위의 많은 분들에게 도대체 언제나 이 증언집이 나오는 거냐는 채근을 여러 번 받았다. 일본정부에 대해 사실규명과 사죄, 보상을 촉구하는 운동이 한참 가열되고 있는 상황에서 이 증언집의 필요성은 절실했기 때문이다. 그러나 확실하고도 정확한 사실규명을 하는 데 일조를 한다는 점에서도 그렇고, 가치있는 역사적 자료로 남아야 한다는 점에서도 이 일은 여러 가지 준비와 검토과정이 필요했다. 그래서 애초의 계획보다 상당히 오랜 시일이 걸린 것이다.

우리는 완벽을 기하면서도 가능한 빠른 시일내에 이 책을 내기 위해서 몸과 마음을 바쳐 일한다는 말 그대로의 정신대가 되어 일을 했다.

하지만 군위안부였던 할머니들과 면담을 하여 그 이야기를 정리해내는 일은 생각처럼 수월한 일이 아니었다. 물론 할머니들은 자신의 경험을 밝히려고 신고를 하기는 했으나 막상 자신의 가장 한스러운 가슴밑바닥의 이야기를 풀어내는 데에는 우선 면담자와 인간적인 신뢰의 끈이 필요했다. 우리들은 할머니들의 집을 찾아가고, 행사 때 함께 참여하여 교통편 등을 돌봐드리고, 함께 잠을 자기도 하면서, 할머니들의 아픔을 함께 아파하며 인간적인 신뢰감을 쌓아갔다. 그런데 이미 수십 년이 지난 일들을 노인이 되어 기억해내는 일이 쉽지 않았다. 더구나 그 동안 살아오면서 애써 감추려 하고, 잊으려 했던 자신의 아픈 과거를 되살려 재현해내는 일이 할머니들에게는 또다른 고통이 되었다. 위안부 시절을 다시 떠올리면서 잠을 제대로 이루지 못하고 괴로워하는 할머니들에게 세부 사항을 재차 확인해야 하는 일은 참으로 힘겨운 일이었다.

한 할머니의 증언을 정리하기 위해 우리는 수차례 장시간의 집중적인 면담을 했으며, 각 사례 모두 세 차례 이상 면담 보고서를 윤독하며 확인할 점, 보완할 점 등을 지적하고 보충해 나갔다. 이 증언들은 그것을 토대로 다시 면담을 하고, 집회에 오고 갈 때나, 전화통화를 통해서 다시 수차례 질문하고 확인한 내용을 시간적인 순서에 맞춰 정리한 것이다. 거칠지만 할머니의 진술을 있는 그대로 살리려고 노력했다. 또한 위안부 시절을 이야기하기 위해서는 가기 전의 생활과 다녀온 이후 지금까지의 삶을 언급하지 않을 수 없는데 이 증언집에서는 앞뒤의 부분은 대부분 생략하고, 위안부 시절을 중점적으로 실었다. 싣지 못한 많은 이야기들은 아쉽지만 다른 기회를 기약할 수밖에 없다.

또한 우리는 할머니들의 증언 자체를 충실히 정리하면서 다른 한편으로 기존의 자료들을 읽어나갔다. 그러면서 당시 상황을 고려하여 재조사 항목을 추가하기도 하였다. 하지만 당시대상황을 알기 위한 기존의 자료나 연구가 빈약한 형편이었다. 특히 일제하의 생활사, 여성사에 대한 자료는 극히 빈약했다. 오히려 할머니들의 증언을 통해서 당시의 시대상황을 알 수 있는 경우도 있었다. 할머니들의 이야기 속에서 당시 서민들의 의식과 생활모습 등이 생생하게 살아오기도 했다.

지금 이 할머니들은 늙고, 병들고, 외롭고, 가난하며, 군위안부였다는 끔찍한 과거의 볼모가 되어 살아가고 있다. 우리는 이 증언집을 준비하는 동안 내내 할머니들과 함께 어두운 의식의 터널 속을 헤매고 있는 느낌을 떨쳐버릴 수가 없었다.

이제 할머니들을 만난 지 일년남짓이 지났건만 처음 만날 때보다 기억력도 훨씬 감퇴하고, 눈에 띄게 노쇠한 모습을 대하게 된다. 일제의 군위안부정책이 단순히 한 시대 조선여성들을 끌고가 병사들의 정액받이로 만들었다는 사실을 넘어서서 한 인간을 철저히 짓밟고, 그의 미래를 빼앗았으며, 전생애를 파괴한 것이었음이 여실히 드러나고 있다. 할머니들은 돌아와 대부분 정상적인 결혼을 하지 못했으며 결혼했다 하더라도 임신을 할 수가 없었다. 여자 혼자 가진 것 없이 밑바닥생활을 전전하며 지금까지 생을 부지해온 것이다. 할머니들은 다시 태어난다면 좋은 남자와 결혼하여 아이낳고 남들처럼 살고싶다는 소박한 바람을 갖고 있다.

아무쪼록 이 책이 정신대문제 해결을 앞당기는 데에 일조를 할 수 있기를 바란다. 또한 우리 국민들 사이에 이 할머니들과의 따뜻한 공감대가 형성되기를 간절히 바란다.

어려운 여건과 척박한 풍토, 그리고 빈약한 조사비에도 불구하고 다른 여러 과제들을 미루고 온몸으로 뛰어들어 함께 일한 정신대연구회의 회원들을 대신하여 이 글을 쓴다.

고혜정

• **한국정신대연구소**

우리나라에서 유일하게 일본군 위안부 문제를 조사·연구하는 모임이다. 1990년 7월 정신대연구회로 발족하고, 1997년 한국정신대연구소로 개칭했다. 위안부 관계자료를 발굴·조사하고, 피해자의 면담조사와 연구작업 그리고 교육·홍보작업을 계속해오고 있다. 군위안부 증언집인 『강제로 끌려간 조선인 군위안부들 1, 2, 3』(1993, 1997, 1999), 중국 무한지역 할머니들의 증언을 담은 『중국으로 끌려간 조선인 군위안부들 1, 2』(1995, 2003)를 책으로 펴냈다. 또한 1997년에는 광복 50주년 기념 학술대회를 개최했으며('한일 간의 미청산과제'), 1998년에는 피해자를 돌보는 공무원들을 대상으로 교육을 실시한 바 있다. 일제시기 징병·징용당했던 분들의 위안소나 위안부에 관한 증언을 기다리고 있으며, 본 연구소의 연구원 또는 후원회원도 모집하고 있다.

강제로 끌려간 조선인 군위안부들-증언집I

엮은이 | 한국정신대문제대책협의회·한국정신대연구소
펴낸이 | 김종수
펴낸곳 | 한울엠플러스(주)

초판 1쇄 발행 | 1997년 4월 30일
수정판 1쇄 발행 | 1996년 10월 10일
수정판 10쇄 발행 | 2022년 10월 5일

주소 | 10881 경기도 파주시 광인사길 153 한울시소빌딩 3층
전화 | 031-955-0655
팩스 | 031-955-0656
홈페이지 | www.hanulmplus.kr
등록번호 | 제406-2015-000143호

Printed in Korea.
ISBN 978-89-460-4551-4 03910

*책값은 겉표지에 표시되어 있습니다.

후 원 동 의 서

안녕하세요. 한국정신대연구소 소장 이성순입니다.

본 연구소는 정신대와 일본군위안부 문제에 대한 조사연구와 피해자 인권회복을 위해 1990년 발족한 NGO연구단체입니다. 그동안 위안부피해생존자들의 기억과 구술을 담은 증언집을 5집까지 출간하였으며, 해방 이후에도 귀국하지 못한 해외 피해자들의 실태를 파악하기 위해 해외조사연구를 지속해왔습니다. 2005년에는 중국으로 끌려가 돌아오지 못한 피해자들이 60년 만에 한국국적을 회복할 수 있도록 하는 연구사업을 여성가족부, 법무부, 외교통상부와 협의하여 실천했습니다.

2011년 본 연구소는 소장하고 있는 ― 일본군위안부피해자 52명의 ― 녹음테이프 325개를 음성파일과 녹취록으로의 디지타이징 작업을 진행했습니다. 2016년까지 추가 디지털작업과 녹취록사업이 진행될 예정입니다. 이는 피해자들의 경험과 기억을 역사적 사료로 복원하는 매우 중요한 연구사업이며, 피해자들의 인권회복을 위한 저희들의 노력이기도 합니다.

회원님들께서 후원해주신 소정의 후원금은 피해자들의 경험을 역사로 복원하는 연구사업과 피해자들의 인권회복에 많은 도움이 될 것입니다. 함께 해주시길 부탁드립니다.

* 좀 더 자세한 후원 정보는 연구소 홈페이지(www.truetruth.org)를 참고해주시면 감사하겠습니다.
* 무통장 입금을 하시려면 아래 계좌로 보내주십시오.
(계좌: 신한은행 100-020-336419/ 예금주: 한국정신대연구소)

한국정신대연구소
전화번호 02-2672-3304
이메일 ianfu1990@hanmail.net